Histoire De La R#volution En Auvergne, Volumes 3-4

Jean-Baptiste Serres

HISTOIRE

DE LA

RÉVOLUTION

EN AUVERGNE

PAR

M. JEAN-BAPTISTE SERRES

TOME III

EXTERMINATION DE LA NOBLESSE

SAINT-AMAND (Cher)
IMPRIMERIE SAINT-JOSEPH
Rue du Pont-du-Cher.

PARIS
VIC ET AMAT, LIBR.-ÉDITEURS
11, Rue Cassette.

1895

HISTOIRE DE LA RÉVOLUTION

EN AUVERGNE

HISTOIRE

DE LA

RÉVOLUTION

EN AUVERGNE

PAR

M. JEAN-BAPTISTE SERRES

TOME III

EXTERMINATION DE LA NOBLESSE

SAINT-AMAND (Cher)
IMPRIMERIE SAINT-JOSEPH
Rue du Pont-du-Cher.

PARIS
VIC ET AMAT, LIBR.-ÉDITEURS
11, Rue Cassette.

—

1895

ERRATA DU Ier VOLUME

Page 50. — *Châteauzay*, lisez : *Chateaugay*.
Page 68. — *Coutenge*, lisez : *Couteuge*.
Page 93. — *Bazet*, lisez : *Bayet*.
Page 143. — De Pons de La Grange, *qui fut archevêque de Bourges et cardinal,* lisez : *qui fut évêque de Moulins*. C'est Dupont qui fut archevêque de Bourges et cardinal.
Page 167. — *1788*, lisez : *1789*.

ERRATA DU IIe VOLUME

Page 147. — *De Conrot-Dieudonné Crozet*, lisez : *de Conros, Dieudonné-Crozet*.
Page 147. — *Palis de Maure*, lisez : *Palis de Maurs*.
Page 147. — *Caste, fils de Montsalvy*, lisez : *Casse fils, de Montsalvy*.
Pages 206-207. — *Dageu*, lisez : *Dagen*.
id. *Ouoradour*, lisez : *Ouradour*.
id. *Darilliole*, lisez : *Duriolle*.
id. *Veyssui*, lisez : *Veyssier*.
id. *Mallenague*, lisez : *Malassagne*.
id. *Danjololy*, lisez : *Danjolye*.
Page 208. — *Memoire... de Louis*, lisez : *de Lorus*.
Page 226. — *Fonctionnés*, lisez : *Sanctionnés*.

HISTOIRE
DE LA RÉVOLUTION
EN AUVERGNE

CHAPITRE Ier

EXTERMINATION DE LA NOBLESSE. — GUERRE SOCIALE. — LA NUIT DU 4 AOUT. — MAXIMES RÉVOLUTIONNAIRES MISES EN PRATIQUE PAR LES PATRIOTES AUVERGNATS. — PREMIÈRES HOSTILITÉS CONTRE LES NOBLES.

Nous l'avons dit : la Révolution, c'est la destruction. En moins de trois ans, outre la destruction des provinces, des parlements, des bailliages, des usages et des droits anciens, elle parvint à exterminer les trois classes de la société les plus fortement constituées : la noblesse, le clergé et l'ordre monastique, ces trois assises fondamentales de la société française.

Pour opérer cette triple destruction, elle suscita entre les diverses classes de citoyens une guerre d'un

genre qu'on n'avait jamais vu : la guerre sociale.

Avant la Révolution, il y avait eu des guerres de province à province, de château à château, pour opinions politiques ou religieuses, mais de classe à classe, jamais. Dans les guerres que se faisaient entre elles les anciennes provinces, dans les luttes religieuses du XVIe siècle, dans les troubles de la Fronde, se trouvaient, dans chaque parti, des nobles, des bourgeois, des artisans qui combattaient ensemble, sous le même étendard, contre les nobles, les bourgeois, les artisans du camp ennemi. Des deux côtés figuraient des gens de chaque classe.

Il était réservé à la Révolution de donner naissance à cette guerre sociale qui consiste dans la lutte d'une catégorie de citoyens contre une autre catégorie; de la bourgeoisie contre la noblesse, de la classe ouvrière contre la bourgeoisie.

Jamais les nobles n'avaient songé à détruire les bourgeois, ni les bourgeois, les nobles. C'est la Révolution qui a engendré ces jalousies, ces haines atroces des uns contre les autres, ce caractère de férocité que l'on voit dans certaines catégories de citoyens des sociétés modernes. L'union, l'affection des classes a disparu.

Elle était donc venue, l'heure des grandes haines sociales, de l'extermination d'une classe de citoyens par une autre classe.

En effet, dès l'année 1789, la Révolution ameuta

le Tiers-Etat, c'est-à-dire la bourgeoisie contre les ordres de la noblesse et du clergé et ceux-ci, dans cette lutte inégale, succombèrent, impitoyablement, terrassés, écrasés sous les pieds d'un ennemi furieux.

Ce fut dans la nuit du 4 août 1789 que l'Assemblée nationale, en grande majorité composée de bourgeois, porta les premiers coups à la noblesse en décrétant l'abolition de ses privilèges, la destruction des droits féodaux.

Au chapitre V du deuxième volume, nous sommes entrés dans quelques détails sur ce sujet.

Quelque opinion que l'on ait sur la nuit du 4 août, il est certain que dès lors la noblesse n'exista plus comme corps politique. On aurait dû s'arrêter là, mais la Révolution ne s'arrête pas.

Elle s'attaqua aux nobles mêmes, à leurs personnes, à leurs propriétés, à leur réputation ; elle s'acharna contre le patrimoine, de considération et de prestige qu'ils avaient encore, contre l'auréole de gloire antique qui entourait leur tête. Le nivellement était fait dans la loi, il fallait le faire dans l'opinion et dans les personnes.

La noblesse n'existait plus, mais les nobles existaient, il fallait les faire disparaître ; leurs châteaux existaient, il fallait les détruire ; leurs propriétés existaient, il fallait s'en emparer ; le lustre de leur race existait, il fallait l'anéantir.

La Révolution fit tout cela. A cette besogne, elle emploie la calomnie, l'émeute, le sabre, la hache, l'incendie, la guillotine. Elle se sert des assemblées de la nation, des administrations diverses, des gendarmeries, des gardes nationales; elle lance contre les nobles tout ce qu'elle trouve sur le sol de la France, de vauriens, de bandits, de déclassés, de besogneux, d'ambitieux, de corrompus, d'impies et de francs-maçons. Pas de sottises qu'elle ne répande contre eux, pas de contes absurdes qu'elle n'invente, pas de calomnies qu'elle ne débite, pas d'ignobles brochures qu'elle n'écrive. Voici le titre d'une de ces brochures :

La chasse aux bêtes puantes et féroces qui, après avoir inondé les bois et les plaines, se sont répandues à la cour et dans la capitale. Nous en avons signalé quelques autres au deuxième volume.

Ces écrits, ces propos, ces inventions mensongères excitent, dans l'esprit des populations trop crédules, la haine des nobles, à tel point qu'ils sont regardés comme des anthropophages, des buveurs de sang.

M. de Montlosier, député d'Auvergne, logeait à Paris, rue Richelieu. Lorsqu'il allait à l'Assemblée nationale, il se voyait suivi des yeux, surtout par une femme qui vendait de la viande dans un étal. Dès qu'elle le voyait arriver, elle prenait un large et long couteau qu'elle aiguisait devant lui, en lui lançant des regards furieux. M. de Montlosier interrogea sa maitresse d'hôtel; celle-ci lui répondit que deux enfants du quartier avaient été enlevés par des bohémiens et que maintenant le bruit s'était répandu que MM. de Montlosier, de Mirabeau et d'autres députés de la noblesse se rassemblaient pour faire des orgies dans lesquelles ils mangeaient de petits enfants (1).

Le journalisme, lui aussi, lui surtout, se mettait de la partie ; les clubs, les sociétés populaires fulminaient contre les nobles, de sorte que l'outrage était vomi par toutes les bouches ; à ces mille voix, ajoutez celles des députés du Tiers, des procureurs, des avocats.

« Voulez-vous savoir, dit Taine, les auteurs des troubles, vous les trouverez parmi les députés du Tiers et particulièrement parmi ceux qui sont procureurs ou avocats. Ils écrivent à leurs commettants des lettres incendiaires; ces lettres sont reçues par les municipalités, lesquelles sont aussi composées de procureurs et d'avocats. On les lit tout haut sur la place principale et des copies en sont envoyées dans tous les villages. Si quelqu'un sait lire, outre le curé et le seigneur, c'est un patricien, ennemi-né du seigneur dont il veut prendre la place et qui ne manque pas de tout noircir. Très probablement c'est lui qui

(1) *La Révolution*, par Taine, t. I, p. 418.

rédige et fait circuler les placards par lesquels, au nom du roi, on appelle le peuple aux voies de fait...

Partout, les nobles et les prélats sont devenus suspects. Les comités des villages décachètent leurs lettres. Ils subissent des visites domiciliaires; on leur impose la nouvelle cocarde. Etre seigneur et ne pas la porter, c'est mériter d'être pendu. Malheur aux nobles, surtout s'ils ont eu part au pouvoir local. Maintenant que le Tiers est la nation, chaque attroupement se croit en droit de rendre des sentences et il les exécute lui-même sur les vies et sur les biens... La conflagration est universelle. Alsace, Franche-Comté, Bourgogne, Mâconnais, Beaujolais, Auvergne, Viennois, Dauphiné, tout le territoire ressemble à une longue mine continue qui saute à la fois. Les révoltés montrent des placards, signés Louis, portant que pendant tel laps de temps, il leur est permis de se faire justice à eux-mêmes...

En Auvergne, ils suivent des ordres impératifs, ils ont, disent-ils, des avis que Sa Majesté le roi le veut ainsi... En Auvergne, les paysans montrent beaucoup de répugnance d'agir ainsi contre d'aussi bons seigneurs ; mais il le faut, disent-ils. Tout ce qu'ils peuvent accorder au souvenir de la bienveillance qu'on leur a témoignée, c'est de ne pas incendier le château des dames de Vanes, si charitables, mais ils brûlent tous les titres; à trois reprises, ils mettent l'homme d'affaires sur le feu, pour le contraindre à livrer un papier qu'il n'avait pas, ils ne le retirent qu'à demi-grillé et parce que les dames à genoux implorent sa grâce. Les châteaux isolés sont engloutis par la marée populaire... Dans la Franche-Comté, près de quarante châteaux et maisons seigneuriales sont pillées ou brûlées; de Langres à Gray, en moyenne, trois châteaux saccagés sur cinq; dans le Dauphiné, vingt-sept incendiés ou dévastés; cinq dans le pays viennois et outre cela tous les monastères; neuf au moins en Auvergne; soixante-douze dans le Mâconnais et le Beaujolais... il est manifeste qu'une invasion s'accomplit, invasion barbare qui achèvera par la terreur ce qu'elle a commencé par la violence et aboutira à l'expropriation de toute une classe (1). »

Le nombre de neuf châteaux dévastés ou brûlés en Auvergne, que donne ici le document cité par Taine, augmenta plus tard, comme nous le verrons. Dans notre pays, en effet, pas un château qui ne reçoive la visite des pillards. Des bandes formées de la canaille des villes, de quelques mauvais drôles des campagnes, même des gardes nationaux, allaient courant le pays à la dévastation des châteaux. Ces bandes mettaient en pratique les théories sanglantes des révolutionnaires de l'Assemblée nationale.

(1) *La Révolution*, t. I, chap. III.

A la Chambre des députés, l'abbé Maury disait :

— « Attaquer la propriété, voilà qui est d'un brigand. » Gérard répondait :

— « Attaquer la propriété est d'un législateur. »

Un membre de la droite s'écriait : « Messieurs, on pille, on brûle, on assassine. » Robespierre répondait : « Ces accidents ne viennent que d'une méprise, je vous demande, Messieurs, de la douceur envers les citoyens qui brûlent les châteaux. »

Un jour tous les députés de la droite s'écrient : « Messieurs, mettez fin à tant d'horreurs ; en Bretagne, en Limousin, en Périgord, on brûle les chartriers et les châteaux ; les nobles n'évitent la mort que par la fuite ; dans quelques endroits, on a vu des officiers municipaux à la tête des brigands. » Un membre de la gauche répond : « Ce sont les aristocrates qui égarent le peuple. »

Revel disait : « Faites ce que je vais vous dire et la Nation sera riche : allez dans les maisons, forcez les coffres-forts et prenez ce qui s'y trouve. »

Ces abominables maximes se répandaient partout d'autant plus qu'elles étaient appuyées par des faits.

Nos patriotes auvergnats faisaient le raisonnement suivant :

« Puisque les Parisiens ont démoli le *château de la Bastille*, nous pouvons bien démolir les châteaux de notre pays. »

Ils ajoutaient : « D'après la Constitution, tous les Français sont égaux ; donc les pauvres doivent avoir autant que les riches, donc il faut partager les biens. »

Ils disaient encore : « Tous les biens appartiennent à la nation, on le dit ; or nous sommes la nation, on le dit encore, donc tous les biens nous appartiennent, donc nous pouvons prendre l'argent des riches et les champs du noble. »

Les bandits avaient raison et les voilà partis en guerre contre les châteaux et les nobles. Ils incendient les uns, dévalisent les autres.

Voici comment s'accomplissait la *cérémonie ;*

« Les bandits, les gens sans aveu sont en tête avec les furieux et conduisent l'opération à leur manière. Dès qu'une bande s'est formée, elle arrête sur les chemins, dans les champs, dans les chaumières isolées, les campagnards tranquilles qu'elle aura soin de mettre en avant si l'on en vient aux coups. A la crainte elle ajoute la terreur. Des potences sont dressées pour quiconque paiera les droits casuels, ou les redevances annuelles. Le tocsin sonne, le tambour bat ; et de commune en commune la cérémonie s'accomplit : on prend de force au curé les clefs de l'église, on en brûle les bancs et parfois les boiseries, marquées aux armes du seigneur. On va chez le seigneur, on arrache ses girouettes, signe de sa puissance, et on l'oblige à fournir le plus bel arbre avec plumes et rubans pour l'orner, sans oublier les trois mesures avec lesquelles il prélève ses redevances en grains ou en farine. On plante ce mai sur la place du village ; on attache au sommet les girouettes, les rubans, les plumes, les trois mesures et cette inscription : *Par ordre du roi et de l'Assemblée nationale, quittance finale des rentes.*

Cela fait, il est visible que le seigneur n'ayant plus de girouettes, ni banc à l'église, ni mesure à prélèvement, n'est plus seigneur et ne pourra plus rien prélever. Partant acclamation et orgie sur la place ! Seigneur, curé, riches, quiconque peut payer, est mis à contribution. On mange, on boit, le peuple ne *désenivre* pas. En cet état, comme il a des armes, il frappe, et quand on lui résiste, il incendie. Le plus souvent, c'est le commandant de la garde nationale, parfois c'est le procureur de la commune qui dicte au seigneur la renonciation (1). »

C'est précisément ainsi que furent dépouillés les nobles et pillés les châteaux de l'Auvergne.

(1) *La Révolution*, par Taine. t. I, p. 373 et 377.

CHAPITRE II

GUERRE AUX NOBLES ET DESTRUCTION DES CHATEAUX DANS LE PUY-DE-DÔME. — CHATEAUX PILLÉS OU INCENDIÉS : PLAUZAT, SAINT-NECTAIRE, LA GUESLE, BEAUREGARD, LIGONE, MARSAT, FIEUX, CHATEAUGAY, PONT-DU-CHATEAU, SAUNADES, BLOT-LE-ROCHET. — EMPRISONNEMENT DE MADAME DE DOUHET DE LA SAUVETAT. — ASSASSINAT DE M. DE MONTCELARD.

Nous avons recueilli quelques détails sur la guerre aux nobles et la destruction de leurs châteaux en Basse-Auvergne.

Le château de Plauzat, dans le Puy-de-Dôme, appartenait à M. de Montaigu ou Montagu. Ce seigneur émigra et quand il rentra en France en 1801, il trouva son château en ruine: la Révolution avait tout dévasté: « Le château de Plauzat était inhabitable ; quelques parties avaient été démolies, d'autres vendues. Les patriotes s'étaient adjugé une partie des meubles et presque tout le reste avait été brûlé sur la place, en compagnie de quelques saints de l'église. Plusieurs terres avaient été vendues et ce beau parc entouré de charmilles, impénétrables au soleil, ce grand jet d'eau placé en face de la terrasse du château, ces quinconces dont les grands arbres avaient abrité plusieurs générations de Montaigu, ce parterre de Madame, si joli, si fleuri, tout avait disparu.... M. et Mme de Montagu ne virent pas sans émotion les bouleversements et les décombres de leur vieux manoir. Presque tout le village vint à leur rencontre; on les reçut, ces pauvres émigrés, sans autre prestige que les bons souvenirs que leur famille avait laissés dans le pays, avec des marques de respect et de joie dont la sincérité ne pouvait être suspecte (1). »

Le château de Plauzat ne fut pas relevé de ses ruines et la famille de Montaigu disparut de l'Auvergne.

Le château de Saint-Nectaire, au pied du Mont-Dore, fut comme Plauzat, la proie des révolutionnaires.

« Le souvenir des bienfaits de M. de Guérin, son propriétaire, qui en 1788, avait reconstruit presque en entier le bourg de Saint-Nectaire, détruit par un incendie, n'arrêta pas le bras des nouveaux Vandales qui dévastèrent son vieux manoir. Il n'en reste plus aujourd'hui qu'un amas informes de pierres et une ligne de murailles sur lesquelles le lierre s'étale en liberté (2). »

(1) *Histoire de Joseph de Lavillate*, de Clermont.
(2) *Histoire de saint Nectaire.*

En 1792, le magnifique château de la Guesle, près de Vic-le-Comte, fut livré aux flammes par la fureur populaire. Devenu domaine national par l'émigration de son maître, la terre fut morcelée et vendue (1). »

— Le château des évêques de Clermont, à Beauregard, canton de Vertaizon, fut confisqué et vendu par la nation (2).

— Celui de Ligone, près de Lezoux, propriété de M. de Chazerat, dernier intendant d'Auvergne, fut pillé, démoli; il n'en reste que des ruines.

— Les châteaux de Marsat (3), dans la paroisse du même nom, et de Fieux, dans la commune d'Isserteaux (4), eurent le même sort.

— Entre Riom et Clermont, sur un monticule de basalte, s'élève le grand manoir de Châteaugay. En 1789, il appartenait au marquis de Laqueuille, député aux Etats-Généraux. Celui-ci émigra et son château tomba aux mains des gouverneurs révolutionnaires. « Comme le marquis de Laqueuille était en possession de tous les biens de la famille, lesquels étaient demeurés indivis entre ses mains, la confiscation eut lieu en son nom et sur sa tête. M. Creuzet,

(1) *Histoire de la comté d'Auvergne.*

(2) *L'Auvergne chrétienne.*

(3) *Histoire du château de Tournel*, pag. 190.

(4) *Histoire d'Isserteaux.*

intendant de la terre de Châteaugay, fut avisé que les scellés allaient être apposés sur le château. L'appartement du second étage fermait les archives qui contenaient tous les documents et papiers placés jusqu'en 1789 sous la garde du sieur Veysserias, commissaire féodiste-à-terrier. M. Creuzet eut à peine le temps de mettre quelques titres en lieu de sûreté ; il choisit à la hâte les plus importants qu'il cacha dans les latrines de la grande tour du château... » le pillage et la dévastation furent continués durant les années suivantes.

« Vers la fin de l'année 1793, Châteaugay put se croire cette fois irrévocablement condamné. Le 20 septembre, le fameux représentant du peuple, l'auvergnat Couthon, publiait son arrêté ordonnant le rasement immédiat de tous les châteaux-forts, donjons, tours et autres monuments de la féodalité, existant encore dans le Puy-de-Dôme. La démolition fut entreprise. Quelques tours virent leur front abaissé. On combla les fossés, on martela les sculptures et les armoiries, le village même changea son nom trop aristocratique en celui de *Bel-Air*. Puis on se fatigua à cet ingrat travail, pour lequel la patrie n'avait alloué aucun salaire. La commune s'appropria ce qui fut à sa convenance : le logis principal devint la mairie... Les armes et les pièces d'artillerie furent transportées à Riom ; les titres et les papiers, sauf ceux dont on ignorait l'existence, furent envoyés au Directoire du district. L'adjudication nationale du château et de ses dépendances fut faite à Riom le 5 prairial, an II (22 mai 1794), devant les administrateurs du district, mais la grande tour fut exceptée parce qu'elle était destinée à être abattue; c'est ce qui la sauva. La presque totalité des immeubles de la famille passa également aux mains des acquéreurs nationaux contre quelques liasses de cette fausse monnaie que l'on nommait *assignats*, chiffons-fantômes qui, quelques années après leur émission, ne valaient pas même le prix du papier chez le chiffonnier. Pendant qu'une fortune si opulente se disséminait par lambeaux aux mains de citoyens qui profitaient de la république pour se tailler une fortune dans les dépouilles de la monarchie, le marquis de Laqueuille végétait dans l'exil (1). »

La petite ville de Pont-du-Château, à quinze kilomètres de Clermont, est encore aujourd'hui dominée par un château qui, avant la Révolution, appartenait à l'illustre famille des comtes de Montboissier.

Philippe-Claude de Montboissier, député de Clermont aux Etats-Généraux, venait chaque année y passer quelques mois. Mais bientôt les terribles événements qui se succédaient l'expulsèrent de cette

(1) *Châteaugay*, par Marc de Vissac.

demeure féodale; en juillet 1791, il donna sa démission de député et, prenant le chemin de l'émigration, il passa à l'armée des princes, plus tard en Angleterre avec sa femme, née de Rochechouart, et sa fille, dont le mari, le comte de Mirepoix, mourut sur l'échafaud en 1794. M. de Montboissier mourut à Londres en 1797, dans une extrême vieillesse, dernier seigneur de Pont-du-Château et victime d'une révolution qui confisqua ses immenses propriétés et saccagea son palais seigneurial.

Ce château était magnifique : dans les appartements et dans les vastes salles, on voyait des boiseries remarquables, des panneaux décoratifs, des tableaux représentant des papes, des cardinaux, des portraits de famille au cadre d'or, des tapisseries en damas de soie; les poutres elles-mêmes étaient décorées de peintures variées. Rien ne fut respecté par le vandalisme révolutionnaire.

Les troupes de passage qu'on logeait dans le château, devenu la Mairie, s'amusaient à couper les têtes des personnages représentés dans les divers tableaux. Les administrations, qui y tenaient leurs séances, y causaient aussi des dégâts. On vendit les riches ornements, la vaisselle d'argent, les meubles d'or, les fauteuils de soie, les vases sacrés de la chapelle. On gratta les armoiries, on biffa les blasons; on racla, on badigeonna tant et si bien que des décorations de la somptueuse demeure des de Montboissier, il ne resta bientôt presque plus rien (1).

Le château de Blot-le-Rocher, dans le district de Riom, était habité par la famille de Chauvigny ; à la Révolution, il fut complètement abandonné et les habitants du voisinage, le pic à la main, en commencèrent la démolition. Il n'en reste que des ruines (2).

Le château de Saunades, dont on voit encore les ruines près de Landogne, canton de Pontaumur, appartenait à la famille Deval qui le posséda jusqu'à la Révolution.

« Il a été le premier que détruisirent les révolutionnaires dans la Basse-Auvergne. Le 17 mars 1792, quinze cents factieux, dirigés par un nommé Bar... maître de poste du hameau de Neuville, vinrent l'attaquer ; leur but était, après avoir brûlé le château et assassiné les propriétaires, de se répandre dans la plaine de Giat pour détruire tous les châteaux de cette région.

M. Hennequin, qui commandait la brigade de la maréchaussée de Pontaumur, averti de leur dessein, parvint à les calmer pendant quelques jours. M. Deval profita de ce moment de répit pour faire venir des secours de Clermont. Une compagnie de

(1) *L'Auvergne historique.*

(2) Id.

Penthièvre-dragons, commandée par le capitaine Tolques et les dix brigades de maréchaussée du commandant Bourguillon du Gravier, arrivèrent à Pontaumur le dimanche 19 mars et allèrent camper à Saunades.

Les bandits, qui avaient choisi ce jour pour consommer leur horrible projet, furent pris et condamnés à vingt ans de galères.

Ce prompt secours avait sauvé la région; mais bientôt la position ne fut plus tenable. Le tribunal révolutionnaire d'Aurillac amnistia les factieux du 19 mars. M. le baron de Saunades-Deval fut obligé d'émigrer et passa à l'armée de Condé. Son père, ancien officier de la maison du roi, et plus tard son procureur général en l'élection de Riom, alors âgé de 92 ans, ne voulut pas abandonner son château. Emprisonné par ordre du citoyen Goup... de Font... il mourut en prison et le château de Saunades fut brûlé (1). »

Les dames étaient aussi bien traitées que leurs seigneurs et leurs châteaux :

A La Sauvetat, canton de Veyre-Monton, vivait la famille de Douhet, noble par sa naissance et par ses vertus; c'était là un double titre qui la désignait à la haine des patriotes du pays.

(1) *L'Auvergne historique.*

« Le jeune de Douhet, Jacques-Michel-Gaspard, fils de l'ancien gouverneur de Billom, entré de bonne heure dans les gardes du corps, avait émigré à l'âge de 21 ans, pour se joindre à l'armée de Condé. Son père étant mort, sa mère Marie-Antoinette-Henriette Pasquanet de Lavaud de Pierrebrune se trouva seule au milieu de l'exaltation et des dangers. Sa foi vive, sa charité envers les malheureux, qui la faisait estimer, honorer et aimer de tous les gens de bien, la désignaient d'avance à la haine de nos jacobins. Non contents de l'avoir dénoncée au comité révolutionnaire, ils violent un jour son domicile, la conduisent brutalement sur la place publique, l'attachent à l'arbre de la liberté, lui rasent sa belle chevelure et la laissent quelque temps exposée à la vue d'une population terrifiée et consternée. Débarrassée de ses liens, elle fut jetée dans le cachot des grands criminels au fond du donjon.

Elle n'en sortit que pour être mise en état d'arrestation, le 24 nivôse an II (13 janvier 1793). La noble dame était alors âgée de 44 ans. Elle fut conduite à Clermont et enfermée dans la maison des Hospitaliers. L'infortunée y subit une réclusion de neuf mois. Malgré une force d'âme et une énergie peu communes, elle vit peu à peu sa santé s'altérer profondément, et obtint d'habiter, soit à Clermont, soit à La Sauvetat avec sa fille Marguerite, épouse de Paul-Philippe

Rebière de Land; mais elle était toujours en état d'arrestation « sans pouvoir découcher de l'une ou l'autre et sous la surveillance des autorités ».

Mme de Douhet fit cependant des démarches pour obtenir sa liberté. Elle fit appel à la population de La Sauvetat et lui demanda une attestation de sa conduite régulière. La réponse qui lui fut faite est un bel éloge des habitants qui se hâtèrent d'acquitter la dette de reconnaissance envers leur bienfaitrice :

« 30 octobre 1794. Les habitants de La Sauvetat, soussignés, et autres ne sachant pas écrire, certifient que la veuve de Douhet a résidé depuis longtemps (23 ans) dans cette commune avec sa famille, qu'elle s'y est toujours très bien comportée, faisant plaisir et charité toutes les fois qu'elle a trouvé l'occasion. Nous avons à applaudir à sa soumission aux lois. Elle s'est toujours empressée de les exécuter, donnant libéralement à tous les volontaires de cette commune qui partaient pour la défense de la patrie, des secours même au-delà de sa fortune... » Un décret de la Convention rendit la liberté à Mme de Douhet (1).

Dans le district de Brioude, même guerre sauvage aux châteaux et aux nobles.

Une commune de ce district, Gizac, avait pour seigneur M. de Montcelard. Comme tous les nobles à

(1) *Histoire de La Sauvetat*, p. 92.

cette époque, de Montcelard fut en butte à toutes sortes de vexations : on l'accusait de concussions, de tyrannies, de crimes. Fatigués du joug pesant qu'il leur faisait porter, disaient-ils, les habitants, encouragés d'ailleurs par les exemples des communes voisines qui dévalisaient leurs seigneurs, résolurent de se soustraire à son autorité seigneuriale et même de se débarrasser de sa présence. L'occasion favorable se présenta bientôt.

Il y avait dans la commune une plantation d'arbres. Or, M. de Montcelard voulut un jour, le 7 décembre 1791, s'approprier un de ces arbres. Ses ennemis s'y opposèrent sous prétexte que ces arbres existaient sur un terrain communal. La discussion s'envenima ; la foule grossit ; on en vint aux menaces et même aux coups. De Montcelard ayant fait mine de se servir de la canne à lance qu'il portait avec lui, la rage de l'attroupement fut telle que tous, hommes, femmes, enfants se jetèrent sur lui et le massacrèrent ; il expira sous leurs coups.

Plusieurs de ces misérables furent arrêtés, et le 6 septembre 1792, le tribunal de Brioude condamna les quatre plus coupables à la peine de mort et quelques autres à la prison.

Les quatre condamnés allaient subir leur peine, lorsque Régnaud, député de la Haute-Loire à la Convention, fit suspendre l'exécution du jugement.

La chose traîna en longueur; d'ailleurs le temps était favorable aux assassins. Régnaud et son collègue Bezard portèrent l'affaire devant la Convention et firent devant elle un tableau si affreux de Montcelard que l'Assemblée, dans sa séance du 17 messidor an II (5 juillet 1794), porta le décret suivant:

« La Convention nationale, après avoir entendu le rapport de son comité de législation, sur la pétition des citoyens Madiet jeune, Jean-Baptiste Varennes, Jean Rieux et Bertrand Chambon, cultivateurs à Gizac, condamnés à mort, déclare nul et de nul effet le jugement rendu le 6 septembre 1792 contre les pétitionnaires et ordonne qu'ils seront mis sur le champ en liberté. La Convention renvoie à son Comité de législation pour déterminer le secours à accorder aux pétitionnaires (1). »

Les assassins de M. de Montcelard furent donc mis en liberté et un secours leur fut accordé.

(1) *Moniteur universel*, t. XX, p. 735; — t. XXI, p. 143.

CHAPITRE III

DIVERS ARRÊTÉS CONTRE LES CHATEAUX DANS LE PUY-DE-DÔME. — LE CHATEAU DE LA RONZIÈRE. — MORT DU JEUNE DE CISTERNES. — MADAME DE MAROLLES ET SON FILS. — SCÈNE LAMENTABLE SUR L'ÉCHAFAUD.

La guerre à la noblesse dura pendant toute la Révolution. Le directoire du département, les districts, les sociétés populaires, les municipalités demandaient la démolition des châteaux, l'emprisonnement des nobles.

En preuve, voici un arrêté du district d'Issoire :

« Le 4 mai 1793, les citoyens Gaultier, président, Altaroche, Grenier, Taphanel, Meyrand, Trioyon, Fondary et Bergier, procureur-syndic, réunis en surveillance permanente, ont tenu la séance publique.

« Un membre a observé que dans l'étendue du district, il y a plusieurs châteaux d'émigrés qui sont isolés dans les campagnes et qu'il serait convenable de prendre à cet égard des mesures avant que la loi du 18 mars dernier eût été exécutée.

« Le même membre a encore observé que ces châteaux isolés, non seulement étaient des monuments de despotisme, mais qu'encore ils pourraient servir de refuge aux brigands et servir les complots des malveillants; que d'ailleurs ces édifices devant être détruits, il ne paraissait pas qu'il y eut aucun obstacle pour en accélérer la destruction.

« Considérant que les observations qui viennent d'être faites sont du plus grand poids;

« Ouï le procureur-syndic;

« L'administration du district réunie aux citoyens Monestier et Petit Jean, députés, commissaires de la Convention nationale pour les départements du Puy-de-Dôme et de la Creuse.

« Arrête que les châteaux des ci-devant émigrés, qui sont situés dans les campagnes et isolés des habitations des citoyens, des bourgs et villages, tels en exprès que les châteaux de Lagrange et Bélestat (1), seront incessamment détruits, pour cet effet démolis et les matériaux soigneusement ramassés pour profiter à la république de la manière la plus utile. Le soin de la démolition est confié aux administrateurs du district et aux municipalités. Les frais qu'il con-

(1) Lagrange, commune de Radeaux, canton de Sauxillanges; Belestat, commune de Vodable, canton d'Issoire.

viendra de faire seront pris, après que les principes d'économie auront été mis en usage, dans la caisse du receveur de la régie nationale, percepteur du revenu des biens des émigrés, sur les mandats des corps administratifs qui restent chargés de rendre compte de ce qui aura été fait en vertu du présent arrêté, dont expédition sera délivrée aux députés commissaires de la Convention.

« Petit Jean, Monestier, du Puy-de-Dôme.

« Gaultier, Meyrand, Fondart, etc. (1). »

Le 5 août de la même année 1793, la société populaire de Riom adresse la pétition suivante à l'administration départementale.

« Citoyens, la tyrannie étant renversée et le gouvernement républicain constitutionnellement établi, pourquoi existe-t-il encore des monuments du despotisme ? Une loi sage ayant ordonné leur destruction, pourquoi les montagnes de notre département sont-elles encore hérissées des antiques repaires de la tyrannie, d'où nos roitelets d'Auvergne ont fait si longtemps la guerre à la liberté, aux dépens de l'argent, des bras et du sang de leurs malheureux vassaux ?

« Des pétitions sans nombre ont été par nous adres-

(1) Registre des délibérations du district d'Issoire (Puy-de-Dôme), en 1793, p. 645.

sées aux administrations, mais nos réclamations n'ont jamais été accueillies et nous avons toujours prêché dans le désert. Citoyens administrateurs, nous réclamons auprès de vous l'exécution d'une loi que nécessitent plus fortement que jamais d'impérieuses circonstances. Les horreurs de la guerre civile déchirent un grand nombre de départements dont quelques-uns sont peu éloignés du nôtre. Celui de la Lozère en a été momentanément le théâtre. Déjà même elle a éclaté dans notre sein. Votre surveillance, à la vérité, et le courage des bons citoyens, l'ont étouffée dès sa naissance ; mais qui vous a répondu de l'avenir ? Les ennemis de la république veillent sans cesse. Une cruelle expérience ne vous a-t-elle pas appris qu'ils ne laissent échapper aucune occasion de faire le mal ? qu'une nouvelle étincelle reparaisse, nous voilà peut-être encore en proie au fléau de la guerre civile ? Où en serions-nous alors, citoyens, si ces mêmes châteaux-forts, dont depuis si longtemps nous sollicitons en vain la destruction, servaient de retraite à nos ennemis ? Ils n'y seraient pas inexpugnables, il est vrai, parce que rien ne résiste aux armes d'un peuple libre, mais ils pourraient s'y défendre longtemps ; mais des milliers de nos frères y perdraient peut-être la vie ; mais les restes d'une récolte précieuse n'en seraient pas moins ravagés.

« Rappelez-vous que l'Auvergne, par son territoire

montagneux, par la position avantageuse d'un grand nombre de ses places fortes, a été, sous les Césars d'abord, et ensuite sous ses premiers tyrans, le théâtre d'une longue guerre, dont le souvenir ne peut être que douloureux et inquiétant pour des âmes républicaines. Eloignez de nous de pareils malheurs. Que ces forteresses tombent! que la loi reçoive enfin son entière exécution, et nos inquiétudes cesseront (1). »

Enfin, dans la démolition des châteaux, les administrateurs ne se hâtent pas assez au gré des révolutionnaires. Le conventionnel Couthon les aiguillonna par l'envoi de l'arrêté suivant :

« Citoyens, les châteaux-forts, les tours, les donjons, les souterrains, tous ces crimes vivants du régime féodal, blessent la vue des hommes libres et outragent la Révolution. La Convention nationale n'a pas créé la république et fondé la liberté sur les ruines de l'esclavage, sans songer à ces restes hideux du monstre qu'elle a mortellement frappé. Elle a décrété qu'ils seraient détruits. Mais parce qu'en même temps elle a ordonné que le ministre de la guerre lui présenterait l'état de ceux qui pourraient être conservés comme places fortes de la république, l'on s'est dispensé d'exécuter le décret, même dans

(1) *Le Puy-de-Dôme en 1793*, p. 644.

l'intérieur, quoique la déposition suspensive ne fût bien évidemment relative qu'aux frontières. Et ces tours insolentes, ces repaires dangereux qui furent si longtemps funestes à la liberté, semblent la menacer encore en offrant asile à ses plus cruels ennemis. Il est temps enfin d'en délivrer la terre humiliée de la porter, et que la loi bien entendue soit exécutée.

« En conséquence, le Représentant du peuple,

« Arrête :

« Art. I. — Tous les châteaux-forts, donjons, tours et autres monuments de la féodalité qui existent encore dans l'étendue de ce département seront détruits. Les fossés qui les environnent, les citernes et souterrains pratiqués auprès ou au-dessous seront comblés.

« Art. II. — Les matériaux provenant des démolitions seront adjugés au profit des patriotes indigents des communes dans l'étendue desquelles seront situés les châteaux, tours et donjons démolis.

« Art. III. — L'adjudication se fera par des commissaires du district qui se transporteront à cet effet sur les lieux ; et la désignation des patriotes qui devront profiter du prix de l'adjudication sera faite en séance publique par les Conseils généraux des communes, de concert avec les sociétés populaires, dans les lieux où il y en aura d'établies.

« Art. IV. — Il sera nommé des commissaires qui parcourront de suite le département, indiqueront les châteaux, tours et donjons qui devront être démolis à l'instant, et désigneront les bâtiments indépendants qui seront susceptibles d'être conservés comme bâtiments d'exploitation.

« Art. V. — Le présent arrêté sera imprimé et envoyé sur-le-champ à toutes les communes et sociétés populaires du département et aux administrations des départements voisins.

« A Clermont-Ferrand, le vingt septembre 1793, an II de la République une et indivisible.

« Couthon (1). »

Les ordres de Couthon furent rigoureusement exécutés dans le Puy-de-Dôme. Cet homme n'était pas seul à poursuivre la noblesse et le clergé; ses collègues à la députation, Dulaure, Gauthier-Biauzat, Monestier, Maignet, leur faisaient aussi une guerre acharnée. Hommes sans conscience, aux convoitises insatiables, d'une ambition démesurée, ces jacobins usaient de toute leur influence, soit à l'Assemblée nationale, soit dans les administrations, pour arriver à leur double but qui était d'abord la destruction de la noblesse, du clergé, de toute aristocratie, et puis

(1) *Le Puy-de-Dôme en 1793*, p. 221.

l'établissement sur ces ruines de leur fortune privée, de leur élévation personnelle.

Aussi de toutes parts les châteaux croulaient, les châtelains fuyaient devant le pillage, l'incendie, les bandes armées. Les uns passaient la frontière, se réfugiaient en Allemagne, en Italie, en Angleterre; plusieurs se cachaient dans les villes populeuses où ils se dissimulaient dans la foule.

Ceux qui ne fuyaient pas étaient arrêtés, emprisonnés, quelquefois massacrés ou envoyés à l'échafaud.

Charles-Guillaume Arnauld de La Ronzière habitait son château de La Ronzière, près d'Artonne, où, grâce à ses nombreux bienfaits, il put quelque temps tenir tête à la bande révolutionnaire. Mais bientôt deux démagogues du pays, les citoyens Dessert et Desniers, ourdirent contre lui des trames infernales et le féroce Couthon le fit inscrire sur la liste des proscrits du Puy-de-Dôme. Dès lors, M. de La Ronzière se vit sans cesse harcelé par les patriotes et dut subir les mesures les plus vexatoires.

Un jour, en avril 1793, une bande d'hommes avinés arrivent de la ville d'Aigueperse à La Ronzière, pénètrent en désordre dans le château et somment le châtelain de leur livrer les armes qui sont, disent ces hommes, en sa possession. Il répond qu'il n'a d'autres armes que deux pistolets et l'épée dont il se servait contre les ennemis de la France, quand il était au service du roi. On les lui demande, il les refuse et, ouvrant une fenêtre de son château, il décharge en l'air les deux pistolets, puis, prenant son épée, il la brise en disant : « Cette épée a servi le roi, elle ne servira à aucun autre usage. » Cette fière action et ce noble langage n'émurent pas les patriotes ; ils emmenèrent M. de La Ronzière dans les prisons de Riom, à la grande indignation des habitants d'Artonne dont la reconnaissance envers leur bienfaiteur était encore vivante dans leur cœur ; ces honnêtes gens firent même des démarches pour obtenir sa liberté, comme le prouve la lettre suivante écrite par un ecclésiastique, probablement par M. Fargès, curé d'Artonne :

« Citoyen Rozier-Darzilly,

« Voilà le moment d'agir : tu connais l'innocence du citoyen Arnauld de La Ronzière et la méchanceté de ses délateurs. Que n'ont-ils pas fait et que ne font-ils pas encore pour le perdre ! Il faut espérer qu'il triomphera de ses ennemis comme sa femme en a triomphé. Pour cela, il suffit d'exposer les faits tels qu'ils sont. Le comité de surveillance d'Aigueperse a demandé ces jours-ci à la municipalité d'Artonne une prétendue dénonciation qui n'existe pas. Tout se réduit à un procès-verbal fait par la précédente municipalité d'Artonne : et que dit-il ? Qu'Arnauld a remis

ses pistolets après les avoir déchargés par la fenêtre, et qu'il a donné son épée après l'avoir brisée. Or, quel mal y a-t-il à cela? Les citoyens Dessert et Desnier ne lui reprochent pas autre chose.

« Notre municipalité actuelle atteste qu'il s'est toujours bien comporté. Que faut-il de plus? Je compte sur toi, citoyen, et te prie de tout faire pour obtenir son élargissement. »

M. de La Ronzière obtint sa liberté et parvint à sauver sa vie et son château. Cet ancien capitaine de grenadiers, ce chevalier de saint Louis mourut à La Ronzière en 1821, âgé de 89 ans, laissant quatre enfants, dont un, Mlle Victorine, fut pendant quarante ans la providence des pauvres du pays (1).

Quand les nobles ne fuyaient pas, on les emprisonnait; quand ils fuyaient, on les poursuivait, on confisquait leurs biens; quand ils rentraient sur le territoire français, on les fusillait.

La famille de Cisterne, seigneurs de Vinyelles, de Lorme, de Rochegonde, de La Fage, etc., tire son nom de Cisterne, chef-lieu de commune dans le canton de Pontgibaud. Avant la Révolution, cette famille était composée de huit membres : le père, la mère, quatre garçons et deux filles; ils habitaient Vic-le-Comte et Clermont.

(1) *L'Auvergne chrétienne*, p. 364.

A quinze ans, le fils aîné s'engagea dans les chasseurs d'Auvergne. Il fut toujours fervent royaliste. En 1814, le roi Louis XVIII lui donna la croix de Saint-Louis.

En 1791, il se résolut à émigrer, mais ne voulant pas courir seul une telle aventure, il détermina le plus doux, le moins belliqueux de ses frères, Michel-Joseph, âgé de vingt ans, à partir avec lui.

Ils rejoignirent l'armée de Condé en Allemagne; plus tard, Michel-Joseph fut envoyé, avec deux de ses camarades, en Hollande, chargé de quelque mission.

Les troupes républicaines occupaient le territoire hollandais et un jour, en 1794, le jeune de Cisterne tomba entre leurs mains; il fut incarcéré dans les prisons de Bois-le-Duc.

« Le malheur voulut, dit Marcelin Boudet, qu'un des officiers qui commandaient le détachement français fût son compatriote. Reconnu et dénoncé par cet homme, il fut aussitôt extrait de la prison de Bois-le-Duc, où on venait de l'écrouer, et traduit devant la commission militaire établie dans cette ville; M. de Cisterne ne chercha plus à disputer sa vie, il déclina son nom, avoua son but, et revendiqua sa qualité de royaliste. Il fut condamné à être fusillé en vertu de la loi qui frappait de mort tout émigré saisi sur le territoire. Au moment de l'exécution, il demanda un instant de sursis pour faire son acte de contrition. On le laissa s'agenouiller ; il déclara qu'il pardonnait à son dénonciateur ; il demanda ensuite la faveur de recevoir la mort à genoux, et sa courte prière fut interrompue par les balles. Il fut fusillé dans le milieu de la nuit, au clair de lune, le 15 vendémiaire an III (6 octobre 1794), immédiatement après sa condamnation. De sa vie, son frère ne put se consoler de cette mort dont il avait été la cause involontaire et qui avait prouvé que le courage peut s'allier au caractère le plus doux. Fidèle exécuteur de la dernière volonté de son jeune frère, il ne voulut jamais, paraît-il, livrer le nom du dénonciateur. »

Voici encore une lamentable histoire :

Mme de Quatresols de Marolles était sœur de M. de Barentin, vicomte de Montchal, lequel, nous l'avons dit, fut nommé par la noblesse de Clermont député aux Etats-Généraux, en sus du nombre fixé par le règlement royal et qui, par conséquent, ne fut pas accepté. Sa sœur, Louise-Madeleine de Barentin, avait, de M. de Marolles, un fils, Charles-Nicolas qui, au commencement du mouvement révolutionnaire, suivit dans l'émigration quelques-uns de ses compatriotes.

Ce jeune homme rentra bientôt auprès de sa mère, en butte aux espionnages et tracasseries des jacobins. On avait saisi chez elle une chanson quelque peu irrévérencieuse à l'égard de la fête de la fédération qui avait eu lieu au Champ-de-Mars, à Paris (1), et une lettre de la mère à son fils émigré, dont voici le contenu :

« Nous sommes toujours dans l'attente des événements que la guerre doit occasionner. On ne peut se faire une idée de ce qui se passera d'ici à deux ou trois mois. Si la rage des émigrés éclate, il nous écraseront. Les Parisiens sont bien décidés à faire belle résistance... Rentrons chez nous sains et saufs. Voilà ce qu'il nous peut arriver de moins malheureux..... »

Cette chanson et cette lettre, assez inoffensives, furent pourtant la cause d'une catastrophe. Mme de Marolles et son fils furent arrêtés et renvoyés au

(1) Oh! quel superbe serment!
Comme ça t'on en verra guère.
Oh! quel superbe serment!
S'il n'y eut ni pluie ni vent.

1

Figurez-vous le Champ de Mars
Qu'est bien plus grand que not' cimetière,
Il était tout plein de soudards
Qu'avaient quasi l'air de guerre.
Oh! quel superbe serment! etc.

2

Malgré cette pluie, ce vent,
On fit défiler les armées
Je me disais en les regardant
Ah! bon Dieu, que de poules mouillées.
Oh! quel superbe serment! etc.

tribunal révolutionnaire de Paris, en compagnie de leur cousin Pierre de Quatresols de La Hante, et de six autres accusés, dont quatre prêtres. Ils parurent tous devant le tribunal révolutionnaire, le 29 novembre 1793; ils étaient accusés du délit d'écrits anti-révolutionnaires et de sentiments anti-patriotiques. Ils furent tous les neuf condamnés à mort.

Les derniers moments de Mme de Marolles et de son fils, âgé de vingt-trois ans, furent déchirants. Sur la charrette qui les conduisait à l'échafaud, ils étaient placés l'un à côté de l'autre. La douleur de la mère était poignante: elle tenait son fils dans ses bras; elle le couvrait de ses baisers, elle le mouillait de ses larmes, ne cessant de prononcer des paroles égarées où se manifestaient une tendresse et une douleur indicibles.

Le bourreau lui-même, Sanson, qui était sur la charrette, ne put supporter un pareil spectacle et alla monter sur une autre voiture.

Il raconte dans ses *Mémoires* cette scène émouvante: « Il a fallu, dit-il, les séparer de force pour les lier, tant ils se tenaient étroitement embrassés. Quand elle a vu tomber les cheveux de son fils, les cris de la condamnée étaient si lamentables qu'on eût dit qu'elle allait cracher son cœur; nous étions tous interdits, et d'autant plus que c'était à nous qu'elle s'adressait, nous disant que la République avait bien assez de sa tête et que nous devions faire grâce au jeune homme. C'était si fort que j'ai renoncé. Henry est monté dans la première charrette avec eux et je m'en suis allé avec la seconde ; mais dans le chemin, malgré le bruit des chevaux et des roues sur le pavé, on l'entendait gémir et se désoler. Les condamnés de ma voiture tournaient la tête pour ne pas la voir. On n'a presque pas crié, les femmes ont pleuré, même les plus harpies, et beaucoup ne se sont pas gênées pour la plaindre. Sur la place et quoiqu'elle fût fort abattue, elle fit une nouvelle scène. Le fils ne cessait de lui répéter qu'il était content de mourir avec elle, mais elle répondait avec colère qu'elle ne voulait pas qu'il mourût. Elle fut exécutée la première et, sur la plate-forme, elle me disait : — « N'est-ce pas que sa grâce va venir ? » Je crois qu'elle s'était persuadée qu'on n'avait amené son fils que pour la désespérer, mais qu'il ne serait pas supplicié. Je n'ai pas eu le cœur de la contredire. Le fait est que si ceux de l'autre jour étaient bien vieux, celui-ci était bien jeune : vingt-trois ans (1). »

(1) *Le Tribunal rév. de Paris*, t. III, p. 183 Marcellin Boudet.

CHAPITRE IV

NOUVELLES VICTIMES DE LA RÉVOLUTION DANS LE PUY-DE-DÔME ; DES BRAVARDS D'EYSSAC ; J. B. D'ESTAING ; VARENNES DE CHAMPFLEURY ; GEORGES DE MONTCLOUX ; GABRIEL DU SAULNIER ; LE COMTE ET LA COMTESSE DE SAINT-DIDIER ; GASPARD DE BESSE.

Dans l'extermination de la noblesse du Puy-de-Dôme, les révolutionnaires n'avaient égard ni aux bienfaits reçus, ni aux services rendus, ni à la gloire militaire et nationale. Les grands dignitaires, les généraux, les amiraux, les officiers vieillis au service de la France, nul ne trouvait grâce devant ces despotes sectaires qui voulaient, disaient-ils, régénérer le monde, et qui dans ce but tonnaient, criaient, sonnaient la charge contre tout ce qui dépassait leur taille monstrueusement petite et leur intelligence horriblement dévoyée.

Les hideux personnages, Marat, Panis, Sergent envoyèrent à une certaine époque à Rennes une horrible circulaire dans laquelle il était dit : « Tuez, nous avons tué ; égorgez, nous avons égorgé ». On faisait ainsi en Auvergne : on tuait, on égorgeait. Il fallait bien faire ainsi pour régénérer l'Auvergne.

Le 9 floréal an II (28 avril 1794), devant le tribunal révolutionnaire de Paris, comparut une fournée de trente-trois accusés parmi lesquels nous trouvons deux nobles Auvergnats : Un colonel et un amiral :

Louis des Bravards d'Eyssac, comte de Prat, né à Limons, près Randan, selon les uns, à Ganiac, près Riom, selon le *Moniteur Universel*, était en 1789 lieutenant-colonel au régiment d'Orléans-infanterie. Malgré ses services rendus à la patrie, il fut dénoncé comme suspect. Il était noble, donc il était coupable, contre-révolutionnaire, conspirateur : donc il fallait l'arrêter. On l'arrêta. Le tribunal révolutionnaire de Paris le condamna à mort et il fut exécuté sans retard. Il était âgé de cinquante-un ans.

Jean-Baptiste-Charles-Hector d'Estaing naquit au château de Revel, dans le Puy-de-Dôme ; il se distingua dans les armées de terre et de mer, surtout aux Indes et dans la guerre américaine pour l'indépendance des Etats-Unis. Courtisan par nature et patriote par intérêt, l'amiral comte d'Estaing embrassa le parti de la Révolution, et fut nommé commandant de la garde nationale de Versailles en 1789.

Malgré sa conduite et ses principes révolutionnaires, il ne put échapper aux méfiances des républicains qui le firent arrêter comme suspect.

Devant le tribunal révolutionnaire de Paris, il tint un langage qui dénotait une certaine ingratitude envers le roi et la reine dont il avait reçu tant d'honneur et de bienfaits.

Le juge l'interrogea :

D. — Depuis la Révolution et lors du séjour du tyran à Versailles, fréquentiez-vous la cour du despote Louis XVI ?

R. — Je l'ai fréquentée autant que ma place de commandant de la garde nationale l'exigeait.

D. — Assistiez-vous quelquefois au conseil de Capet et de ses ministres ?

R. — Jamais.

D. — Avez-vous été invité, avez-vous assisté aux orgies des gardes du tyran les jours qui ont précédé ceux des 5 et 6 octobre 1789 ?

R. — J'ai assisté à un des grands repas des gardes du corps, après m'y être opposé, autant qu'il était en moi, et seulement en ma qualité de commandant de la garde nationale.

D. — A ce repas, vous aperçûtes-vous de quelques outrages faits à la souveraineté du peuple ?

R. — J'eus le chagrin de voir qu'on n'y avait pas bu à la santé de la nation, malgré la demande expresse que j'en avais faite avant de m'y rendre, et que lorsque les ci-devant roi et reine, et la ci-devant famille parurent, avec enthousiasme on but à leur santé, ce qui augmenta mon chagrin, attendu qu'on était convenu de ne boire à la santé de personne, sinon des convives entre eux.

D. — Avez-vous quelquefois fait visite à Capet et à sa famille durant son séjour aux Tuileries ?

R. — Oui, environ une fois par semaine, à ce que l'on appelle son lever.

D. — Depuis la destruction du tyran et de la tyrannie, à quel dessein conserviez-vous les effigies des ci-devant roi et reine, d'Artois et Monsieur, qui se sont trouvées dans votre domicile lors de la perquisition qu'on y a faite ?

R. — Je ne les conservais pas, je les ai oubliées, elles étaient mêlées avec des vieilles clefs. Toute ma conduite a prouvé ma haine pour ces individus... »

Condamné et exécuté avec ses trente-deux compagnons; il avait soixante-cinq ans.

Cette exécution de trente-trois personnes, femmes, prêtres, hommes de cour, hommes du peuple, fit une impression profonde. « La plus grande consternation régnait hier dans les cafés, dit un rapport; des soupirs ont échappé involontairement à quelques individus. Les sans-culottes au contraire étaient au comble de la joie : *Ça ira ! Vive la République ! Vive la*

Convention! nous ne serons plus trahis. Voilà le refrain de chaque républicain (1). »

Le chevalier de Varennes de Champfleury, François Etienne-Joseph, né à Clermont en 1730, fut lieutenant-colonel de dragons au régiment de Beauffrement, puis au 10e régiment de cavalerie. Voici ce que dit sur cette victime le tribunal révolutionnaire de Paris :

« François-Etienne-Joseph Champfleury, capitaine au 10e régiment de cavalerie, ci-devant nommé chevalier de Varennes, un des chevaliers du poignard, dit l'acte d'accusation, portant sa croix de Saint-Louis sur sa chair. On l'avait trouvé muni d'une bague où étaient ces mois : *Tout à mon roi*, et de plusieurs pièces de monnaie étrangère, ce qui ne laissait à l'accusateur public aucun doute sur ses relations avec l'étranger.

Tout ce qu'il fit dans son interrogatoire pour atténuer la gravité de ces faits ne lui servit de rien (2). » Il fut exécuté le 13 ventose an II (3 mars 1794), laissant deux fils, dont l'un émigra.

Le 19 floréal an II (8 mai 1794), vingt-huit fermiers généraux furent condamnés par le tribunal de Paris, accusés de n'avoir pas bien tenu et rendu leurs comptes,

(1) *Trib. rév. de Paris*, t. III, p. 350 et suiv. — *Nobiliaire d'Auvergne*.

(2) Id., t. II, p. 516.

« d'avoir favorisé par tous les moyens possibles les succès des ennemis de la France, notamment en mêlant au tabac de l'eau et des ingrédients nuisibles à la santé de ceux qui en faisaient usage. »

Parmi ces 28 se trouvait un Auvergnat, Gilbert-Georges de Montcloux, né à Montaigu (Puy-de-Dôme), fermier général et secrétaire du roi. Coffinhal, notre compatriote, était un des juges de la présente audience. Le savant Lavoisier, un des fermiers-généraux, demanda un sursis de quinze jours pour terminer des expériences scientifiques. « La république, lui répondit Coffinhal, n'a pas besoin de savants ni de chimistes. » Ils furent tous exécutés (1).

Trois autres fermiers généraux, qui avaient échappé ce jour-là à la condamnation parce qu'ils étaient dans d'autres prisons, furent bientôt découverts et conduits devant le tribunal : Charles-Adrien Prévost d'Arlincourt, Louis Mercier et Jean-Claude Douet. Ce dernier habitait tantôt Paris, tantôt sa terre de Lamothe dans le Puy-de-Dôme. Ils furent comme leurs collègues accusés d'avoir dilapidé les finances et falsifié le tabac.

Pendant le cours du débat, on interrogea M. Douet sur un fait qu'il ignorait. Il répondit que sa femme, détenue à la Force, pourrait peut-être donner quelques

(1) *Tribunal révol. de Paris*, t. III, p. 39.

instructions sur ce point. On l'envoya chercher; elle fut entendue. Et le tribunal « attendu qu'il résulte des pièces lues par l'accusateur public que Douet, non content des dilapidations, entretenait encore une correspondance criminelle avec les ennemis extérieurs de la république, dans laquelle correspondance il paraît que sa femme avait la plus grande part, ordonne que mandat d'arrêt sera à l'instant décerné contre la femme Douet. » Ce n'est pas la première fois qu'une personne appelée comme témoin est rangée au nombre des accusés et condamnée séance tenante.

Douet et sa femme furent condamnés et exécutés ensemble; c'était le 25 floréal an II (14 mai 1794). Le mari avait 73 ans et la dame 60 ans. Leur véritable crime était d'être très riches (1).

Raymond-Gabriel du Saulnies, né à Brioude, demeurant à Bansat, près d'Issoire, avait été lieutenant au régiment de Beauvaisis. Il avait des propriétés dans l'Allier et il fut dénoncé par les autorités de ce département qui l'accusaient d'avoir offert de parier qu'avant peu il y aurait une contre-révolution. En outre, il avait écrit le 10 janvier 1793 une lettre portant cette adresse : A Monsieur le comte de Bourbon-Busset, lieutenant-général des armées du roi, dans son château de Busset.

(1) *Trib. rév. de Paris*, t. III, p. 440.

Pour cela, il fut arrêté à Bansat, envoyé à Paris, condamné et exécuté le 28 floréal an II (17 mai 1794) (1).

Le mois suivant, deux autres victimes tombèrent sous le couteau de la guillotine : le comte et la comtesse de Saint-Didier.

Jean-Marie-Hector Genestet, marquis de Nerestang, comte de Saint-Didier, né à Aurec (Haute-Loire), épousa en 1784 Louise de Besse, née à Auliac (Puy-de-Dôme), de la famille de Rochechouart et sœur de la comtesse de Montboissier. Ces deux jeunes époux possédaient des biens immenses dans l'Auvergne, le Veley et le Forez et, outre cette illustration de la fortune, ils portaient sur leur front la gloire de la foi la plus vive. Ils se faisaient surtout remarquer par leur charité envers les pauvres. La mère de M. de Saint-Didier lui avait dit en mourant : « Sois le père des pauvres, mon fils, promets-moi de ne jamais les oublier. » Il ne les oublia jamais.

« Encore aujourd'hui, à Séneujols, à Montbonnet, Saint-Didier et dans les autres endroits dont il était seigneur, mais surtout à Aurec où il résidait habituellement, on se souvient avec attendrissement et admiration de sa grande charité pour les pauvres, de sa libéralité envers tout le monde, de sa tendre

(1) *Trib. rév. de Paris*, t. III, p. 494.

piété à l'église. Les habitants d'Aurec, dont il était réellement le père, ne voulurent jamais d'autre maire que lui et il en accepta la charge par affection pour eux. Sa vertueuse épouse le secondait admirablement dans toutes ses œuvres de piété et de charité. La plus exacte régularité régnait dans la famille. Les préceptes de l'Eglise touchant le jeûne et l'abstinence y étaient également observés. La comtesse visitait elle-même les malades et les consolait autant par sa présence que par ses largesses. Lorsqu'elle allait à l'église pour s'approcher du tribunal de la pénitence, elle se mettait à genoux, à son rang, sur le pavé, disant aux personnes qui voulaient se déranger pour elle : « Ici je ne suis pas plus que vous, pas de distinction pour moi (1) ».

En 1790, quand les prêtres furent proscrits, ils les recevaient chez eux.

En 1791, les perfidies et les tracasseries des patriotes — car il y en avait aussi dans ce pays foncièrement catholique, — déterminèrent M. de Saint-Didier à donner sa démission de maire d'Aurec, et, pour se soustraire aux obsessions des habitants qui tenaient à le conserver à leur tête, il se retira quelque temps soit à Lyon, soit à Feurs, où il avait du chef de sa femme une belle maison de campagne.

(1) Conférence sur les martyrs de la Révolution dans le diocèse du Puy, p. 151.

M. et Mme de Saint-Didier étaient trop aimés dans le pays, trop religieux et trop riches pour ne pas s'attirer la haine des révolutionnaires. On les dénonça ; ils furent arrêtés à Aurec au milieu de la frayeur et de l'indignation générale. Les habitants, pour obtenir leur liberté, signèrent en masse une pétition et soixante d'entre eux eurent le courage de la porter au district, à Monistrol, au péril de leurs biens, de leur liberté et même de leur vie ; mais inutiles démarches et vains regrets. La Révolution n'a pas de cœur et se moque de la justice qui est un vain mot pour elle.

Les nobles époux furent conduits au tribunal de Paris, c'est-à-dire à la boucherie. Ils parurent devant ce tribunal le 9 messidor an II (27 juin 1794), et ils furent condamnés à mort :

« Convaincus, dit le jugement, d'avoir été complices du traître Capet, en répandant de l'argent parmi les prêtres réfractaires, en entretenant des intelligences avec les ennemis de la France ».

Faisant des aumônes, voilà leur premier crime ; écrivant à quelque émigré, voilà le second ; c'est toujours le même refrain : Tout noble, aux yeux des républicains, entretient des correspondances avec les émigrés ; vrai ou faux, c'est cela.

En outre, M. de Saint Didier était accusé « d'avoir assassiné les patriotes au Champ-de-Mars .» En effet,

M. de Saint Didier faisait partie de la garde nationale commandée par Lafayette, son parent, lors de l'affaire du Champs-de-Mars : mais Lafayette et Saint Didier n'étaient pas hommes à assassiner les patriotes.

Mme de Saint-Didier, elle, n'était pas accusée d'avoir assassiné les patriotes, mais « elle a provoqué par des discours, dit le jugement, l'avilissement et la dissolution de l'Assemblée nationale ». C'est incroyable.

Voici qui est horrible : Mme de Saint-Didier était enceinte de six ou sept mois. C'était là une circonstance atténuante et le tribunal, malgré ses fureurs, élargissait quelquefois de telles accusées, du moins renvoyait à plus tard leur exécution. Il paraît que Mme de Saint-Didier aurait été sauvée sans un billet que Faure, représentant du peuple envoyé dans la Haute-Loire, écrivit à l'accusateur public dans lequel il disait : « Demande à la Saint-Didier où elle était à telle époque. » La question fut faite et avec toute simplicité, la comtesse répondit qu'à cette époque elle était allée voir sa mère en Suisse.

Aller voir sa mère, crime digne de mort.

En outre, Faure, écrivant au président du club de Monistrol, disait :

« Informe-toi de celui qui a fait la pétition pour les Saint-Didier, et raye-le de la face de la terre. Sans moi, la Saint-Didier échappait à la guillotine. »

Les Saint-Didier furent exécutés avec vingt autres condamnés, parmi lesquels le Maréchal et la Maréchale de Noailles de Mouchy, dont nous parlons ailleurs. M. de Saint-Didier avait 36 ans, Madame 26 (1).

Le 5 juillet 1795 (17 messidor an II), deux autres Auvergnats perdirent la vie : Gaspard de Besse et Pierre Vigerie, le noble et le roturier.

Gaspard-Georges de Besse de La Richardie, né à Auliac (Puy-de-Dôme), était oncle de Louise de Besse, comtesse de Saint-Didier, dont nous venons de raconter la tragique histoire. Il était grand-croix de l'ordre de Malte. Il habitait ou du moins il avait des propriétés dans le Lot, car il fut dénoncé par l'accusateur public de ce département. Quand on voulait perdre un noble, un riche, tout était prétexte à accusation, un mot, une exclamation, la lettre la plus insignifiante. On trouvait partout la preuve de conspiration, de correspondance avec les émigrés, de complot avec les ennemis de la république.

De Besse fut arrêté et condamné sur le vu de quelques lettres interprétées défavorablement.

Dans une lettre du 8 juillet 1792, on lui écrivait : « Nous sommes ici comme vous l'êtes à Paris, dans l'attente des grands événements qui se préparent.

(1) *Trib. rév. de Paris*, t. IV, p. 335. Boudet.

Celui du mois dernier a affligé tous les gens de bien, amis de leur roi et de leur patrie et le nombre en est grand. »

Dans une autre lettre on lisait :

« Je serais charmé de vous voir pendant mon court séjour dans la capitale. Vous avez raison de croire que l'on y est tranquillement ; mais qui est-ce qui peut répondre que dans peu Ninive ne sera pas détruite ou du moins bien châtiée ! C'est Paris qui a été la boussole de la Révolution. Gare qu'elle n'en soit la victime ! Ce qui se passe en ce moment annonce une décision peu éloignée. Le règne des anthropophages va finir. »

Dans une autre lettre du 21 avril 1792, qui ne porte ni indication, ni signature, ni adresse, on lit :

« Le roi rappelle son ambassadeur auprès de la cour de Vienne, qui est M. de Noailles. Je vous assure que les émigrés sont très contents, et qu'ils ont l'espoir de rentrer victorieux. »

C'était assez ; de Besse fut condamné à mort et exécuté avec vingt autres malheureux citoyens de divers pays. De Besse avait 36 ans.

CHAPITRE V

LABOULAY DE MARILLAC. — J.-B. DE VICHY. — CHARLOTTE DE SAINT-NECTAIRE. — LE COMTE DE CROZET, DE MONTGON. — DAUPHIN DE LEYVAL. — LES CINQ DE MONTMORIN.

Continuons la lamentable histoire de l'extermination de la noblesse en Auvergne. Des familles entières furent décimées.

La guerre faite par la classe bourgeoise à la classe aristocratique prit, en 1793 et 1794, un développement de férocité extraordinaire. Délations, dilapidations, arrestations, visites domiciliaires, confiscations, guillotine, tout fut mis en usage pour faire disparaître de la surface de la terre les nobles et les riches.

Jean-Nicolas-Ambroise de Laboulay de Marillac avait son domicile à Fouranges, commune de Brout, district de Gannat; il était sous-lieutenant au régiment de Béarn-infanterie, en garnison à Saint-Omer, lorsqu'arriva le cataclysme qui vint briser toutes ses espérances. Il passa en Allemagne et, en conséquence,

il fut porté sur la liste des émigrés du département de l'Allier, auquel avait été annexé le district de Gannat, détaché de l'Auvergne.

Mme de Marillac, née de Salvert, restée à Gannat avec deux jeunes enfants, fut arrêtée et mise en prison en sa qualité de femme d'émigré, mais elle obtint son élargissement après des démarches et des supplications multipliées.

Son mari rentra en France et, pour ne pas être découvert, il se fit agriculteur, dans la commune de Nevers. Il s'y croyait en sûreté. C'était loin de Brout; qui donc irait le découvrir là ? Il fut pourtant découvert par le comité de surveillance; incarcéré à Nevers, puis envoyé à Gannat, ensuite à Moulins où le tribunal criminel le condamna à mort, « attendu, dit le jugement, qu'après avoir émigré, il a osé venir souiller de sa présence le territoire de la République. »

Il n'eut pas le temps de languir : condamné à mort le matin, il fut exécuté le soir, à 7 heures, sur la place Brutus, le 17 messidor an II (5 juillet 1794). Il était âgé de 34 ans. Le jugement porte que « ses biens sont et demeurent acquis à la République, conformément à la loi du 17 mars 1793 (1) ». On exigeait donc des nobles et la bourse et la vie.

On guillotinait les nobles d'Auvergne à Moulins, à

(1) *Revue de la Révolution*, par Gustave Bord.

Paris, à Lyon, à Clermont, partout où on les trouvait. Dans cette dernière ville, le 17 juillet 1794, tombait la tête de Jean-Baptiste de Vichy, d'Aigueperse, officier au régiment de Beauvoisis, émigré rentré en 1793, arrêté dans les environs de Riom et condamné à mort le 29 messidor (17 juillet 1794). Un membre de la même famille fut exécuté à Lyon, comme nous le racontons ailleurs.

Le 26 du même mois de juillet, l'héritière d'un nom illustre de l'Auvergne, Charlotte-Marguerite de Saint-Nectaire, épouse du marquis d'Armentières, maréchal de France, était guillotinée à Paris avec trente autres condamnés à mort, parmi lesquels se trouvaient les princesses de Narbonne-Pelet, de Grammont, de Chymay, de Monaco et les hauts dignitaires, Clermont-Tonnerre, Crussol d'Amboise, etc.

Le 23 septembre 1794, le comte Jean-Baptiste de Croyet, né et domicilié à Riom, lieutenant au régiment de la Tour, fut condamné à mort et exécuté le 2 vendémiaire an III (23 septembre 1794), par la commission militaire établie à Valenciennes, en qualité d'émigré, saisi sur le territoire français.

Jacques-François de Cordebœuf-Beauverger, comte de Montgon, paroisse de Grenier, près Blesle, venait de quitter l'Auvergne pour se rendre à Arras dont il avait été nommé gouverneur militaire. Il emmenait

avec lui sa famille et une servante dévouée, appelée Thérèse Chazelles, fille de son régisseur de Védrines.

Deux fils du comte, Jacques-François-César et Jean-Antoine, tous deux officiers au régiment de Cambraisis, faisaient partie de ce convoi de prisonniers qui furent massacrés sur la route de Paris à Orléans, le 9 septembre 1792. Grâce au dévoûment d'un soldat de leur régiment, ils purent s'échapper.

Le proconsul Joseph Lebon arriva à Arras et terrorisa la ville. On avait pressé M. de Montgon d'émigrer ; il avait refusé, disant que, « placé à son poste par le roi, il y resterait tant que le roi ne l'aurait pas relevé ».

Mais bientôt il dut quitter forcément son poste de gouverneur de la citadelle d'Arras.

« Pendant qu'ils se cachaient, lui et les siens, dit Boudet, Thérèse les nourrissait en faisant de la dentelle. Quand ils furent incarcérés, elle se voua à l'adoucissement de leur captivité... Quand elle avait gagné quelque argent, elle achetait des provisions et les portait à la prison.

Les femmes étaient surveillées plus rigoureusement que les hommes et Thérèse ne pouvait voir ces dames, Mme de Montgon et sa fille Delphine, dame de Saint-Cyr, mais elle obtenait sans difficulté de visiter le prisonnier.

Un jour, M. de Montgon lui donna sa tabatière.

— « Tiens, lui dit-il, sans aucune émotion apparente, tu donneras cela à ta maîtresse quand tu la verras. » — « Vous ne prisez donc plus ? lui observa la jeune fille. — Non, je ne priserai plus ! » répondit simplement M. de Montgon ; et en même temps il lui remit sa montre dont il avait arrêté le ressort, comme pour mieux donner à ce souvenir suprême l'empreinte de la mort.

Il venait d'être condamné. Thérèse ne connut l'exécution que par la rumeur publique ; elle apprit par hasard qu'elle venait d'avoir lieu ; elle accourut et ne put voir que les ruisseaux de sang.

La date de la condamnation, ajoute Marcellin Boudet, n'a été précisée ni par les témoins, ni par M. d'Espinchal. Elle ne figure pas dans la liste officielle de celles qui sont attribuées à Lebon.

Le commandant de la citadelle d'Arras avait, outre les deux fils mentionnés plus haut, un fils aîné, le marquis de Montgon, qui épousa, au retour de l'émigration, Mlle de Baurron, et c'est dans le couvent de Baurron qu'il assura une retraite à Thérèse Chazelles, où ses descendants lui servent encore aujourd'hui une pension, en reconnaissance de son dévouement dans les temps d'épreuves (1). »

Les Dauphin de Leyval étaient seigneurs de Leyval,

(1) *Tribunaux d'Auvergne*, p. 68 et 284.

d'Auzolles, Parpeleix, Chaumettes, Charlane, Ramades, etc. ; en Basse et Haute-Auvergne. Cette famille eut son martyre pendant la révolution.

Le baron Augustin-François-César, Dauphin de Leyval, né à Clermont, était capitaine en second, avec grade de colonel aux Gardes françaises, lorsque arriva le torrent révolutionnaire.

Il avait épousé une demoiselle de Dienne. On l'accusa d'avoir conspiré avec le roi pour massacrer le peuple.

« Il avait depuis quatre ou cinq mois, dit M. de Barante, échappé aux recherches et vivait tantôt errant, tantôt caché aux environs de sa terre de Mont-de-Gélat. Une fausse confiance dans la promesse de Couthon et encore plus dans sa propre innocence, le détermina, d'après les instances de sa femme, non-seulement à se présenter, mais même à demander à être jugé. Il se constitua prisonnier à Clermont au commencement de 1794 et fut envoyé à Paris peu de temps après.

« Sa femme s'y rendit en même temps toute pleine d'espérance de le faire acquitter : ses sollicitations ne firent que hâter sa mort en hâtant son jugement. »

Amené devant le tribunal révolutionnaire, le 11 prairial an II (30 mai 1794), il fut interrogé. Il avoua qu'on l'appelait encore quelquefois baron ; que le 14 juillet il était de service à Versailles ; que le

10 août il avait couché chez lui, qu'il ne savait pas ce qu'on voulait dire quand on parlait des chevaliers du poignard, qu'il allait quelquefois aux Tuileries. On lui demande enfin ce qu'il pense de la condamnation du roi. — Il répond qu'il croit que quand un roi a tort il est à la merci du peuple.

Bref, il fut condamné à mort avec plusieurs autres citoyens, parmi lesquels se trouvait Nicolas Lacorde de Montpensin, juge et subdélégué dans l'élection de Gannat.

Mme de Leyval se rendit auprès de Couthon pour solliciter la grâce de son mari ; Couthon lui répondit : « Je te promets, citoyenne, que ton mari ne languira pas en prison, il sortira demain ; porte toi-même cette lettre à l'accusateur public. »

Le lendemain, 31 mai, M. de Leyval sortait en effet de la prison, mais c'était pour aller à l'échafaud.

La famille a toujours cru que Couthon avait eu la froide barbarie de faire porter à une jeune femme l'ordre de mort de son mari (1).

« La maison de Montmorin, dit Bouillet, est l'une des plus anciennes et des plus illustres de la Province d'Auvergne ; elle tirait son nom d'une terre considérable près de Billom. » La Révolution la décima ; cinq membres de cette famille en furent victimes.

(1) *Nobiliaire d'Auvergne*, Boudet. — *Tribunal révol. de Paris*, t. IV, p. 468.

Louis-Victorin-Hippolyte-Luce-Armand de Montmorin, marquis de Saint-Hérem, fut d'abord colonel au régiment de Flandre, puis gouverneur du château de Fontainebleau, charge héréditaire dans sa famille. Il accompagna à Turin Mmes Adelaïde et Victoire, tantes du roi, lorsqu'elles émigrèrent, et revint aux Tuileries où il logeait depuis quelque temps.

Décrété d'accusation, il va se cacher à Saint-Germain-en-Laye; mais découvert, il est arrêté, incarcéré dans la prison de l'Abbaye, puis dans celle de la Conciergerie. Après le 10 août, où les Suisses, gardes du roi, furent massacrés, un tribunal révolutionnaire avait été établi pour juger les conspirateurs qui, disait-on, avaient, dans cette journée fameuse, fait tirer sur le peuple. Pour donner une couleur favorable, une excuse au massacre des Suisses, les jacobins firent croire à l'existence d'une conspiration ourdie contre les patriotes et l'Assemblée nationale.

Or, le marquis de Montmorin fut accusé d'avoir écrit de sa main le plan de cette conspiration. Traduit devant le tribunal, le 28 août 1792, il fut acquitté; mais cet acquittement excita parmi les assistants des murmures d'une violence extrême. — « Vous le déchargez aujourd'hui, s'écria une voix, et dans quinze jours il vous fera égorger. » — « M. de Montmorin est en danger. Alors le président du tribunal, M. Osselin, trouvant un biais, annonce qu'un des jurés est peut-être parent de l'accusé, que, dans ce cas, il faudra un nouveau jury et un nouveau jugement, qu'on va s'assurer du fait et, qu'en attendant, le prisonnier sera reconduit à la Conciergerie. Là-dessus, il prend M. de Montmorin par le bras et l'emmène à travers les hurlements, non sans péril pour lui-même. Dans la cour extérieure, un garde national lui lance un coup de sabre et, le lendemain, il faut que le tribunal autorise huit délégués de l'auditoire à vérifier par leurs propres yeux que M. de Montmorin est toujours sous les verrous (1). »

Sur ces entrefaites, le 2 septembre arriva, date funèbre où des milliers de Français, hommes, femmes, prêtres, nobles, enfermés dans les prisons de Paris, furent égorgés, hachés, massacrés par des sans-culottes armés de haches, de piques, de massues. M. de Montmorin, âgé de 30 ans, fut égorgé à la Conciergerie, pendant que son cousin, ancien ministre, était massacré à l'Abbaye.

Armand-Marc de Montmorin Saint-Hérem, maréchal de camp, chevalier des ordres du Saint-Esprit, et de la Toison d'Or, ambassadeur en Espagne, commandant des Etats de Bretagne, ministre des affaires étrangères de 1792, était un personnage trop mar-

(1) *La Révolution*, par Taine, t. II, p. 269.

quant pour ne pas devenir un objet de jalousie et de haine jacobines.

« Constitutionnel zélé, dit Marcellin Boudet, il fut victime de l'attachement qu'il montra au roi dans les derniers jours. Grand exemple des vicissitudes humaines; il allait être fait duc quand la Révolution le fit martyr.

« La maison où il s'était caché, au faubourg Saint-Antoine, après le 10 août, raconte M. Ignace de Barante dans ses *Notes inédites*, était celle d'une ancienne femme de chambre de Mme de Montmorin. Tous les amis de cet infortuné ministre, auxquels j'ai eu occasion d'en parler, étaient persuadés qu'il fut trahi par cette femme, et que c'est elle qui découvrit aux assassins l'asile dans lequel elle l'avait engagé elle-même à chercher sa sûreté. »

Il fut arrêté le 21 août, interrogé à la barre de l'Assemblée et envoyé au tribunal révolutionnaire. Danton, qui méditait déjà les massacres de septembre, craignit que le tribunal révolutionnaire n'acquittât l'ancien ministre de Louis XVI dans un accès d'indulgence; le 28 août, il députa quatre citoyens au tribunal pour l'inviter à suspendre sa séance, si le procès n'était pas terminé, et ce ministre de la justice donna l'ordre de réintégrer sous les verrous M. de Montmorin, acquitté ou non.

Le malheureux fut donc ramené en prison au

moment où il espérait toucher à la fin de ses angoisses. Lorsqu'il apprit, à quelques jours de là, le massacre en masse des prisonniers, il entra dans une telle crise de désespoir qu'il brisa à coups de poings une énorme table en bois de chêne.

Le 3 septembre, on l'amena à son tour devant cette parodie de tribunal qui s'était installé à l'abbaye et que Maillard présidait. Il protesta énergiquement contre ces nouveaux juges qu'il ne connaissait pas. Déféré à une juridiction régulière, il n'en acceptait pas d'autre. Ah! il s'agissait bien vraiment de déclinatoire d'incompétence! Un des juges l'interrompit :

— « Les crimes de M. de Montmorin sont connus, dit-il au président ; mais puisqu'il prétend que son affaire ne nous regarde pas, je demande qu'il soit envoyé à *la force.* »

Envoyer à *la force*, *élargir*, étaient les termes dont ils étaient convenus pour exprimer leur vote sanguinaire ; raffinement emprunté à Néron et qui devait rendre la mort plus poignante en la faisant précéder des ravissements de la délivrance.

— « Oui! oui! à la force! » cria ce tribunal de bouchers.

M. de Montmorin, persuadé que la commission faisait droit à ses observations, parut tout rassuré ; un éclair de joie illumina son visage, ont raconté les témoins de cette scène.

— « Monsieur le Président, puisqu'on vous appelle ainsi, dit-il à Maillard avec un sourire sarcastique, je vous prie de me faire avoir une voiture.

— « Vous allez l'avoir, répondit Maillard. Il envoya aussitôt prévenir les tueurs, qui étaient dans la cour, de la qualité du personnage, pour que la mort fût en proportion de son importance et peut-être de son dédain. Puis aussitôt l'envoyé de retour :

— « La voiture attend Monsieur, dit-il en accentuant sa politesse ironique... Qu'on *élargisse* Monsieur ! »

M. de Montmorin demanda à réunir divers objets qui se trouvaient dans sa chambre; on lui dit qu'on les lui enverrait. Il sortit et tomba sur les piques des travailleurs de la Commune de Paris.

Au moment où on l'égorgeait, il mordit la main d'un de ses assassins, le septembriseur Gument. Boinnet, camarade de ce dernier, lui abattit les doigts à coups de sabre et, quelques heures après, tout dégouttant de sang, il promenait dans les cafés du quartier ces affreux trophées, qu'il remettait dans sa poche après les avoir montrés.

Percé de plusieurs coups en plein corps, haché, coupé, tailladé, M. de Montmorin était encore vivant, quand les bourreaux eurent l'idée de l'empaler. On le porta ainsi jusqu'aux portes de l'Assemblée nationale. On peut dire qu'il mourut de douleur encore plus que du sang qu'il perdait.

Empaler, c'est faire entrer par le bas du corps un pieu et l'enfoncer jusqu'à la gorge à travers les entrailles. C'est l'opération que l'on fit subir à M. de Montmorin encore vivant ; on l'éleva en l'air et on le porta ainsi à la porte de l'Assemblée nationale qui applaudit.

Eh bien, je demande au lecteur de vouloir bien, s'il en a le courage, réfléchir un instant sur ce supplice et qu'il dise ensuite s'il y a quelque chose de plus monstrueux au monde.

Non, dans l'histoire des sauvages de l'Amérique, des anthropophages de l'Océanie, on ne trouve rien de pareil, rien de comparable à cette barbarie atroce, à cette éclosion spontanée d'une rage qui poussait les hommes de notre Révolution jusqu'à faire ce que ne font pas les lions et les tigres, jusqu'à prendre plaisir à torturer leurs concitoyens, à les brûler dans des fours allumés, à les enterrer vifs, à boire leur sang, à manger leur chair, à les fusiller, noyer, guillotiner avec une joie d'animal pleinement rassasié, car tout cela est arrivé fréquemment pendant la Révolution, comme on peut s'en convaincre en lisant Taine, Wallon et autres historiens véridiques de la Révolution française.

D'où provenait cette rage qui se produisait à cette époque sur tout le territoire de la France ? Il n'est pas possible que la nature humaine, toute dégradée qu'elle est, soit capable, livrée à elle-même, de commettre des actes d'une atrocité telle que les bêtes féroces elles-mêmes ne peuvent pas produire.

Il y a dans cette rage du surnaturel ; ces hommes de la Révolution n'agissaient pas par leur propre force naturelle ; d'eux-mêmes, ils n'auraient pas fait ce qu'ils faisaient ; ils ne se possédaient pas, ils étaient possédés. Par qui ? Par une force surnaturelle, par un être du monde invisible qui envahissait leur cerveau, qui prenait possession de leurs muscles, qui pénétrait leur âme de son souffle, agissait sur leur volonté et leur communiquait cette énergie surhumaine, cette scélératesse dont la puissance produisait ces phénomènes de rage qui nous étonnent, nous stupéfient et nous tuent.

On ne peut expliquer les atrocités de la Révolution que par la possession diabolique.

Le gouvernement lui-même était en proie à cette possession satanique. L'esprit diabolique s'était emparé de tous les organes du gouvernement ; il en avait pris la direction, il s'était érigé en législateur. De là ces lois atroces contre plusieurs classes de la société, contre Dieu, contre la religion, la famille, la liberté, la propriété ; de là ces massacres, ces fusillades, ces noyades, ces meurtres, ces assassinats constitutionnels qui effrayèrent l'humanité.

L'infortuné de Montmorin laissait une veuve et

plusieurs enfants. La veuve, Françoise-Gabrielle de Tanes, était née à Chadieu dans le Puy-de-Dôme, d'Antoine, marquis de Tannes, seigneur de Chadieu, de Talende, des Martres, etc., et de Louise-Alexandrine de Montmorin. Le comte et la comtesse de Montmorin s'étaient donc épousés cousins.

Leurs deux filles avaient épousé, l'une le comte de Luzerne, l'autre, le comte de Beaumont d'Auty. Le fils, Antoine-Hugues-Calixte, était sous-lieutenant au 5ᵉ régiment des chasseurs à pied. Un autre garçon, nommé Guy, mourut aux Indes.

Cette malheureuse famille, après la mort du père, prit tous les moyens pour échapper à la fureur des révolutionnaires ; elle allait de cachette en cachette. Tout fut inutile. Mᵐᵉ de Montmorin fut arrêtée à Passy avec sa fille aînée, la comtesse de La Luzerne, et son fils Hugues-Calixte : tous les trois furent jetés dans les cachots.

Accusés d'être complices dans la prétendue conspiration dont Mᵐᵉ Elisabeth, sœur du roi, était le prétendu chef, ils furent condamnés à mort avec Mᵐᵉ Elisabeth, et vingt-et-un autres personnages que l'on impliqua sans preuve dans le même prétendu complot.

Ce fut le 21 floréal an II (10 mai 1794), qu'ils furent tous conduits à l'échafaud. La veille, Mᵐᵉ de La Luzerne était morte en prison sous les yeux de sa mère dans les douleurs d'une maladie contractée par suite des souffrances de la détention. Elle avait cinquante-quatre ans. Cette noble victime de la rage révolutionnaire alla revoir son père au ciel, emportant l'espérance de voir bientôt sa mère la rejoindre.

Le lendemain, en effet, la mère et le fils furent conduits à la guillotine avec les autres condamnés; ils étaient vingt-quatre; les charrettes qui les portaient se mirent en marche à quatre heures du soir. Le jeune de Montmorin était sur la charrette qui portait Mme Elisabeth de France; par respect pour la princesse, il resta debout pendant tout le lugubre trajet, au milieu d'une population hurlante et grisée de blasphèmes. On arrive sur la place où était dressé l'échafaud, et la guillotine commence son infernale besogne.

Les têtes tombent successivement. Au pied de l'échafaud, en attendant son tour, le jeune Calixte, à chaque coup du fatal couteau, s'écrie: *Vive le roi!* La foule exaspérée de cette noble attitude, répondait: *Vive la nation!* Cependant il pâlit quand vint le tour de sa mère et il cria moins fort: *Vive le roi!* Enfin son sang coula.

Il ne restait plus que la sœur du roi. « Elle restait immobile, dit un témoin, comme ces statues de la foi qu'on voyait autrefois sous le porche des églises et dont le visage de pierre ne saurait avoir d'autre expression que celle de l'amour de Dieu. »

Elle reçut l'absolution de M. Claude L'Hermitte de Chambertrand, chanoine de Sens, qui était du nombre des condamnés. Mme Elisabeth avait trente ans. Calixte de Montmorin en avait vingt selon Boudet, vingt-deux selon Wallon. Le soir même, à onze heures, il fut enterré avec sa mère à Mousseaux. En lui finit la branche des Montmorin de La Chassaigne (1).

Cinq victimes dans la famille des de Montmorin; ainsi étaient exterminés les nobles.

Nous nous arrêtons ici pour le moment dans cette lugubre énumération des nobles de la Basse-Auvergne, mis en fuite ou assassinés légalement pendant la Révolution. Nous y reviendrons, car, dans ce pays, il y eut d'autres victimes, nombreuses, intéressantes, sorties de tous les rangs de la société.

Passons en Haute-Auvergne.

(1) Boudet, p. 73. *Le Tribunal révolutionnaire*, par Wallon, t. III p. 413. — *Nobiliaire d'Auvergne*, art. Montmorin. — *Le Moniteur universel*, t. XX, p. 443.

CHAPITRE VI

GUERRE AUX CHATEAUX DANS LE CANTAL. — CHATEAUX DÉVASTÉS OU INCENDIÉS. — ADRESSE DE L'ASSEMBLÉE DÉPARTEMENTALE DU CANTAL A L'OCCASION DES TROUBLES. — PILLAGE DU CHATEAU DE DRUGEAC.

Dans le Cantal comme dans le Puy-de-Dôme, la guerre à la noblesse et aux châteaux, commencée en 1789, prit dans les années suivantes des proportions énormes. D'abord on se contenta de forcer les nobles à livrer leurs titres, leurs terriers, à détruire leurs armoiries ; bientôt on les mit hors la loi, on finit par piller, brûler leurs châteaux et s'emparer de leurs propriétés.

Voici le nom de quelques châteaux dévastés ou incendiés pendant la Révolution dans notre haut pays d'Auvergne :

— *Le château d'Allanche* appartenait à la famille de Dienne. Le gouvernement révolutionnaire s'en empara : on vendit le mobilier avec les bâtiments et les terres. Ce qui reste de ce château dévasté sert aujourd'hui de demeure à plusieurs ménages.

La famille de Dienne perdit dans la Révolution tous ses châteaux, toutes ses propriétés de Sainte-Anastasie (autrefois Saint-Eustache), Moissac-Chastel, Montmorand et Curières. Le chevalier de Dienne du Lac fut le seul qui conserva son domaine. Cette noble race d'anciens chevaliers de la Haute-Auvergne, ruinée, décimée par la Révolution, a disparu du pays.

— *Le château de Pradt,* dans la commune de Landeyrat, canton d'Allanche, fut incendié en 1790.

— *Le château de la Prade,* dans la commune d'Arpajon, était la propriété de la famille Robert de Lignerac ; la Révolution le renversa de fond en comble ; il fut incendié en 1790. Aujourd'hui il ne reste plus de vestige ni de la tour féodale, ni des bâtiments modernes qui l'entouraient.

— *Le château de Montmurat,* dans le canton de Maurs, eut le même sort. Plusieurs des tours furent découronnées et les créneaux arrachés de leur cîme. La démolition commencée pendant la Terreur fut achevée plus tard.

— *Le château de Saint-Angeau,* dans la commune de Riom-ès-Montagne, fut dévasté en 1789. Plus tard la famille de Miramon, à laquelle il appartenait, le fit reconstruire.

— *Le château de la famille d'Escars,* à Laroquebrou, renfermait en 1789 des archives précieuses; elles furent brûlées pendant que le château était démoli.

— Sur la même paroisse, la Révolution détruisit encore en partie un autre château, celui de Messac, propriété de la famille de Beauclair.

— Dans la commune de Saint-Etienne-de-Maurs, le château de la Devèze, appartenant à la famille Guiral de Montarnal, fut également dévasté et sa grande tour abattue.

Les hordes dévastatrices non seulement pillaient les châteaux, elles s'abattaient encore sur les propriétés, elles détruisaient les viviers, les étangs, elles saccageaient les forêts des nobles, devenues biens nationaux, et dans cette besogne elles étaient aidées par les gardes nationales, même par les municipalités en certaines contrées.

Le désordre était à son comble. Pour y remédier, l'Assemblée départementale du Cantal, dans sa séance du 14 décembre 1791, vota une adresse aux habitants du Cantal pour leur recommander le paiement des contributions et le respect des propriétés.

« Quel serait, dit l'Assemblée dans cette adresse, quel serait le sort de la Constitution, si les municipalités convoquaient des rassemblements des citoyens soldats de leur voisinage, pour porter l'effroi, la désolation et la mort, si elles ne s'opposaient pas par tous les moyens dont la loi les a investies, aux attroupements qui menacent les personnes et les propriétés, si au lieu d'arrêter les mouvements séditieux, elles les excitaient, les fomentaient secrètement ou à découvert, et regardaient avec satisfaction ou dans une lâche immobilité le désordre s'accroître et porter en tous lieux l'empreinte de ses ravages ? Tous les liens de la société ne seraient-ils pas brisés ?... C'est alors que les plus grands ennemis de notre liberté, le clergé et la noblesse, réunis par les liens de leur intérêt commun, mettraient de l'ensemble dans leur politique, agiraient de concert et nous tiendraient à jamais abrutis sous le joug de la crainte, de l'ignorance et de la misère. .

« O vous, que votre patriotisme, vos lumières et vos vertus ont élevés aux places municipales, bornez votre sollicitude à protéger les citoyens... Dissipez les attroupements qui pourraient y compromettre la sûreté publique ou individuelle, ou qui tendraient à dégrader et détruire les propriétés... Vous surtout, soldats citoyens, braves gardes nationales, sans qui la Révolution ne se serait jamais opérée, vous le soutien et l'espoir de la Constitution, ne détruisez pas cet édifice auguste qui s'est élevé sous vos auspices. Vous avez de la valeur et du courage, ayez également de

a prudence, de la docilité, de la discipline. Attendez pour quitter vos utiles et paisibles occupations que vous en soyez requis par ceux à qui la loi donne le droit d'invoquer la force de vos bras... Vous ne pouvez ni prendre les armes, ni vous rassembler en état de garde nationale sans l'ordre de vos chefs médiats ou immédiats... Votre destination est de protéger la sûreté publique, de prévenir et de réprimer le brigandage ; et vous oseriez vous ériger vous-mêmes en brigands ! et vous auriez assez peu de noblesse d'âme, pour insulter, maltraiter la faiblesse que vous devez couvrir de votre protection ! ravager, détruire les propriétés que la loi confie à votre garde!... Abstenez-vous de ces voies de fait, de ces scènes indécentes et atroces, si opposées à nos mœurs, qui font calomnier la liberté et lui suscitent des ennemis.

« Citoyens de tout âge et de tout état, au nom de la patrie qui vous en prescrit la nécessité, noyez dans une fraternelle alliance vos mécontentements et vos haines ; ralliez-vous autour de la Constitution et des lois... acquittez les dettes sacrées des contributions... Plusieurs citoyens commettent, dit-on, journellement des dégâts dans les bois nationaux ; mais ces propriétés, pour appartenir à la nation, n'en sont que plus sacrées ; y porter atteinte c'est blesser les droits de tous... mais si la voix de l'ordre, de la raison, de l'équité est trop faible pour arrêter le cours de vos usurpations, apprenez qu'on va vous dénoncer, vous traduire devant les tribunaux comme de vils brigands. L'arbre de la féodalité étendait ses rameaux meurtriers sur la surface de la France entière; son ombre malfaisante empoisonnait le plus beau sol de l'univers. L'Assemblée nationale constituante a lancé sur lui la foudre de la raison, et l'arbre désastreux est réduit en poudre ; mais en abolissant le régime féodal, en brisant les chaînes dont les ci-devant seigneurs vous tenaient enveloppés, l'Assemblée nationale n'a ni voulu, ni pu porter atteinte aux droits de la propriété... (1) »

Ce sermon ne convertit personne. Les pillages continuèrent. Voici des détails intéressants sur le pillage du château de Drugeac:

Eutrope-Alexandre-Hyacinthe, marquis de Lur-Saluces et baron de Drugeac, né en 1736, servit dans la maison militaire du roi et obtint ensuite le titre de gouverneur de Salers. Il habitait son château de Drugeac où il menait une vie paisible et retirée.

« J'ai toujours vécu, dit-il dans un Mémoire, isolé de ce qu'on appelait le grand monde; j'ai joui dans ma paisible retraite de tous les charmes de la philosophie; elle m'a appris de bonne heure à connaître les

(1) Procès-verbal de l'Assemblée dép. de 1791, p. 333.

droits de l'homme et les devoirs du citoyen ; j'ai employé les plus beaux jours de ma vie à cultiver les sciences utiles à l'humanité ; l'indigent et l'infirme ont trouvé chez moi des secours, je n'ai jamais été sourd aux plaintes de la douleur et de la misère ; j'ai prodigué mes soins, mes veilles et une partie de ma fortune à soulager les malheureux. Mais il est bien rare qu'une tranquillité aussi douce soit à couvert des traits de l'envie. Je me félicitais du bonheur que l'Assemblée nationale préparait aux citoyens lorsque ma vie a été en danger et mes propriétés dévastées et ravagées. »

Encouragés par le récit qu'on leur faisait des événements de l'époque, sûrs d'ailleurs de l'impunité dans un temps où tout était en désarroi, quelques patriotes de Drugeac et des paroisses voisines résolurent de forcer le marquis de Saluces à leur livrer les titres de rente et à leur donner quittance de toutes les dettes par eux contractées envers lui. Ils délibèrent entre eux sur les moyens à prendre pour arriver à ce but. On est d'avis de se rendre au château en nombre et en armes. — « Gardez-vous-en bien, leur dit un valet du marquis, Monseigneur a là-haut, sur les tours, des coulevrines braquées, il vous mitraillerait. » — Ils changèrent d'avis et prirent un autre moyen. Le dimanche suivant, échauffés par le vin, les plus hardis se groupent devant la porte de l'église, et lorsque le marquis sort de la messe, l'un d'eux pose sa lourde main sur son épaule et le saisit vigoureusement. M. de Saluces se redresse effaré et fier, mais en vain : on se presse autour de lui, il ne peut s'échapper ; on le pousse, on le conduit dans une auberge ; là il est obligé de payer à boire à la bande, puis on le mène à son château où l'on prend son meilleur vin ; il doit subir les plus cruelles humiliations, on le menace de le jeter par la croisée ou de l'assommer ; on le couche en joue, on le force à signer des quittances, à livrer les titres, à remettre les arrérages des fermes et des rentes. Prisonnier dans son château, il voit de ses yeux ses appartements pillés, ses caves vidées, ses jardins ravagés, ses papiers détruits ou emportés, sa vie mille fois menacée. Le lendemain, même ripaille et mêmes mauvais traitements : il est le jouet de la canaille avinée. Mais tout à coup, saisissant le moment où ses geôliers occupés à boire font une moindre surveillance, il se précipite vers l'écurie, s'élance sur un cheval, s'échappe, et bride abattue va se réfugier à Mauriac.

« Le 28 février 1790, raconte-t-il lui-même dans son Mémoire, je fus saisi par un attroupement de gens du bourg de Drugeac où j'habite ; coalisés avec une foule de séditieux des paroisses voisines, j'allais être immolé à leur fureur, si quelques-uns d'entre eux n'eussent délibéré qu'il fallait se contenter de me dépouiller, par les plus barbares violences, de tout ce qui était en mon pouvoir. Après m'avoir enlevé mon argent et mes effets, ces brigands m'extorquèrent, les uns des quittances, les autres des billets. Les jours suivants ne furent qu'une répétition de la même tragédie. Le 1er mars, je me refugiai à la hâte dans la ville de Mauriac; je n'y fus pas plus en sûreté que chez moi : mes assassins me poursuivirent jusque dans mon asile ; je me rendis à Riom. »

Arrivé à Rochefort, il trouve M. de Pruns, d'Aurillac, et lui dit qu'il va porter sa plainte, en passant à Riom, à M. le prévôt de la maréchaussée (gendarmerie) et faire décréter prévôtalement tous ceux qui l'avaient attaqué. M. de Pruns lui répond : « Gardez-vous bien de le faire, vous risquez votre vie et même vos bâtiments seront incendiés. » Le marquis n'écoute pas ce conseil. « Je me rendis à Riom, continue-t-il ; j'exposai au sieur de La Rive-Haute, prévôt général, les excès en tout genre que j'avais éprouvés, et le priai de recevoir ma plainte. Cet officier convint que le cas était prévôtal, mais il ajouta : « Je voudrais, Monsieur, pouvoir vous rendre justice, mais un décret récent de l'Assemblée nationale a suspendu l'autorité prévôtale. Cependant, attendu le danger pressant qui menace la sûreté publique et compromet l'ordre social, je prends sur mon compte d'envoyer chez vous provisoirement un détachement, pour en imposer et empêcher qu'on ne se porte à de nouveaux excès. Je vais en rendre compte au ministre, et j'espère qu'il approuvera ma conduite; mais vous devez vous pourvoir devant un tribunal compétent. »

M. de La Rive-Haute envoya à Drugeac un détachement de dix-huit gendarmes, pris dans les résidences de Saint-Martin-Valmeroux, de Mauriac, de Tauves et de Clermont. Ils firent au château un séjour de huit mois, et on le comprend, il n'y eut pendant ce temps ni trouble, ni menaces.

De Riom, le marquis de Saluces se rendit à Paris pour porter plainte à l'Assemblée nationale et lui demander justice contre les persécuteurs.

Le Prévôt lui écrivit de Riom le 19 mars 1790 : « Je viens, Monsieur le marquis, de recevoir une lettre du sieur Croisi, gendarme, qui m'apprend que la présence du détachement qui est à la garde de votre château, en a tellement imposé qu'il semble que le repentir ait pris la place de la rage et de la fureur. Je ne vous dissimulerai pas cependant qu'il est à craindre que les gens de votre paroisse trouvent des conseils propres à faire diversion sur vos plaintes à l'Assemblée nationale et même à l'indisposer contre vous. »

Par l'organe de son comité des rapports, l'Assemblée nationale autorisa, le 31 mars 1790, M. de Saluces à poursuivre les coupables devant le tribunal d'Aurillac. A ce procès qui traîna en longueur, vint s'en joindre un autre, celui que lui fit le détachement des gendarmes, qui demanda une somme considérable pour les services rendus par lui. Le marquis qui avait déjà dépensé plus de six mille francs en comestibles pour les cavaliers, et en fourrages pour leurs chevaux, refusa de faire droit à cette demande, disant qu'il avait droit au secours gratuit de la force publique, ce qui était vrai d'après l'ordonnance royale de 1778.

Mais comme le marquis avait promis, en passant à Riom, de payer les services du détachement, il fut condamné par le tribunal de Salers, par sentence du 1er mars 1791 : 1° à payer au sieur Croisi, brigadier à la résidence de Mauriac, la somme de trois cent cinquante-une livres, pour deux cent trente-quatre journées, déduction faite de la nourriture dudit Croisi et de son cheval, qu'il a plu au tribunal de fixer à raison de cinquante sous par jour; 2° aux gendarmes résidant à Mauriac, quatre-vingt-dix-huit livres pour cent quatre-vingt-seize journées; ainsi de suite pour les autres ; 3° aux dépens.

M. de Saluces fit appel de ce jugement ; je ne connais point le résultat de cette affaire. Je suis porté à croire que le marquis n'obtint pas justice. Ce qu'il y a de certain, c'est qu'après le départ du détachement, les dilapidations recommencèrent, et la vie du marquis fut souvent en danger. On lui enleva tout, jusqu'aux girouettes de sa maison, jusqu'aux galons de ses habits.

Il avait un banc dans le chœur de l'église, en qualité de seigneur de Drugeac; ce banc était orné de ses armoiries, entourées de guirlandes et de fleurs sculptées, on n'eut aucun égard à ces embellissements, le banc fut arraché, brisé. En outre, le Directoire du district de Mauriac écrivit à la municipalité de Drugeac, pour lui donner l'ordre d'avertir M. de Saluces de retirer les armes qui étaient à la porte de son château.

Le marquis répondit qu'il lui en avait coûté de l'argent pour les faire poser, et qu'il ne voulait pas en dépenser pour les faire enlever. Le Directoire réitéra ses ordres, et il fallut obéir.

Particularité qui ne surprendra personne : ceux même qui étaient chargés de maintenir l'ordre, étaient des provocateurs au désordre :

« Quel sera l'étonnement et l'indignation de mes juges, dit le marquis dans son Mémoire, lorsqu'ils se convaincront que le sieur Rivet, brigadier à la résidence de Saint-Martin-Valemeroux, a suscité les insurrections qui m'ont été faites, qu'il n'a rien négligé, qu'il les a provoquées par ses propos incendiaires et ses lettres séditieuses. Les pièces imprimées à la suite de ce Mémoire en sont des preuves évidentes. »

En effet, dans une lettre à M. Lassale, lieutenant de

la maréchaussée à Riom, M. Nivet dit entre autres choses: « J'ai l'honneur de vous prévenir aussi, Monsieur, que M. de Saluces a perdu la tête, depuis que le détachement de la maréchaussée n'est plus chez lui. Plusieurs personnes m'ont assuré le fait, et notamment M. de Faussanges, commissaire du roi au tribunal de Salers, qui était hier chez moi. Si le fait est vrai, ce sont ses coquineries réitérées qui en sont la cause. Tout ce que je sais de certain, Monsieur, c'est que le dit seigneur ne sort pas de sa chambre et qu'il s'y soûle tout seul journellement. »

Ainsi, calomnier, vilipender, noircir les nobles, les traiter de vampires et de brutes afin d'avoir le droit de les éventrer et de piller leurs châteaux, tel est le système du jour.

Pour M. de Saluces, la position n'était pas tenable. Il habitait tantôt Drugeac, tantôt Salers, s'effaçant, se cachant, employant toutes sortes d'industries pour sauver sa vie et sa propriété.

Dans l'été de 1792, un détachement de cent dix hommes, des volontaires du Cantal, parcouraient les villes et les campagnes, sous le commandement de Delzons d'Aurillac, enlevant partout où ils passaient les voitures, les chariots et les chevaux des émigrés. Ces hommes arrivèrent à Salers le 21 août 1792, et prirent deux chevaux à M. de Saluces. L'année d'après on lui en prit quatre.

« Aujourd'hui, lisons-nous dans le Registre des délibérations de la municipalité de Salers, aujourd'hui 8 août 1793, a comparu le citoyen Eutrope-Alexandre Delur Saluces, habitant du bourg de Drugeac, à présent résidant en sa maison sise en cette ville, lequel a exposé que les 30 et 31 mai dernier, des officiers et gardes nationaux, par la réquisition du citoyen Salsac, commissaire du département du Cantal, se transportèrent dans sa maison et écurie de Drugeac, y prirent trois chevaux de voiture et un cheval de selle avec leurs licols, selle, harnais, avec un chariot, que le tout fut conduit à la ville de Mauriac, à l'effet de servir à l'armée, qu'il a fait sa pétition aux administrateurs du département, le 1er juillet dernier, sur laquelle il a été déclaré que lesdits chevaux étaient propres au service de l'armée, et que le tout avait été estimé et que le prix devait être payé audit citoyen Delur en un bon sur le receveur du district de Mauriac... » La veille, 7 août, on avait rendu un des chevaux malade et hors de service. Le marquis refuse de le recevoir jusqu'à ce que la municipalité de Salers ait fait constater l'état du cheval ; ce qu'elle fit. Alors il demanda des dommages-intérêts. Je ne sais s'il lui furent accordés et si les chevaux furent payés.

On avait enlevé à Saluces jusqu'à sa montre. Dans une séance publique à laquelle assistait le représentant Bo, Gamet, Cirier et Marcenat, cordonnier, dénoncèrent le bruit public que Delthil avait emporté une montre d'or déposée au comité révolutionnaire et que l'on disait provenir de Saluces (1). »

Ainsi, soit par pillages, soit par réquisitions ordonnées administrativement, le malheureux marquis était dépouillé de tout. La tradition rapporte et affirme que les patriotes finirent par mettre le feu au château de Drugeac. Le *Dictionnaire statistique du Cantal* dit que l'incendie d'une partie du château avait eu lieu avant la Révolution. Où est la vérité? Quoiqu'il en soit, la demeure féodale de Drugeac, composée de quatre corps de logis, flanquée de quatre tours, n'est plus aujourd'hui qu'un simple bâtiment à moitié démoli, sans grandeur et sans aspect.

M. de Saluces fut arrêté par ordre du comité révolutionnaire, et dirigé sur Paris, de brigade en brigade, pour y monter sur l'échafaud. En route, il pria les gendarmes de passer par Bordeaux où il avait des parents qu'il voulait voir, disait-il. Il cherchait à gagner du temps. Un de ses conducteurs étant tombé malade, le marquis, qui était médecin, lui dit : « Si tu réponds de ma vie, je réponds de la tienne. » En effet, le remède le guérit, et ce geôlier, par complaisance pour son prisonnier, marcha si lentement que

(1) *Révolution du Cantal.*

lorsqu'ils arrivèrent à Paris, Robespierre était mort ; c'est ce qui sauva M. de Saluces.

M. de Saluces, rendu à la liberté se retira définitivement à Salers. Il épousa, en 1810, Mlle de Lespinasse, et mourut en 1813, sans laisser de postérité, dans un âge très avancé. Son nom disparut de l'Auvergne et sa propriété de Drugeac amoindrie passa en des mains étrangères (1).

(1) Mémoire de M. de Saluces. Archives de Salers.

CHAPITRE VII

LA FAMILLE DE SARTIGES PENDANT LA RÉVOLUTION. LES CINQ RELIGIEUSES DE SARTIGES.

La famille de Sartiges, connue dès l'époque des Croisades, au XIIe siècle, tire son nom d'un ancien château fort situé sur un monticule, à sept kilomètres de Mauriac, au nord. Cet antique manoir fut détruit au XIVe siècle, et remplacé par un autre château, bâti à quelques pas de l'ancien, au lieu appelé Sourniac.

C'est une belle demeure, flanquée de quelques tours qui, avec le petit clocher de l'église paroissiale, leur unique voisin, dominent la plaine et les coteaux d'alentour.

C'est dans ce château que vit depuis de longs siècles la famille de Sartiges.

Dans le cours des temps, cette famille avait fondé autour d'elle cinq nouvelles maisons :

— La maison de Sartiges d'Estillot, dans la paroisse de Jalleyrac, canton de Mauriac, composée, en 1789, de trois membres : Guillaume de Sartiges, officier dans l'armée, et ses deux sœurs : Elisabeth-Marie, célibataire, et Madeleine-Jeanne-Isabeau, religieuse.

— La famille des Sartiges de Montclarc-Chambon, dans la paroisse d'Anglards de Salers, représentée en 1789 par les deux frères, Pierre et François, tous les deux capitaines dans la marine.

— La famille des Sartiges de Beaufort, en Limousin, dont le chef était Jean-Baptiste de Sartiges-Beaufort, capitaine.

— La famille des Sartiges de La Prade, au Vigean, près Mauriac, représentée par Jean-Baptiste de Sartiges de La Prade, par sa femme Marie de Montclarc et leurs enfants : François, prêtre ; Jacques-Antoine, Jean-François, Marguerite, religieuse, et Marie, religieuse.

— La famille des Sartiges d'Angle, non loin du Vigean, composée, au moment de la Révolution, de Jean-François de Sartiges, officier, de sa femme Antoinette-Marguerite Delprat d'Angle et de leurs enfants en bas âge.

Ainsi la famille de Sartiges, au moment de l'explosion révolutionnaire, nous présente cinq religieuses, trois prêtres et douze officiers, presque tous en activité de service. Elle brillait d'un trop grand éclat pour n'être pas, dès le début, signalée à la fureur démagogique.

Commençons par redire la pieuse histoire des cinq religieuses de Sartiges.

La première qui se présente est Madeleine-Jeanne-Isabeau de Sartiges d'Estillot. Elle naquit en 1742, et passa les premières années de sa vie dans la maison paternelle, à Estillot, avec son frère Guillaume et sa sœur Elisabeth-Marie. Elle voulut quitter le monde, et ayant fourni ses preuves de noblesse, elle fut admise, en 1771, chanoinesse dame de justice de l'ordre de Malte, au couvent de l'hôpital Beaulieu, près de Gramat, en Quercy, aujourd'hui département du Lot. Bâti sur la paroisse d'Issindolus, où l'on voit encore ses ruines gigantesques, le monastère donnait l'hospitalité aux pèlerins et aux malades, d'où son nom d'hôpital.

Les dames de justice ou chanoinesses de l'Ordre de Saint-Jean-de-Jérusalem, dit de Malte, devaient fournir les mêmes preuves de noblesse que les chevaliers de cet Ordre, et comme eux, elles étaient soumises à l'autorité du grand maître de Malte.

Au commencement de la Révolution, l'Ordre comptait en France trois maisons de chanoinesses de Malte : une à Beaulieu-Issindolus, une à Martel (Lot), la troisième à Toulouse. Les religieuses se recrutaient dans la noblesse ; elles portaient, comme les chevaliers, la croix de toile blanche sur le côté gauche du manteau noir, et la croix d'or émaillée sur la poitrine, plus un anneau d'or sur le chaton duquel figurait la croix de Malte.

La grande prieure de Beaulieu était la supérieure générale des trois maisons de l'Ordre en France.

C'est au monastère de Beaulieu que vécut, au XIVe siècle, sainte Flore, née dans la ville de Maurs en Haute-Auvergne. C'est là aussi que son corps immaculé était conservé et vénéré, non seulement par les religieuses, mais encore par les populations d'alentour, ce qui donnait au monastère une grande célébrité en même temps qu'un parfum de dévotion et de sainteté. Telle est la maison monastique où vint s'abriter la pieuse Madeleine de Sartiges d'Estillot. Bientôt deux de ses cousines vinrent la rejoindre, les deux sœurs Marguerite et Marie de Sartiges de La Prade.

Nées au Vigean, paroisse voisine de celle de Jalleyrac, Marguerite en 1760 et Marie en 1761, elles furent reçues en 1782, après avoir fait leur preuve de noblesse, au monastère de Beaulieu, heureuses de retrouver leur pieuse cousine.

Ces trois demoiselles de la noble race des Sartiges vivaient sous l'antique toit du monastère Quercynois, dans l'exercice de la prière et des vertus monastiques, lorsque la tourmente révolutionnaire vint troubler leur repos en ébranlant le monastère. Les bruits les plus sinistres frappaient à la porte, elles comprirent bientôt qu'il faudrait quitter leur saint asile et revenir à leur berceau, dans les montagnes d'Auvergne.

Lorsqu'elles virent que leur aumônier, M. Surgier, et le curé de la paroisse, M. Sarmayon, pour avoir refusé le serment schismatique, prenaient forcément le chemin de l'exil, elles ne doutèrent plus que l'heure du départ était venue pour elles.

Elle était venue, en effet. C'était en 1792.

Voici comment est racontée l'expulsion des chanoinesses de Beaulieu, dans la *Vie de sainte Flore* :

« La régularité et la ferveur florissaient dans le monastère depuis la réforme de Galiote de Veillac ; la charité des bonnes dames est encore profondément écrite dans le cœur des pauvres du pays ; mais enfin la tourmente révolutionnaire, comme un ouragan dévastateur, vint se ruer sur ce saint asile. Mme de Langeac était abbesse du monastère. Les pauvres sœurs furent violemment arrachées de leurs cellules. Elles ne voulaient pas s'éloigner de ces murs où elles avaient passé des jours si heureux dans la paix et la joie du Seigneur. Elles se jetaient aux genoux des pillards qui les chassaient ; elles les suppliaient de prendre tous leurs biens, mais pour unique grâce, de les laisser à l'abri des murailles de leurs cloîtres.

« Ces hommes sans pitié ne daignaient pas les écouter et continuaient leur œuvre de destruction sacrilège. Quelques-unes d'entre elles étaient infirmes ou malades ; on les jeta inhumainement sur la voie publique ; plusieurs appartenaient à des familles qui avaient émigré ou gémissaient dans les fers. Privées de toutes ressources, elles furent obligées de demander asile et subsistance aux pieux fidèles de la contrée. Alors commencèrent ces scènes d'horreur dont le récit épouvante encore après tant d'années. Le marteau démolisseur s'abattit sur l'hospice comme aussi sur la chapelle et le couvent. Tout fut pillé, profané et dévasté, et pour que rien ne manquât à ce drame lugubre, les restes sacrés de sainte Flore furent livrés aux flammes sur le seuil même de cette maison toute resplendissante encore de l'éclat de ses vertus et de ses miracles. Ainsi fut détruit le monastère de l'hôpital Beaulieu, fondé en 1235. Il avait duré environ cinq cent cinquante-six ans. »

Les religieuses de Sartiges quittèrent donc leur demeure désolée, et rentrèrent en Auvergne dans leurs familles où la désolation était à son comble, car les révolutionnaires sont les mêmes partout : persécuteurs haineux et dévastateurs cupides.

Rentrée à Estillot, Madeleine ne trouva plus son frère Guillaume de Sartiges ; il était mort le 8 novembre 1789. Sa sœur Elisabeth-Marie était restée seule, en butte aux fureurs des patriotes du pays. C'est sans doute alors qu'elle se retira au château de Fargues, commune de Vitrac. Elle est, en effet, portée sur la liste des émigrés en ces termes : « Sartiges, fille ci-devant noble, dernier domicile à Fargues, district d'Aurillac ; biens à Jalleyrac. » Sa propriété d'Estillot fut déclarée bien national.

On lit, en effet, dans la liste des biens nationaux, ces mots : « La demoiselle Sartiges possède un domaine situé au village d'Estillot, municipalité de Jalleyrac. »

Sa sœur, religieuse, ballottée comme elle par les flots démagogiques, ne vit pas la fin de la tourmente, elle mourut en 1797. Elisabeth-Marie survécut à tous les désastres ; elle mourut en 1817, après avoir vu tout périr, sa famille et sa fortune. Elle fut la dernière des Sartiges d'Estillot.

Les deux autres religieuses de Malte, Marguerite et Marie de Sartiges de La Prade, revenues de Quercy, trouvèrent un asile à la Prade d'abord, puis à Angle où leur frère cadet, Jean François de Sartiges, s'était établi, et avait fondé le rameau d'Angle en épousant Antoinette-Marguerite Delprat d'Angle. Elles y vécurent plusieurs années.

Au monastère, on avait donné aux deux sœurs, pour les distinguer, les noms des propriétés de leur famille. Marguerite était appelée Mme de La Prade ; Marie, Mme de Lassaigne. Dans le monde on continua de les appeler ainsi.

« Chassées de leur paisible retraite par la tourmente révolutionnaire, écrit le baron de Sartiges d'Angle (1), les deux religieuses de La Prade furent accueillies d'abord dans leur famille, puis chez leur frère cadet, mon père, à Angle, où elles ne furent pas toujours en sûreté pendant ce temps d'orage. Ma famille, assez nombreuse alors, habitait à Angle une maison spacieuse, au trois quarts détruite depuis. Tous les membres qui la composaient étaient animés des meilleurs sentiments de piété et d'une profonde horreur des idées démagogiques. Aussi donnait-elle asile aux prêtres traqués par les agents de la république. Vous devinez que cette maison où l'on savait un noble et deux religieuses, fut signalée comme suspecte et à ce titre souvent soumise à des visites domiciliaires.

(1) Lettre à l'auteur. Parmi les enfants de Jean-François de Sartiges d'Angle était un tout petit garçon, né en 1789, la même année que la Révolution. On l'appela Jean, plus tard il fut toujours connu sous le nom de baron de Sartiges d'Angle. Homme fort distingué par son esprit judicieux, écrivain correct, il s'occupa beaucoup des antiquités de l'Auvergne, collabora au *Dictionnaire statistique du Cantal*, au *Nobiliaire d'Auvergne* avec M. Bouillet et fut décoré par le pape Pie IX, du titre de commandeur de l'ordre pontifical de saint Grégoire-le-Grand. Il avait un frère, Julien de Sartiges d'Angle, né en 1802, qui était garde de corps du roi, quand il mourut en 1823, sans postérité.

Le baron de Sartiges d'Angle épousa, en 1824, Thérèse-Anne Domis de Semerpont, laquelle mourut en 1847 sans enfants. Il mourut lui-même plusieurs années après à Clermont, où il habitait, emportant dans la tombe le nom des Sartiges d'Angle.

« Ces visites avaient toujours lieu dès l'aube du jour et l'habitation promptement envahie était dans ses moindres recoins fouillée par les sans-culottes, les gendarmes, les gardes nationaux, qui sans le moindre ménagement, nous arrachaient de nos lits pour retourner nos matelas. Je dois cependant à la vérité de déclarer que si parmi ces hommes il y en avait de bien méchants, il s'en trouvait de bons qui tout en affectant beaucoup d'ardeur et de sévérité pour découvrir les suspects, ne voyaient pas ce que d'autres n'auraient pas manqué de saisir.

« J'étais trop jeune pour savoir leurs noms que j'ai toujours ignorés, et je le regrette, car leur conduite fut digne d'éloges. Grâces à eux, grâces à d'autres bonnes âmes parmi lesquelles était cette Catinon-Menette, que vous avez si bien dépeinte, et qui de nuit venaient nous avertir du danger, il n'y eut chez nous que quelques arrestations, entre autres celle de mon oncle l'abbé, et fort heureusement ce fut dans les dernières années, à une époque où les rigueurs avaient sinon cessé entièrement, du moins, diminué, de sorte qu'après quelques semaines de détention, il fut relâché.

« Malgré ces tribulations, la maison n'avait cessé de donner, autant qu'elle l'avait pu, asile aux prêtres et autres suspects, au péril de notre liberté et même de notre vie.

« Mon père, obligé de se cacher, ne paraissait que très furtivement au milieu de nous. Mes tantes, les religieuses, furent arrêtées et retenues en réclusion avec ma mère qui laissait derrière elle neuf enfants sous la seule garde d'une tante maternelle presque aussi jeune que l'aînée de ses nièces.

« Ces souvenirs profondement gravés dans ma mémoire ne sont pas les seuls que j'ai conservés. Je n'ai pas oublié les messes qui se célébraient la nuit, les mariages et les baptêmes qui se faisaient secrètement et dans lesquelles cérémonies j'avais toujours un rôle, tantôt celui de clerc, tantôt celui de parrain. Hélas ! si Dieu me demande un jour compte des obligations qu'en cette dernière qualité la religion m'imposait, je serai bien marri, car les trois quarts de mes filleuls me sont demeurés inconnus.

« Une autre remarque à faire et qui constate combien les masses étaient contraires aux idées révolutionnaires, c'est l'empressement des populations voisines à venir assister au divin sacrifice. La maison ne pouvait contenir tout le monde et l'on voyait ceux de dehors s'agenouiller sur les pierres ou dans la boue au moment de l'élévation. Les prêtres qui fréquentaient la maison, étaient mon oncle l'abbé de Sartiges, un abbé Bachèlerie et deux abbés de Ribier, frères, petits-fils d'une demoiselle de Sartiges.

« L'un d'eux, après le rétablissement du culte, fut

nommé curé d'Auzers où sa mémoire est restée vénérée. Son frère, placé dans le diocèse de Clermont, d'abord curé à Mire-Fleur, fut transféré plus tard à Montel-de-Gelat, où il mourut vers l'an 1820, je crois.

« Quant à mes tantes, les chanoinesses de Beaulieu, lorsque le calme fut rétabli, elles ouvrirent, à Angle, un pensionnat de demoiselles, où les jeunes personnes de Mauriac et des environs affluèrent. Mais, le local étant devenu insuffisant, elles transférèrent leur établissement à Moussages dans le château appelé de Valmaison, où elles continuèrent leur labeur, environnées de cette vénération qu'inspire une vie entièrement consacrée au bien, à la pratique de toutes les vertus et à l'exercice de la piété la plus austère.

« La génération actuelle se souvient encore des services qu'elles ont rendus par plus de trente années de soins donnés à l'éducation des jeunes personnes qui y venaient de toutes les parties de l'arrondissement. Mme de La Prade, l'aînée des deux, fit de longs séjours au château de Sourniac, mais la plus jeune, Mme de Lassaigne, continua l'œuvre jusqu'à ce que, épuisée par le travail et la prière, elle mourut à Moussages, le 19 novembre 1836. Sa sœur la suivit dans la tombe en 1839. »

Au témoignage du baron de Sartiges d'Angle, ajoutons le témoignage non moins honorable des contemporains, qui tous affirment que les anciennes religieuses de Sartiges de La Prade furent dans le pays la Providence des jeunes filles et des pauvres, en même temps qu'un exemple vivant de toutes les vertus. Non seulement, disent les anciens, elles étaient estimées, mais encore aimées, vénérées comme des saintes. Dans l'église de Moussages, canton de Mauriac, on voit un vitrail sur lequel sont peintes deux religieuses à genoux sur des prie-Dieu. Elles portent le costume de Malte : un voile noir, un manteau noir avec la croix blanche. Ce sont les dames de Sartiges, Marguerite et Marie : au dessus et au dessous d'elles sont écrits ces mots : « A la mémoire de Marguerite et de Marie de Sartiges de La Prade, sœurs, dames de justice de l'Ordre de Malte, décédées à Moussages, Marie, le 19 novembre 1836, et Marguerite, le 19 décembre 1839 ; après la dispersion de leur Ordre, leur vie entièrement consacrée à la pratique de toutes les vertus, à la piété la plus austère, à l'instruction chrétienne dans cette contrée, a mis leur mémoire en vénération. »

A ces édifiants détails sur les religieuses de Malte, ajoutons quelques mots sur la vie non moins édifiante des deux chanoinesses de Remiremont. Madeleine et Marguerite de Sartiges de Sourniac, sœurs du comte de Sourniac, furent reçues chanoinesses-comtesses, au chapitre noble de Remiremont, en 1788. Ce célèbre

monastère était situé dans le diocèse de Saint-Dié (Vosges). Pour y être admis, il fallait faire preuve de seize quartiers de noblesse. On n'y faisait point de vœux.

Là, les demoiselles de Sartiges de Sourniac trouvèrent les plus grands noms de France, mais bientôt, là, comme partout, retentirent les cris de mort.

Les chanoinesses furent dispersées et leurs biens confisqués.

Rentrées à Sourniac, Madeleine et Marguerite tâchèrent de se faire oublier, en se cachant de leur mieux soit dans la demeure de leur frère, soit dans la maison de Sartiges, bâtie tout à côté sur les ruines de l'ancien château; mais la Révolution les y trouva et les accabla de ses tracasseries, de ses violences. Elles virent leur frère le comte de Sourniac, mis en prison et le château mis au pillage.

Elles furent arrêtées elles-mêmes en 1793, conduites à Mauriac et enfermées non dans les prisons, car elles étaient pleines, mais dans une maison particulière, celle du citoyen Jean Roche, où elles restèrent environ dix jours. Mirande et Valette, administrateurs du district, leur firent déclarer qu'elles seraient mises en liberté si elles versaient la somme de deux mille francs. On s'arrangea à six cents francs; les dames de Sartiges les versèrent et recouvrèrent leur liberté.

Il y avait à cette époque à Mauriac, comme à

Aurillac, comme à Salers et ailleurs, même dans les administrations, des citoyens, véritables escrocs, qui sous un prétexte ou sous un autre, faisaient arrêter les gens riches, et les menaçaient ensuite de les envoyer soit au tribunal criminel d'Aurillac, soit au tribunal révolutionnaire de Paris, s'ils ne versaient immédiatement entre leurs mains telle somme d'argent désignée par eux.

Plus tard, on voulut connaître les personnes qui avaient été victimes de ces concussions et la somme qu'elles avaient versée.

Ces personnes furent donc admises à faire leur déclaration soit par elles-mêmes, soit par les témoins de l'escroquerie dont elles avaient été les victimes.

C'est ce qui arriva dans l'affaire des demoiselles de Sartiges.

Voici intégralement la déclaration que fit Jean Roche, lequel avait été témoin et acteur dans cette affaire : « Ce jourd'hui, 24 frimaire an III de la rép. (14 décembre 1794), à la maison commune de Mauriac est comparu Jean Roche, lequel a déclaré que vers le milieu du mois d'octobre 1793, les citoyennes Sartiges sœurs, furent conduites chez lui entour une dizaine de jours, que dans cet intervalle les dites Sartiges lui dirent que les citoyens Mirande et Valette exigeaient d'elles une somme de deux mille livres, que les jours suivants elles lui apprirent que les dits Mirande et Valette s'étaient relâchés de cette première demande et se contentaient d'une somme de six cents livres qu'elles étaient résolues à leur donner, que n'ayant dans le moment à leur disposition qu'une somme de quatre cents livres, elles engagèrent le déclarant à leur procurer les deux cents livres qui leur manquaient en s'adressant pour cela de leur part au citoyen Deydier; qu'il se rendit en conséquence chez le citoyen Deydier et qu'ayant exposé l'objet de sa mission à la citoyenne Deydier son épouse, celle-ci envoya sur le champ par sa bru ladite somme de deux cents livres aux citoyennes Sartiges, que ces dernières s'empressèrent de remettre le tout, c'est-à-dire six cents livres entre les mains du déclarant et le prièrent de les porter sans retard au citoyen Mirande, attendu, dirent-elles, qu'elles étaient menacées d'être transférées à Aurillac si la somme n'était comptée sur l'heure ; qu'en exécution de cette recommandation il se rendit au bureau des citoyens Mirande et Valette dans la maison où siège l'administration du district; qu'il y trouva le citoyen Mirande avec le citoyen Ternat père, et qu'en présence de ce dernier, il compta et délivra au citoyen Mirande ladite somme de six cents livres, que lui ayant demandé quittance ainsi qu'il lui avait été recommandé par lesdites Sartiges, le citoyen Mirande refusa de la lui donner et exigea au contraire qu'il souscrivit une déclaration dont il ignore le contenu ne sachant pas lire, qu'il hésitait à signer la susdite déclaration et n'y fut déterminé que par le citoyen Ternat qui lui dit que cette signature ne l'engageait en rien, qu'il en avait lui-même signé de pareilles et qu'il signerait volontiers celle qui lui était présentée, si le déclarant persistait à refuser de le faire, qu'il se retira après avoir signé et fut rendre compte aux citoyennes Sartiges de sa mission, qui est tout ce qu'il a dit savoir et à l'appui de la présente déclaration, il a remis un écrit signé de l'une des citoyennes Sartiges, qui confirme la vérité de la contribution de six cents livres ci-dessus énoncée et qui est adressée sans cachet ni enveloppe aux citoyens administrateurs du district de Mauriac, ledit écrit daté de Sartiges le 14 décembre l'an III de la république une et indivisible et signé dudit Roche pour en certifier l'authenticité, et a signé : Roche (1). »

Après la tourmente révolutionnaire, les demoiselles de Sartiges vécurent paisiblement à Sourniac. Pieuses, modestes, simples dans leurs goûts, elles se firent dans le pays une réputation de bienfaisance, qui existe encore dans le souvenir des habitants. L'une d'elles se cassa une jambe en allant à la messe. Elle vécut quelque temps dans les plus grandes douleurs,

(1) Archives de Mauriac.

patiente et résignée, assise sur un fauteuil à roulettes. Enfin Dieu vint les retirer de ce monde : Madeleine en 1808, Marguerite en 1817.

CHAPITRE VIII

LES TROIS PRÊTRES DE SARTIGES

A côté des douces figures des cinq religieuses de Sartiges, se présentent à nous, dans le même rayonnement, trois nobles figures sacerdotales, de la même famille et à la même époque. Un souvenir est dû dans l'*Histoire de la Révolution en Auvergne*, à ces trois prêtres qui se distinguèrent durant les temps mauvais par leur courage à confesser la foi de Jésus-Christ, et par leur fidélité à l'honneur et aux bons principes de leur famille.

François de Sartiges de La Prade naquit au Vigean en 1764, de Jean-Baptiste de Sartiges, et de Marie de Montclarc. Il entra dans l'état ecclésiastique.

« Il venait d'être ordonné prêtre, écrit son neveu, le baron de Sartiges d'Angle, lorsque la Révolution éclata. Il eût le malheur de prêter le serment civique, mais promptement revenu de son erreur, il s'empressa de se rétracter et se réfugia dans le couvent abandonné de Saint-Projet. Caché dans les bois et les rochers de la profonde vallée de la Dordogne, à l'abri dans ce lieu sauvage, alors sans chemin, il vécut ignoré, déguisé en travailleur, vivant du produit de la pêche et de la vente de quelques milliers de merrain que les ouvriers du pays l'aidaient à préparer. Il ne sortait de cette retraite que la nuit, soit pour porter les secours de la religion dans les villages des environs, soit pour venir à Angle, où il trouvait toujours un accueil des plus sympathiques. Lorsque les autels furent relevés, l'abbé de Sartiges de La Prade fut placé dans le diocèse de Clermont, d'abord vicaire à Issoire, puis curé de Vodable où il mourut en 1822. »

L'abbé François de Sartiges de La Prade avait deux cousins prêtres et confesseurs de la foi comme lui. Ils étaient frères du comte de Sourniac et remplirent tous les deux la plus honorable carrière.

Pierre-Antoine de Sartiges naquit au château de Sourniac en 1729. Il commença ses études ecclésiastiques à Clermont et fut ordonné prêtre par Mgr de Beaumont, archevêque de Paris, dans l'église de Conflans, en 1756. Reçu docteur de Sorbonne, il fut d'abord vicaire général de Mgr d'Anteroche, évêque de Condom, puis en 1775, ayant fourni ses preuves de noblesse, il fut pourvu d'une prébende au Chapitre noble de l'église métropolitaine de Lyon.

Le Chapitre de l'église cathédrale de Lyon, un des

plus anciens de France, possédait de grands biens et avait de nombreux privilèges.

Philippe le Bel, roi de France, l'avait érigé en comté, de sorte que les chanoines portaient le titre de comtes de Lyon.

Pour y être admis il fallait faire preuve de seize quartiers de noblesse, huit du côté paternel, et huit du côté maternel.

Les chanoines comtes portaient une croix d'or émaillée à huit pointes, entre lesquelles alternaient quatre couronnes de comte et quatre fleurs de lis. Dans le centre étaient représentés, d'un côté saint Jean-Baptiste, patron de la cathédrale, avec cette devise à l'entour : *Prima sedes Galliarum* (premier siège des Gaules), et de l'autre, saint Etienne avec ses mots : *Ecclesia comitum Lugduni* (église des comtes de Lyon). Cette croix était suspendue au cou par un ruban rouge, liseré de bleu.

En 1777, Pierre-Antoine de Sartiges fut nommé vicaire général de Mgr de Montayat, archevêque de Lyon, et en 1785, le roi lui donna en outre en commende, dans le diocèse de Clermont, l'abbaye de Menat ; il en fut le dernier abbé commendataire. Comblé d'honneurs et fondé de pouvoir du Chapitre de Lyon, M. de Sartiges servait à Paris les intérêts de cette compagnie lorsque survint la Révolution qui emporta tout.

Repoussant les idées démagogiques et le schisme constitutionnel, M. de Sartiges, après avoir tout perdu, titres, dignités et bénéfices, fut obligé de se cacher et d'errer de ville en ville. Emigra-t-il ? on peut en douter quoiqu'il soit porté sur la liste des émigrés du Cantal. Il trouva un asile au château de Chazeron en Basse-Auvergne, puis à Paris, où il mourut en 1818, âgé de quatre-vingt-sept ans.

Son frère Charles de Sartiges, admis au même Chapitre noble de Lyon, en 1777, fut, en 1780, nommé vicaire général de Clermont par Mgr de Bonal.

La Révolution venue, en prêtre fidèle, en grand vicaire dévoué, il suivit son évêque dans l'émigration. Il est porté sur la liste des émigrés. Il ne revit plus sa famille et son pays. Après mille péripéties et mille souffrances noblement supportées, il mourut en exil avant l'année 1800.

CHAPITRE IX

LES DOUZE OFFICIERS DE SARTIGES. — ARRESTATION DU COMTE ET DE LA COMTESSE DE SARTIGES. — PILLAGE DE LEUR CHATEAU.

De tout temps la famille de Sartiges se distingua par la manifestation de sa foi religieuse et par la vaillance militaire de la plupart de ses membres. Elle porta toujours noblement et fièrement la croix et l'épée : servir l'Eglise, servir l'Etat, courir les mers et les champs de bataille, ce fut toujours l'idéal, le rêve préféré de cette vaillante race.

Au moment de la Révolution elle n'avait pas dégénéré. Elle avait conservé sa foi, l'histoire de ses cinq religieuses et de ses trois prêtres confesseurs de la foi, le prouve ; elle avait gardé son vieil honneur, son dévouement à la patrie : l'histoire de ses douze officiers va nous le prouver.

— Commençons par la branche d'Estillot. Là nous trouvons un vrai gentilhomme, Guillaume de Sartiges,

qui servit longtemps aux gendarmes de la garde de la reine ; il fut décoré de la croix de Saint-Louis en 1787, et il ne quitta les gendarmes de la garde que lorsque ce corps fut licencié en 1788. La Révolution qui arrivait ne l'ébranla pas dans sa fidélité à son roi, elle fut impuissante à détruire en lui ses principes politiques ; ce qu'elle détruisit ce fut sa fortune. Cet officier mourut célibataire à Estillot, le 8 novembre 1789, témoin attristé de la fureur démagogique qui déjà s'agitait autour de sa maison et de son nom. Il fut le dernier des de Sartiges d'Estillot.

— D'Estillot, passons dans la commune d'Anglards. Ici se présentent deux frères, deux défenseurs de l'honneur français dans les pays lointains.

— Pierre de Sartiges de Montclar-Chambon, cadet gentilhomme au régiment d'Austrasie en 1779, devint lieutenant en 1789, dans l'Inde, capitaine en 1791.

— Son frère François, dit le chevalier de Sartiges, entra comme lui au régiment d'Austrasie en 1779, fit comme lui la campagne de l'Inde de 1783 à 1785, fut promu au grade de lieutenant en cette dernière année et à celui de capitaine en 1791.

Ces deux vaillants de Montclar-Chambon se montrèrent dignes de leur race durant cette guerre des Français contre les Anglais dans l'Inde. Ils combattirent sur terre et sur mer « avec distinction » et se signalèrent dans plusieurs batailles sur les côtes de Coromandel et de Bombay.

Rentrés dans leur patrie après de brillants exploits, ces deux soldats de la France eurent à lutter contre d'autres ennemis, contre les révolutionnaires qui bouleversaient toutes les institutions. Dans le dessein de mieux la servir ils émigrèrent et passèrent à l'armée de Condé dont ils partagèrent les succès et les revers et où ils conquirent le grade de chef de bataillon et la croix de Saint-Louis, que Louis XVIII s'empressa de leur confirmer dans les termes les plus flatteurs, en 1814.

Après quelques années de service sous la restauration, ils rentrèrent dans leurs propriétés d'Anglards. L'aîné, Pierre, y devint maire de la commune et il occupait cette fonction quand il mourut le 18 juin 1823, ne laissant que deux filles de Jeanne de Baron de Layac qu'il avait épousée en 1808.

Son frère mourut célibataire beaucoup plus tard, à l'âge de quatre-vingt-onze ans. Il fut le dernier des de Sartiges de Montclar-Chambon.

— La maison de Sartiges de La Prade avait aussi son officier en 1789, c'était Jean-François de Sartiges, frère de l'abbé de Sartiges de La Prade et des deux religieuses de Malte dont nous avons parlé. Il servit en qualité de cadet au régiment Royal-Comtois. En 1778 il épousa Antoinette-Marguerite Delprat d'Angle, et donna ainsi naissance au rameau d'Angle, qui ne subsista pas longtemps, tous les garçons de cette famille étant morts sans enfants. Jean-François de Sartiges mourut à Angle en 1807.

— Jacques-Antoine de Sartiges de La Prade, frère de Jean-François, abandonna le Vigean et acheta en 1798, dans le Limousin, la baronnie de Durfort, commune de Soursac. Ainsi finit la maison des Sartiges de La Prade.

— La branche des Sartiges de Beaufort en Limousin, compte un officier, M. de Sartiges-Beaufort était, en 1772, élève de l'école militaire, capitaine de grenadiers au régiment de Béarn en 1792, aide de camp du général Boisgelin la même année. En 1793, après la mort du roi sur l'échafaud, cet officier quitta le service militaire. Il est mort en 1811 sans postérité.

Voilà tombées, fracassées par l'orage, les cinq branches de l'arbre séculaire de Sartiges. Il ne reste que le tronc, mais il est vigoureux.

Au moment de la Révolution, la maison de Sartiges de Sourniac comptait sept officiers, qui, joints aux cinq dont nous venons de parler, portent le nombre total à douze.

De ces sept officiers, deux étaient rentrés au château, et cinq étaient encore en activité de service. Les deux premiers étaient le comte de Sourniac et son oncle.

Le comte de Sourniac, chef de la famille, était

François de Sartiges, seigneur de Vernines, de Fournols, de Bilgeac ou Villejacques et autres lieux.

Jeune encore, il partit pour l'armée, « fit plusieurs campagnes, dit Bouillet, et se trouva à diverses batailles en Flandre, en Allemagne, en qualité de capitaine au régiment Royal-Comtois, de 1746 à 1769, fut fait chevalier de Saint-Louis en 1771, et inspecteur général des haras d'Auvergne la même année. »

La terrible année 1789 trouva le comte de Sartiges au château de Sourniac, avec sa femme, la comtesse Marie-Gilberte de Talemendier de Guéry. Leurs trois enfants étaient aux armées.

Avec le comte et la comtesse vivait un vieil oncle, ancien militaire, revenu au berceau de la famille après plusieurs années de service. C'était Jean-Baptiste de Sartiges, ancien officier, porte-étendard des gardes de corps du roi, compagnie de Charost, chevalier de Saint-Louis, pensionné en 1779. Il eut sa part des douleurs de la Révolution ; il vit le pillage du château, l'arrestation de son neveu et le saccagement de ses propriétés. Il mourut célibataire à Sourniac, le 7 août 1795, sans voir la fin des malheurs de sa famille.

Le comte de Sourniac avait six frères ou sœurs dont deux prêtres, deux religieuses et deux officiers dans l'armée. Nous avons dit un mot des quatre premiers. Les deux derniers étaient :

Pierre-François de Sartiges, dit le chevalier de Sourniac, capitaine au régiment de Neustrie en 1780, chevalier de Saint-Louis le 11 septembre 1790, émigré en 1792, retraité comme colonel en 1814.

Pierre-Antoine-Simon, dit le vicomte de Sartiges, capitaine de génie en 1780, chevalier de Saint-Louis en 1790, émigré en 1792, colonel en 1800, maréchal de camp en 1814, décédé célibataire le 25 avril 1820.

Ces deux officiers, morts à Sourniac, ont laissé dans le pays une réputation de bravoure, comme leurs sœurs les chanoinesses-comtesses de Remiremont y ont laissé des souvenirs de bonté et de vertu.

A ces deux officiers ajoutons les trois fils du comte, officiers eux aussi.

L'aîné, Louis-Joseph-François, né en 1767, officier aux gardes-françaises en 1784, admis aux honneurs de la cour en 1789, réemployé comme lieutenant-colonel de 1814 à 1821, chevalier de Saint-Louis en 1815, mort célibataire aux bains de Schlangeubad, duché de Nassau en 1837.

Son frère Charles-Gabriel-Eugène, né en 1770, servit dans la marine de 1787 à 1805, fit les campagnes d'observation sur les côtes de Malabar et de Coromendel, en Chine et en Cochinchine. Breveté capitaine de vaisseau et fait prisonnier par les Anglais, il revint en France en 1805 et se démit du service de la marine. En 1807, il fut nommé sous-préfet de Gannat; il reçut en 1812 la croix de l'Ordre de la

Réunion, et en 1814 le roi le fit préfet de la Haute-Loire et chevalier de Saint-Louis. Il mourut à Lyon en 1827 laissant un fils, Etienne-Gilbert-Eugène, qui devint successivement secrétaire de légation au Brésil, en Grèce, à Constantinople, ministre plénipotentiaire aux Etats-Unis, au Pays-Bas, en Italie, et enfin ambassadeur auprès du Saint-Siège.

Le troisième fils du comte de Sourniac, Antoine-François-Gilbert, né en 1772, fut officier au régiment de Neustrie en 1790, émigré en 1792, fit toutes les campagnes de l'armée de Condé jusqu'au licenciement en 1801. Il épousa, en 1803, Louise-Françoise de Chabannes, de laquelle il eut deux filles, dont l'une est morte religieuse de la Visitation à Saint-Flour et l'autre épousa M. Gilbert d'Auriac, de Saint-Flour, et un fils, François-Louis-Marie de Sartiges qui continua la lignée.

Tels sont les douze officiers de la famille de Sartiges ; presque tous émigrèrent ; neuf signèrent l'acte de coalition de la noblesse d'Auvergne. Tous eurent à souffrir de la Révolution, plusieurs y trouvèrent la ruine de leur fortune et de leur nom.

Eh bien ! c'est contre de tels hommes, de tels défenseurs de la patrie que jappaient, aboyaient, hurlaient les patriotes du pays.

En 1789 le futur régicide Lacoste, de Mauriac, commença à dénoncer les nobles dans une lettre que nous avons rapportée. En 1791, au mois de juin, les démagogues de Mauriac, pour avoir un prétexte de vexer le comte de Sourniac et de piller son château, firent courir le bruit que M. de Sartiges faisait chez lui un rassemblement d'armes et de munitions, et ce bruit prit tout à coup une telle consistance que les membres du Directoire de Mauriac nommèrent, pour vérifier le fait, des commissaires parmi leurs affidés. Ces commissaires se rendirent au château de Sourniac et, après de copieuses libations, firent vaillamment des perquisitions dans les bâtiments. Ils trouvèrent une épée et un fusil, l'épée et le fusil dont s'était servi le comte dans les combats en Allemagne contre les ennemis de la France. Ce fut tout.

Cette visite n'apaisa pas les énergumènes de Mauriac ; les clameurs continuèrent ; ce fut à tel point, que le Directoire du district arrêta dans sa séance du 29 juin 1791, que deux gendarmes seraient mis sur pied, « pour protéger et sauvegarder le citoyen Sartiges détenu dans la maison du sieur Offroi, lesquels gendarmes seront à ses frais. » Il lui donna en outre deux gardes nationaux pour l'accompagner à Clermont et le protéger dans la route. On ne donne aucun détail sur ce voyage (1).

Pendant la Terreur, le comte de Sartiges fut de

(1) Archives de Mauriac.

nouveau mis en prison en même temps que la comtesse.

Son château fut livré au pillage, le mobilier vendu par l'administration, tout fut dévasté jusqu'à la bibliothèque.

Voici à ce sujet une lettre curieuse :

« Mauriac, le 9 floréal l'an II (28 avril 1794), à l'agent national du district de Mauriac.

« Citoyen,

« En exécution des arrêtés de l'administration du district de 16 et 24 du mois dernier (5 et 13 avril), je me rendis avant hier à Sourniac où je requis pour le dépôt national des sciences et des arts du district de Mauriac, un certain nombre de livres, cartes de géographic, tableaux, gravures et autres objets énoncés au procès-verbal que j'en dressai conjointement avec le maire de Sourniac et le commissaire de l'administration pour la vente du mobilier du nommé Sartiges. J'avais laissé tous ces objets à la garde du maire que j'avais pareillement requis de les faire transporter au dépôt. Mais il vient de remplir cette commission avec tant de négligence, que trois volumes ont été égarés, un tableau et deux estampes déchirés, et le cadre du premier brisé ; la paille de six chaises ou fauteuils, coupée par le frottement et le pied de l'un d'eux cassé.

« Je crois qu'il est de mon devoir de te rendre compte de cette dégradation. Je m'empresse de t'informer aussi que dans le nombre des imprimés voiturés à Mauriac, il en est plusieurs qui sont des productions infâmes de l'esprit de royalisme, de fanatisme et d'aristocratie, du nom desquels je n'ai pas voulu salir le catalogue d'une biliothèque nationale et que j'aurais sur-le-champ livrés aux flammes si je n'avais été retenu par la loi qui défend de brûler aucun papier.

« Je te prie de m'indiquer le cloaque où tu désires que soient versées ces ordures, que je tiens en attendant renfermées sous clef. Salut et fraternité. Charles Vacher Tournemire. »

Les biens du comte de Sartiges furent mis sous le séquestre, du moins en partie. Nous avons sous la main un « Etat des bois séquestrés sur le comte Sartiges » dans lequel nous lisons ce qui suit :

Ont été séquestrés : le Bois-Grand de l'étendue de 6,000 ares ; le bois de Varennes de l'étendue 500 ares ; le bois de Pieron de l'étendue de 2,000 ares. Les bois du comte Sartiges sont des plus précieux par la nature et la proximité où ils se trouvent de la commune de Mauriac. Ce sont même les seuls dans les environs qui puissent fournir des bois de construction ; aussi ont-ils une valeur considérable. Cependant ils ont été fort dégradés durant la détention et l'absence du comte Sartiges soit par les vols qui s'y sont commis, soit par l'effet des ventes qu'y a fait faire l'administration du district de Mauriac en l'an II et III (1793 et 1794), ainsi qu'il a été constaté par un commissaire *ad hoc* nommé par l'administration centrale, du procès-verbal duquel il appert qu'il a été vendu en un lot et finalement exploité durant ces deux années, savoir six cent soixante-six pieds des plus beaux arbres dans le Bois-Grand, et cent quatre-vingt-six dans celui appelé des Varennes, non compris les dégâts occasionnés par la chute de ces gros arbres et leur mauvaise exploitation (1). »

La Révolution ne respectait ni les personnes, ni les propriétés. Le comte de Sartiges fut de nouveau arrêté. Ayant appris « que pour de l'argent on tirait d'affaire les accusés » il donna, pour obtenir sa mise en liberté, la somme de huit mille francs à Hébrard, président du tribunal criminel d'Aurillac, par l'entremise d'Alary cadet (2). On prit l'argent, mais les portes de la prison ne furent pas ouvertes.

Par arrêté du comité de sûreté générale du 4 messi-

(1) Papiers de la Régie.

(2) *La Révolution du Cantal.*

dor an II (2 juillet 1794), M. de Sartiges et la comtesse, sa femme, furent condamnés à être traduits au tribunal révolutionnaire de Paris pour y être guillotinés avec onze autres suspects du Cantal, qui sont : Mme la marquise de Roquemaurel, de Salers ; Mme de Laronade, de Salers ; d'Olivier, de Salers ; Mme la marquise de Fontanges ; M. de Faussange, ancien procureur du roi, à Salers ; M. Devèze, ancien procureur du roi à Aurillac ; M. Decours ; M. de Falvelly, prêtre ; M. Laguèze, médecin (1). On revint sur ce décret. Tous les personnages susnommés ne partirent pas pour Paris, entre autres, Mme de Laronade que l'on réserva pour la guillotine dressée sur la place d'Aurillac.

Remarquons encore que les malheureux suspects du Cantal étaient envoyés à la mort à Paris par bandes de six, huit, dix, dans des charrettes accompagnées de gendarmes à cheval. J'ignore le nombre et le nom des infortunés qui composaient la bande dont faisait partie M. de Sartiges. Mme de Sartiges n'était pas dans la même voiture que le comte. Ce qu'il y a de certain c'est qu'en vertu de l'arrêté que nous avons rappelé plus haut, M. de Sartiges fut conduit à Paris de brigade en brigade sur une char-

(1) *Mémoire de M. d'Olivier de Salers.* M. d'Olivier ne nomme pas les deux autres compagnons de son infortune.

rette avec quelques compagnons. En traversant la ville de Mauriac, il fut l'objet de la sympathie des honnêtes gens, et de la raillerie des patriotes qui étaient les plus puissants; ceux-ci hurlaient, criaient : *Le bœuf est gras, il est bon à tuer ! ça ira, ça ira, à la lanterne, les aristocrates on les pendra !*

Sur la route de Paris le comte rencontre un autre condamné qu'on conduit aussi à l'abattoir révolutionnaire. Cet homme, mal assis dans sa voiture, trouve le chemin long et s'impatiente ; il croit d'ailleurs qu'arrivé à Paris, il aura de si bonnes raisons à donner au tribunal qu'on se hâtera de le mettre en liberté. Il presse donc son conducteur. Le comte n'était pas du même avis.

« Prenons patience, mon ami, disait-il ; en temps de Révolution un jour peut tout sauver, un jour peut tout perdre. D'ailleurs, pour être guillotinés, nous arriverons toujours à temps. » L'homme impatient s'en va rapidement ; il arrive à Paris et le lendemain il est guillotiné.

M. de Sartiges fit tout ce qu'il put pour retarder son arrivée dans la capitale, c'est ce qui le sauva, lui et ses compagnons, ainsi que les autres condamnés au nombre de quinze ou seize qui arrivèrent à Paris en même temps (1). Quand il arriva, Robespierre venait

(1) *Réponse d'Hébrard*, pag. 51-56-63-79.

d'être mis à mort ; il y eut alors un revirement et les prisonniers furent mis en liberté, parmi lesquels M. de Sartiges, sa femme et beaucoup d'autres Auvergnats.

De retour à Sourniac, le comte et la comtesse de Sartiges trouvèrent leur château saccagé et leurs propriétés dévastées. Ils cherchèrent à reconstituer leur fortune. Avant la saisie de son mobilier, le comte avait soustrait et caché chez le sieur Arnal de Jalleyrac une partie de son argenterie, et divers objets chez d'autres particuliers. Tout lui fut rendu. Ses fils rentrèrent de l'émigration et l'aidèrent à relever les ruines.

Enfin le comte mourut en 1804 et la comtesse en 1819 (1).

(1) Archives de Sourniac.

CHAPITRE X

CHATEAU DE VALENS. — M. DE CRUSSOL D'AMBOISE. — SA MORT. — LA FAMILLE DE MONTCLAR. — SA FIN. — ASSASSINAT LÉGAL DU MARQUIS D'APCHON ET DE SA BELLE-MÈRE.

Si de Sourniac nous allons vers l'Orient, après deux ou trois heures de marche, sur les hauteurs de la vallée de Mars, nous trouvons la paroisse de Moussages et sur le territoire de cette paroisse, en allant vers les montagnes, nous voyons dans la plaine, à la naissance d'un vallon, un immense château féodal, flanqué de plusieurs tours rondes ou carrées, et dont les murailles sont d'une épaisseur prodigieuse. C'est le château de Valens.

Avant la Révolution, le propriétaire de ce château et du domaine qui l'environne était « Anne-Emmanuel-François-Georges de Crussol d'Amboise comte d'Aubijoux, seigneur de Valens, né à Aurillac, le 29 juin 1726. Il entra aux mousquetaires le 8 décembre 1740, devint capitaine de cavalerie dans Royal-Pologne en 1783, se trouva à la prise de Weissembourg et des lignes de Lautern, à l'affaire d'Haguenau et au siège de Fribourg en 1744 ; fut fait lieutenant-colonel le 14 décembre de la même année ; combattit avec la gendarmerie à la bataille de Fontenoy, aux sièges de Tournay, de Termonde et d'Ath en 1745 ; servit aux sièges de Charleroi, de Namur et à la bataille de Rocoux en 1746. Devenu maître de camp, M. de Crussol combattit à Lawfeld en 1747, au siège de Maestricht en 1748 ; au combat de Sundershausen, à la prise de Cassel, à la conquête de la Hesse, et à la bataille de Lutterberg en 1758. Créé brigadier d'armée le 10 février 1759, il commanda le régiment d'infanterie de la reine à la bataille de Clostercamp, au mois d'octobre 1760. Déclaré maréchal de camp en 1762, et lieutenant-général en 1780, M. de Crussol se reposait des fatigues de la guerre, lorsque la noblesse de Poitou le députa aux Etats-Généraux de 1789. A l'époque néfaste de la Terreur, ni les anciens services de M. de Crussol, ni son âge avancé ne purent le sauver de la fureur des Jacobins (1).

Georges de Crussol d'Amboise est porté sur la liste des émigrés du Cantal en ces termes : « Crussol

(1) Nobiliaire.

d'Amboise, ci-devant officier général dans les armées ; dernier domicile à Paris ; biens à Saint-Vincent. Emigration constatée le 2 octobre 1792 (1). »

Arrêté à Paris, de Crussol d'Amboise fut écroué dans le couvent des Oiseaux, transformé en prison, où se trouvaient cent soixante malheureux détenus. L'heure de l'immolation arriva. On alla aux Oiseaux chercher les victimes, pour les conduire à l'abattoir.

« Le 7 thermidor (25 juillet 1794), à cinq heures du soir, tandis que chacun était dans sa chambre ou paisiblement rassemblé dans celles de ses compagnons d'infortune, on entendit un bruit confus de voix dans la rue, qui annonçait quelque événement. Aussitôt on voit un chariot immense traîné par quatre chevaux. Quatre gendarmes se présentent à l'instant dans la cour, suivis d'un huissier du tribunal révolutionnaire qui semblait par sa physionomie et sa stature n'être destiné qu'à annoncer des choses sinistres. Cet homme farouche donne aussitôt l'ordre au concierge de sonner la cloche pour que tout le monde au même instant se rassemble dans la cour. Chacun s'y rend, en tremblant sur sa destinée. Quelques-uns cependant se flattaient encore qu'il était peut-être

(1) La marquise de Crussol d'Amboise, née Angélique Bessin, avait été guillotinée le 10 mai 1794 avec Mme Elisabeth, sœur du roi. Etait-elle la femme de Crussol d'Amboise de Valens ou bien une cousine ? Je l'ignore.

question de transférer des prisonniers dans une autre maison. On fait l'appel et bientôt tous les doutes se dissipent. La princesse de Chimay, les comtesses de Narbonne-Pelet et Raymond-Narbonne, le vieux Clermont-Tonnerre (74 ans), Crussol d'Amboise, l'évêque d'Agde Siméon de Saint-Simon et plusieurs autres sont appelés, rangés sous la porte, au-delà de la ligne du ruisseau. C'est à peine si la comtesse Raymond-Narbonne peut embrasser sa petite fille et la recommander à la duchesse de Choiseul (1). »

La voiture, cette *grande bière roulante*, les emporta au tribunal. Que reprochait-on à de Crussol d'Amboise ? Le voici :

« Crussol d'Amboise, ex-marquis, ex-lieutenant-général des armées de Capet, ex-député de la noblesse à l'Assemblée constituante, a suivi scrupuleusement la marche qui lui était indiquée dans ses cahiers ; ce n'est qu'après la plus grande persévérance, et lorsqu'il vit que tous ses efforts étaient inutiles qu'il consentit enfin à l'examen des pouvoirs des communes. Il parvint à force d'intrigues à se faire employer dans nos armées, dans la seule vue de les trahir comme Lafayette, Dumouriez et autres scélérats de cette espèce (2). »

(1) *Tribunal révol.*, t. V, p. 159.

(2) *Idem*, t. V, p. 161.

Ainsi Crussol était accusé non pas d'avoir trahi, mais d'avoir eu l'intention de trahir. C'était assez, il fut condamné à mort avec trente autres de ses compagnons de prison et exécuté avec eux le lendemain, 26 juillet 1794. Il était âgé de 67 ans. Son château et son domaine de Valens furent vendus ; fut vendue aussi sa montagne de trente têtes d'herbage, appelée de la Vianne, sise dans la commune de Saint-Vincent de Salers. Aujourd'hui le vieux manoir de Valens est complètement en ruine et il n'est plus question dans nos montagnes des de Crussol d'Amboise (1).

Voici une autre des plus anciennes et des plus nobles familles d'Auvergne, décimée, ruinée, anéantie par la Révolution :

La famille de Montclar tirait son nom d'un ancien château fort situé près d'Anglards de Salers, sur les crêtes de la vallée de Mars. Au moment où éclata la Révolution, le chef de cette famille était Jean-Dominique de Montclar, ancien capitaine de cavalerie au régiment de Noailles. Il habitait son château de la Trémolière situé au bourg d'Anglards.

En 1756, il avait épousé Marie-Claire du Fayet de La Tour qui lui donna quatre enfants dont l'un mourut avant la Révolution. Au moment de la grande peur, M. de Montclar se trouvait au château de la

(1) Voir aux pièces justificatives n° 1.

Trémolière et tout à coup on crie de toutes parts que des armées de brigands arrivent, qu'ils ont saccagé Mauriac, brûlé Salers, qu'ils ravagent les campagnes, incendient les maisons. Tout est perdu. On sonne le tocsin au grand clocher d'Anglards.

Le baron de Montclar fut si surpris de cette terreur subite qu'il en mourut de frayeur. « Le 5 août 1789, fut inhumé au cimetière d'Anglards, Jean-Dominique de Montclar, chevalier, seigneur de Montclar de la Trémolière, baron de Montbrun, décédé hier, âgé d'environ 64 ans (1). »

Il laissait deux fils et une fille.

La fille, Angélique-Marie de Montclar, épousa Louis-Alexis Planchard de Cussac, habitant Nonnars en Limousin, mort sous-préfet de Mauriac en 1823.

Le fils cadet, Mathieu-Marie de Montclar, entra dans l'état ecclésiastique (2). Déjà bachelier en théologie, il fut reçu licencié en 1789 et il se préparait au doctorat quand la Révolution survint. L'abbé de Montclar fut le dernier nobilissime de la licence en Sorbonne ; il avait pour concurrent l'abbé de Conac, issu d'une très ancienne famille du Limousin, plus tard évêque de Meaux. L'abbé de Montclar eut le

(1) Registres de l'église d'Anglards.

(2) Voir aux pièces justificatives n° 2.

dessus, sa noblesse fut déclarée plus ancienne, d'après la décision de M. Chérin, généalogiste du roi.

Le brillant avenir de M. de Montclar fut compromis par la Révolution. Fidèle à sa vocation, fidèle à l'Eglise, il refusa le serment schismatique et, poursuivi comme prêtre et comme noble, n'étant pas en sûreté à Paris, il vint chercher en Auvergne un asile dans les châteaux de ses pères, La Trémolière, Longevergne et Montbrun, où les habitants du pays allaient entendre sa messe. La Terreur augmentant, il fut obligé de s'éloigner de sa famille et d'aller chercher un refuge dans les maisons isolées, dans les hameaux épars de la vallée de Mars. Comme ses confrères, il demandait un abri aux anfractuosités des rochers et aux solitudes des montagnes. La persécution avait parfois des intermittences, et alors l'abbé de Montclar paraissait au grand jour ; quand l'orage reprenait, le proscrit recommençait sa vie de fugitif, ranimant la piété, réchauffant la foi des bonnes gens qui le recevaient; il transformait en églises les châteaux de ses pères, leurs granges, les greniers, les caves des maisons chrétiennes, transportant son autel, son culte, ses instructions d'une paroisse à l'autre, variant ses déguisements à l'infini. Il allait souvent à Condamine, village perdu dans les montagnes, où il trouvait un asile sûr chez les parents de l'abbé Mathieu son ami, ancien supérieur des missionnaires de Salers, proscrit et fugitif comme lui. L'abbé de Montclar ne passa pas tout le temps de la Révolution dans nos montagnes, il alla se cacher aussi à Clermont où il croyait, confondu dans la foule, échapper plus facilement aux mains des patriotes.

Vers la fin de la Révolution, revenu dans son pays natal, il fut arrêté, mais bientôt remis en liberté, comme le constate le billet suivant écrit au citoyen Chevalier, capitaine commandant de la gendarmerie nationale du Cantal.

« Mauriac, le 10 germinal an VI (30 mars 1798). Citoyen, capitaine, je vous envoie ci-joint copie d'un procès-verbal d'arrestation du nommé Mathieu-Marie Montclar, prêtre de la commune d'Anglards que nous avons arrêté, que le juge de paix a mis en liberté, parce qu'il s'est trouvé un arrêté de l'administration du département en date du 5 fructidor an IV (22 août 1796), qui le lui permettait.

« Signé : Dumas, maréchal de Logis (1). »

Après la Révolution, M. l'abbé de Montclar se retira à Nonnars, chez sa sœur, Mme la baronne de Cussac. Il exerça les fonctions de curé dans cette

(1) Papiers trouvés chez M. Chevalier, ancien capitaine de gendarmerie.

paroisse et il fut enfin appelé à Limoges où il devint grand vicaire de l'évêque. C'est là qu'il mourut en 1825.

Dans les premiers jours d'octobre, le baron de Montclar, frère du grand vicaire de Limoges, reçut la lettre suivante :

« Mauriac le 4 octobre 1825. Monsieur et cher frère, j'ai la vive douleur d'avoir à vous apprendre la perte que nous venons de faire de l'abbé de Montclar qui a succombé à trois attaques d'apoplexie. La première nouvelle que nous avons eue de sa maladie, nous parvint le 29 septembre au soir, c'est-à-dire le jour même où notre pauvre frère est décédé à Limoges, à dix heures du matin. Cette lettre était sous la date du 25. Le 27, la même personne que je ne connais pas, mais qui paraissait très dévouée au bien-aimé abbé, nous marquait que la maladie qui jusque-là ne paraissait pas grave, avait été suivie d'une attaque d'apoplexie. Il y avait lieu d'espérer, d'après les détails de la lettre, que le malade ne serait que paralysé, mais une lettre du 29, que j'ai reçue hier, m'assure qu'il est décédé le 29, à dix heures du matin. Votre sœur et mon frère aîné sont partis dans la nuit du samedi au dimanche, et ont dû arriver à Limoges dans la nuit du dimanche au lundi. Elle aura eu l'extrême douleur de ne pouvoir porter aucun secours à son frère dans ses derniers moments, et ce regret la suivra, j'en suis sûr, jusqu'au tombeau. J'ai l'honneur d'être avec attachement votre très humble serviteur et dévoué parent, le baron de Cussac (1). »

Le frère aîné de l'abbé de Montclar, Jean-Baptiste-Claire baron de Montbrun, seigneur de Longevergne et de la Trémolière, co-seigneur de Montclar et d'Anglards fut admis aux pages en 1772 et servit ensuite dans la maison du roi. Il émigra et fit la campagne des princes en 1792. Il est porté sur la liste des émigrés du Cantal. Il rentra bientôt dans ses foyers et ce ne fut qu'à prix d'argent qu'il sauva sa vie; son père lui avait laissé d'immenses propriétés: il possédait dans la commune d'Anglards le château et le domaine de la Trémolière, les domaines de Montclar de Vergne-Chabeau, le château et le domaine de Longevergne; dans la commune de Méallet, le domaine de la Mailhiayre, le château et le domaine de Montbrun, dans la commune de Trizac les domaines de Lavaissière, de Sagnemonteil, de Las Taules, plus un autre au Col-de-Besse. Plusieurs

(1) Papiers de la famille de Montclar, communiqués à l'auteur par le baron de Montclar, neveu de l'abbé de Montclar et fils de Jean-Baptiste-Claire de Montclar.

de ces domaines sont portés sur la liste des biens des émigrés.

Etant rentré de bonne heure de l'émigration, M. de Montclar empêcha la vente de ses propriétés, du moins de plusieurs, mais, pour sauver sa vie, il versa des sommes considérables, ce qui commença sa ruine.

Valette de Salers avait dit : « Ce bougre de Montclar est bien heureux d'être riche. Son père lui a laissé des louis, on les lui fera bien sortir (1). »

En effet, on les lui fit sortir.

Le baron de Montclar fut plusieurs fois arrêté. Le féroce Carrier le porta sur la liste des suspects. Voici en quels termes : « Montclar : ex-noble, émigré rentré. Le tribunal criminel d'Aurillac a eu l'indécence de lui accorder un délai pour fournir ses certificats de résidence, tandis que la notoriété publique constatait son émigration. Il est en liberté. Aristocrate abominable. »

Le tribunal d'Aurillac et le comité révolutionnaire de la même ville rançonnaient les riches ou les faisaient arrêter et leur disaient : « Citoyen, si tu ne donnes pas dix, quinze, vingt mille francs, tu seras arrêté et envoyé à la guillotine. » Le citoyen terrifié donnait la somme qu'on exigeait.

(1) *La Révolution du Cantal.*

Plus tard quand la Terreur fut un peu moins vive, on fit un procès aux terroristes, à tous ces escrocs qui avaient soutiré d'une manière scandaleuse l'argent des nobles et des honnêtes gens. On appela donc des témoins.

Voici les dépositions faites au sujet des concussions exercées contre le baron de Montclar :

Déposition de Fournol : « Gros, ci-devant bénédictin à Mauriac, m'a dit tenir de Valette aîné, que Mirande et Milhaud avaient pris huit mille francs de la citoyenne Montclar. »

Déposition de Perret : « Alary m'a dit avoir donné a Hébrard de l'or et des assignats pour Montclar. »

Alary lui-même dépose : « Pour calmer Boudier, lors des jugements, je lui ai donné pour Montclar sept à huit mille francs. »

Alary, cadet, déposa à son tour : « Hébrard a reçu de Montclar, prévenu d'émigration, deux cents louis d'or, et depuis ils ont été très liés. »

Autre déposition de Fournol : « Hébrard me dit un jour : Reste jusqu'à samedi, tu verras guillotiner Montclar. J'avertis la sœur de Montclar et l'adressai à Alary qui, ayant vu Hébrard, me dit que pour apaiser les ennemis de Montclar il ne fallait pas épargner l'argent. Peu après, je m'obligeai pour la citoyenne Montclar pour quinze mille francs. Au bout de quelque temps, elle me dit que l'affaire allait bien depuis qu'Alary avait remis les quinze mille francs à différents individus. Je sais que Montclar a donné vingt-quatre mille francs au comité révolutionnaire (1). »

Ces témoignages prouvent évidemment que différentes sommes considérables furent versées par le baron de Montclar, par sa mère et par sa sœur, entre les mains des patriotes qui à ce prix voulaient bien lui ouvrir les prisons et ne pas l'envoyer à la guillotine.

M. de Montclar sauva donc sa tête, mais perdit sa fortune. Des procès de famille achevèrent sa ruine. Ses châteaux, ses domaines furent tous vendus successivement. Louis XVIII lui accorda la croix de Saint-Louis en 1814. Il avait épousé, pendant la Révolution, une jeune fille, Catherine Soubrier, qui lui avait sauvé deux fois la vie en le cachant, et il en avait eu un fils et une fille. La fille, Marie de Montclar, épousa M. Aigueperse attaché à l'administration des ponts et chaussées, et le fils, Louis-Henri, mourut à Mauriac

(1) *La Révolution du Cantal.*

dans un âge très avancé et dans la plus extrême pauvreté, laissant trois filles. Ainsi disparut une des plus anciennes et des plus illustres familles d'Auvergne.

Voici une autre victime de la Révolution. Antoine-Louis-Claude de Saint-Germain, marquis d'Apchon, neveu de Mgr Marc-Antoine d'Apchon, évêque de Dijon, puis archevêque d'Auch, appartenait à l'Auvergne par son nom, ses possessions et ses alliances.

« Le marquis d'Apchon, dit d'Espinchal, qui l'avait connu, entièrement pieux, vertueux comme ses parents, ne s'était point mêlé des affaires de la Révolution. Il s'était refusé au désir qu'il avait d'émigrer, pour donner ses soins à la dame Péricord, sa belle-mère, vieille et infirme. Il fut arrêté à Paris où il s'était retiré, et condamné à mort. »

La dame de Péricord, née de Lacorée, eut le même sort. Le tribunal révolutionnaire donne le motif de cette double condamnation ; c'était une prétendue correspondance avec les émigrés. « Le marquis d'Apchon avait écrit au nom de sa belle-mère à l'archevêque de Paris, retiré à Chambéry, pour une autorisation que le prélat dans une lettre lui donne en ces termes : « Madame votre belle-mère pourra continuer de faire dire la messe dans le château de Saint-Ouen quand le plafond sera raccommodé. » C'est la pièce saisie, et elle était du 25 mars 1791.

Le marquis d'Apchon affirmait qu'il n'avait

adressé à l'archevêque aucune autre lettre, qu'il n'avait envoyé aucun secours d'argent aux émigrés, qu'il ne partageait en aucune sorte les sentiments exprimés par Mme de Résy à Mme de Péricord, sa belle-sœur dans des lettres peu révolutionnaires que lui ne pouvait imputer qu'à Mme de Résy.

Mme de Péricord faisait observer que ces lettres étaient toutes d'amitié, que les nouvelles qu'elles donnaient étaient extraites des papiers publics.

N'importe, le marquis d'Apchon et la dame de Péricord furent condamnés à mort et exécutés le 18 germinal an II (7 avril 1794); Mme de Péricord avait 70 ans, le marquis d'Apchon, 46.

Peu de temps après, la dame de Résy, dont on vient de parler, fut également accusée de correspondance anti-révolutionnaire et mise à mort le 11 mai 1794, à l'âge de 72 ans (1).

Le château d'Apchon est aujourd'hui en ruines; on en voit le squelette debout au milieu des montagnes et dans les airs. La famille de ce nom a disparu de la Haute-Auvergne.

(1) *Le Tribunal rév. de Paris*, t. III, p. 217 et 489.

CHAPITRE XI

LA FAMILLE D'AUZERS. — LE CHATEAU DE CHABANNES. MORT DE LA MARQUISE DE CHABANNES.

Nous n'entrerons pas ici dans de longs détails sur les douloureuses péripéties par lesquelles passa la famille d'Auzers, durant la Révolution. On en trouvera le récit dans la *Vie de Mgr Charles d'Auzers,* évêque de Nevers. Nous nous contenterons de dire que lorsque la Révolution arriva, le baron d'Auzers était mort, laissant une veuve et quatre enfants qui eurent cruellement à souffrir pendant la Terreur.

La veuve, Marie Charlotte de Saint-Chamant, baronne d'Auzers, vit ses propriétés et son château ravagés et mis en vente. Elle se réfugia avec ses enfants à Paris et ne revint qu'en 1797 à Auzers, où elle rentra en possession de ses biens qui n'avaient pas été vendus ; elle mourut en 1802.

Son fils aîné, Joseph, émigra, passa à l'armée des Princes, rentra en France, devint aide de camp du général de Précy dans l'héroïque résistance de la ville de Lyon à la tyrannie révolutionnaire. Après la prise de la ville par les armées de la Convention, Joseph d'Auzers se cacha à Paris et rentra plus tard à Auzers, où il mourut en 1840.

Son frère cadet, Jean-Louis, émigra également, passa en Italie où il fut plus tard élevé à la dignité de directeur général de la police dans les départements conquis par Napoléon au-delà des Alpes. Il s'établit à Turin et y mourut en 1831.

Charles, frère des précédents, fut emprisonné pendant la Révolution, reprit plus tard ses études ecclésiastiques interrompues, devint curé de Mauriac, grand vicaire d'Amiens, et évêque de Nevers. Il mourut en 1834.

Sa sœur, qui l'avait suivi à Nevers, mourut dans cette ville.

La famille de Douhet d'Auzers avait produit en Auvergne et en Limousin plusieurs branches qui fournirent toutes des membres à l'émigration, dans l'armée des Princes, ou dans celle de Condé, savoir :

Louis Barthélemy de Douhet de Rommange.

François de Douhet de La Roche, dont les biens furent vendus nationalement.

François de Douhet d'Algère, seigneur de Laveix en Limousin.

Arnault de Douhet son fils, mort à l'armée de Condé,

Michel-Jean-Baptiste de Douhet, du Puy-Molinier en Limousin.

L'abbé de Douhet, mort aumônier de la Garde.

Tous furent traqués, concussionnés, ruinés par la Révolution.

Madame la baronne d'Auzers, née de Vergennes, qui vit actuellement (1895) au château d'Auzers avec sa famille, est l'arrière petite-fille de madame la marquise de Chabannes qui fut guillotinée pendant la Terreur.

Or, la famille de Chabannes était d'Auvergne ; elle possédait avant la Révolution la terre et le château de ce nom dans la commune de Madic, canton de Saignes, arrondissement de Mauriac. C'est donc ici le lieu de parler de cette noble famille et de raconter les derniers moments de l'auguste victime que Dieu voulut prendre parmi ses membres.

Situé sur un monticule, au bord de la Dordogne, le château de Chabannes, flanqué de plusieurs tours, aujourd'hui en ruine, présente encore un aspect majestueux.

Les de Chabannes étaient seigneurs de Madic, de Saignes, de Lapalice, d'Apchon, comtes de Rochefort, marquis de Curton. Cette maison, qui a fourni à la France plusieurs grands capitaines et dont le nom, illustre dans notre histoire, est liée à toutes les gloires de l'ancienne monarchie, tient particulièrement à l'Auvergne, non seulement par son origine et ses propriétés, mais encore par sa suprématie dans le pays et par les grands et nobles souvenirs qu'elle y a laissés.

Jean-Frédéric de Chabannes, marquis de Curton, colonel de cavalerie, un des soldats de l'indépendance des Etats-Unis d'Amérique, émigra en 1789, fit la campagne des Princes, celle de Quiberon, rentra en France en 1802, racheta sa terre de Madic qui avait été vendue nationalement, la revendit et mourut en 1836, laissant trois fils. Il fut le dernier des de Chabannes possesseurs de Madic.

Un couronnement manquait à tous les titres glorieux de cette famille, celui du martyre. Il lui fut acquis dans la personne de Mme la marquise de Chabannes, de la branche dite du Verger, établie en Nivernais.

Marie-Henriette-Hyacinthe de Fournier de Quincy, avait épousé, en 1766, Claude François de Chabannes du Verger, seigneur d'Argoulais, de Montbaron, de Montbois, etc., chevalier de Saint-Louis, capitaine de cavalerie au régiment de Broglie. Il mourut jeune laissant deux fils et trois filles.

La marquise de Chabannes, déjà veuve quand la Révolution arriva, passa les premiers moments de la tourmente dans son château de Quincy, commune de Villiers-sur-Yonne, près de Clamecy, dans la Nièvre, cherchant à cacher et à faire évader les malheureux prêtres persécutés. Son fils aîné, Jean-Baptiste-Marie, déjà marié, avait émigré.

Secondée par ses autres enfants et par des domestiques dévoués, la marquise poursuivit cette œuvre de charité pendant quelque temps. C'est ainsi qu'elle donna asile à l'évêque de Nevers, Mgr Louis-Jérôme de Suffren, à toute sa suite et à une foule de proscrits. Le calme de sa belle figure en imposait aux plus méchants. Mais un jour qu'elle avait été avec ses enfants entendre une messe qui était dite secrètement dans une maison isolée de Clamecy, elle fut arrêtée et conduite avec eux dans la prison de Pressures, proche de cette ville, sous cette accusation formidable alors, d'avoir soustrait des prêtres à l'échafaud.

Ce fut à ce moment que Mme de Chabannes ressentit l'effet du dévouement sublime d'une de ses femmes de service. C'était une toute jeune personne. Elle se présenta à la porte de la prison et somma ses misérables gardiens de la laisser porter de la nourriture à ses maîtres. On lui répondit d'abord par des huées, mais elle, avec des larmes, plaida si chaleureusement sa cause, qu'elle finit par attendrir les plus mauvais. Elle se loua dans un moulin peu éloigné, ne demandant pour tout salaire que de la nourriture pour les prisonniers, et ainsi elle les secourut et les consola.

La seconde fille de la marquise, Marie-Henriette, avait à peine dix-sept ans. Elle était bonne et pieuse comme sa mère. Un des scélérats qui avaient contribué à l'arrestation de la famille, vint un jour à la prison et lui proposa de l'épouser, lui promettant de la sauver avec tous les siens. La pauvre enfant communiqua à sa mère cette horrible proposition, la laissant libre de décider.

Alors la marquise de Chabannes appela ses enfants et prenant leurs mains dans les siennes, leur dit : « Je vais bientôt vous quitter, retenez mes paroles : L'honneur est plus précieux que la vie ; promettez-moi que vous ne ferez jamais une lâcheté pour sauver ma vie et la vôtre. Aimez-vous ; consolez-vous quand je ne serai plus là ; priez pour votre mère ; moi je prierai pour vous au ciel ! »

La marquise de Chabannes comparut le 10 pluviose an II (29 janvier 1794) devant le comité de surveillance de Clamecy. Les représentants du peuple, délégués dans la Nièvre, décidèrent que dix-sept de leurs prisonniers seraient envoyés au tribunal révolutionnaire de Paris.

Au plus fort de l'hiver, par une nuit très froide, Mme de Chabannes fut arrachée à ses enfants et mise avec les autres détenus sur des voitures.

Ces voitures étaient rangées devant l'église Saint-Martin de Clamecy, l'endroit le plus froid de la ville, où les prisonniers restèrent longtemps. L'infortunée marquise avait tellement souffert dans la prison que l'enflure avait envahi son corps. Malade, excédée de mauvais traitements, elle était encore belle et calme. S'adressant aux bourreaux qui s'apprêtaient à l'enchaîner, elle et les autres victimes : Prenez, une bûche leur disait-elle, et assommez-moi ! — Elle demanda un verre d'eau qui lui fut refusé. Car telle était la terreur dans la ville qu'en entendant passer le triste cortège, chacun fuyait ou s'enfermait dans sa demeure.

Lorsque son tour vint d'être enchaînée, aucun des gardiens ni des gens de la prison ne voulut toucher ses mains. Non, disaient-ils, ces mains ont fait trop de bien ! ça nous porterait malheur ! — On fut obligé d'aller chercher dans la prison un malfaiteur étranger pour faire cette triste besogne. On mit à la marquise des fers trop petits pour ses bras. Il fallut forcer ces fers. On l'enchaîna avec un pauvre vieux prêtre, l'abbé Portepain, curé de Ouagne, ecclésiastique éminent par ses vertus et son savoir. Il était atteint de la dyssenterie, et cet état l'humiliait au dernier point; Mme de Chabannes le consolait et l'encourageait.

Dans cette horrible nuit, dans la ville déserte, il ne se fit exactement que le bruit indispensable d'une marche très lente. Les ordres les plus sévères avaient été donnés aux prisonniers, aux gardes, aux voituriers de ne pas dire un seul mot à haute voix. Le bruit le plus frappant fut sans doute le bruit sonore et lugubre des fers que l'on rivait.

Le triste cortège se mit donc en marche pour Paris dans ce silence de mort. Ce fut pour les prisonniers et surtout pour Mme de Chabannes une suite non interrompue d'angoisses poignantes et d'atroces souffrances. On s'aperçut bientôt que les mains de la marquise enflaient énormément sous la pression des fers. Le voiturier, le jeune Bouche, pénétré de pitié et d'horreur devant une pareille torture, plein de respect et de vénération, déclara énergiquement aux gardiens que si on ne brisait pas les fers de Mme de Chabannes, il ne la conduisait pas plus loin. On y consentit. Alors la marquise, touchée des soins de ce brave homme, jugeant qu'elle pouvait compter sur lui, prit la montre d'or qu'on lui avait laissée et lui demanda de la remettre à son fils aîné, lorsqu'il viendrait d'exil. Bouche reçut la montre, la baisa et promit à Mme de Chabannes de faire ce qu'elle désirait. Il tint fidèlement sa promesse.

Dès leur arrivée à Paris, les prisonniers furent écroués à la Conciergerie. Presque en même temps arrivèrent dans la capitale plusieurs habitants de Villiers-sur-Yonne.

Lorsque les habitants de cette paroisse apprirent le

départ de Mme de Chabannes, *leur bonne dame,* ils furent dans la consternation. Plusieurs se réunirent, ayant à leur tête un homme appelé Régent. Ils décidèrent qu'ils iraient à Paris réclamer au tribunal révolutionnaire celle qu'ils appelaient leur mère. Ils partirent à pied immédiatement. Ces braves gens arrivèrent au moment même où les prisonniers de Clamecy venaient d'y être conduits. Ils se rendirent au lieu où étaient les détenus, et s'adressant à un garde, lui soumirent le but de leur voyage. Cet homme se pencha et dit tout bas à celui qui avait parlé : — Vous ne la sauverez pas, et si vous parlez, vous mourrez avec elle ; il n'y a plus en France que des bourreaux et des martyrs. — Cet homme pleurait. Il les fit pourtant entrer. A ce moment la marquise de Chabannes aperçut ce groupe ; le costume du pays l'avait frappée. En reconnaissant ceux qui lui faisaient un signe de tendre respect, elle éleva sa main, la passa sur son cou, pour leur faire comprendre de quelle mort elle allait mourir, et leur montra le ciel !

Un semblant de procès fut immédiatement commencé. Ce fut bientôt fait ; les dix-sept prisonniers de Clamecy furent jugés en bloc ; quinze furent condamnés à mort parmi lesquels Mme la marquise de Chabannes. Que lui reprochait-on ? D'avoir fait des reproches à un particulier parce que les enfants de ce particulier pêchaient dans sa rivière ; par conséquent de vouloir maintenir ses droits féodaux, c'était tout. L'exécution eut lieu le 25 ventose an II (15 mars 1794).

La marquise de Chabannes monta sur le fatal tombereau et alla courageusement à la mort, au milieu d'une foule de spectateurs dont la plupart criaient, riaient des angoisses des infortunés condamnés.

Voici ce qu'on lit dans le journal du bourreau Samson : « Nous avons eu ce jour une terrible journée. Dans la séance d'hier le tribunal avait prononcé 15 condamnations : hier, à deux heures, je me tenais prêt. Mais le citoyen Fabricius me dit que comme il tombait grande pluie, il serait bon de remettre au lendemain matin, que l'accomplissement de la justice du peuple devait avoir des témoins afin de propager l'horreur du crime de lèse-nation, que cela me ferait une belle journée et que les patriotes ne se plaindraient pas. Ce matin donc j'ai été à la Conciergerie avec quatre charrettes. Trois seulement ont servi. Ont été suppliciés : Marie-Françoise-Hyacinthe Fournier, ci-devant marquise de Chabannes... (il dit le nom des autres quatorze condamnés). Le citoyen Fabricius ne s'est pas trompé. Ce qu'il appelle *le peuple* a été très satisfait. Mais je remarque aussi qu'on ne voit plus dans les maisons une seule personne aux fenêtres quand nous passons. L'exécution a duré trente-cinq minutes... »

Mme la marquise de Chabannes avait quarante-sept ans.

Quarante ans plus tard, Diogène et Horace Tenaille, les deux misérables qui avaient dénoncé la marquise et qui ensuite avaient profané l'église de Villiers-sur-Yonne, furent atteints par la main de Dieu. Leur mort fut si affreuse que le souvenir ne s'en effacera pas. Leurs hurlements effrayaient la population ; les vers les dévoraient. Le prêtre ne put jamais approcher d'eux ; ils brûlaient, disaient-ils, quand ils le voyaient.

Le fils aîné de l'auguste victime, Jean-Baptiste-Marie, marquis de Chabannes, avait épousé, avant la Révolution, Mlle de Boisgelin. Au retour de l'émigration, il reconstitua sa fortune considérablement endommagée.

Il fut pair de France sous la Restauration.

Sa sœur aînée, Cécile, sortie de prison avant la mort de sa mère, se fit religieuse.

Les deux cadettes, Henriette et Suzanne, étaient restées après le départ de leur mère dans les prisons de Pressures. La plus jeune, Suzanne, âgée de onze ans, que les duretés de la prison rendaient malade, obtint du comité révolutionnaire de Clamecy sa liberté, sur les instances de sa sœur Henriette. En 1803, Suzanne de Chabannes épousa Antoine-François-Gilbert, comte de Sartiges de Sourniac.

Henriette resta prisonnière jusqu'à la mort de Robespierre, fin juillet 1794. On raconte qu'ayant été appelée un jour devant le Comité et interrogée, elle y comparut avec une grande dignité et jeta à la figure d'un de ces misérables une lettre qu'il avait osé lui adresser. Mlle Henriette avait alors 17 ans.

Aussitôt après sa sortie de prison, Marie-Henriette de Chabannes épousa en premières noces le vicomte de Fournier d'Armes, son parent, et en secondes noces le marquis de Barbançois, qui devint sous-gouverneur de Son Altesse Royale le duc de Bordeaux, étant colonel aux gardes du corps. De ce dernier mariage naquit Blanche de Barbançois, qui épousa plus tard le marquis de Vergennes, dont elle eut Mlle Marie de Vergennes, actuellement baronne d'Auzers. La famille des de Chabannes a disparu de la Haute-Auvergne (1).

(1) Nobiliaire d'Auvergne. — Notes fournies par Mme la baronne d'Auzers. — *Tribunal révol. de Paris*, t. II, p. 473.

CHAPITRE XII

LA FAMILLE DE NOAILLES. — LES CHATEAUX DE CHAMBRES ET DE PÉNIÈRES EN HAUTE-AUVERGNE. — IMMOLATION DU MARÉCHAL ET DE LA MARÉCHALE DE NOAILLES-MOUCHY.

Revenons vers Mauriac, et à cinq ou six kilomètres de cette ville, au midi, nous apercevrons sur le penchant d'une colline un grand château dont les tours en ruine s'élèvent majestueuses encore au milieu des arbres et des maisons d'un petit village. C'est le château de Chambres, qui conserve le souvenir de grandes infortunes.

Avant la Révolution, il appartenait à la famille de Noailles. Les de Noailles, comtes de Noailles, marquis de Montclar, barons de Chambres, ducs d'Ayen, ducs de Mouchy, princes de Poix, pairs de France, Grands d'Espagne, etc., sont parvenus à la plus haute illustration.

De cette famille sont sortis des évêques, dont un de Saint-Flour, un cardinal-archevêque de Paris, des ambassadeurs, des capitaines, quatre maréchaux de France, des amiraux, huit chevaliers du Saint-Esprit ; un gouverneur d'Auvergne et plusieurs lieutenants du roi pour le Haut-Pays d'Auvergne.

Avant la Révolution, elle possédait dans notre pays plusieurs châteaux et de nombreux domaines, entre autres Chambres, Montclar, Carbonières, Trémouille, Pénières, etc. C'est au château de Pénières, dans la commune de Cros de Montvert, que résidait Anne de Noailles, gouverneur du Haut-Pays d'Auvergne. Cette famille possédait en outre à Aurillac un hôtel somptueux. Sa fortune territoriale était si considérable que les paysans des environs de Mauriac disaient que les Noailles pouvaient aller de Chambres à Paris sans poser le pied sur d'autres terres que les leurs. Quand vinrent les mauvais jours, la famille de Noailles était représentée par les deux frères Louis et Philippe de Noailles, tous les deux maréchaux de France.

Le cadet, Philippe de Noailles, était plus connu sous le nom de maréchal de Mouchy, à cause de son château et de sa terre de Mouchy ; il avait épousé Anne-Claude-Louise d'Arpajon, née à Paris, de laquelle il eut deux fils, qui leur survécurent.

Le maréchal et la maréchale de Noailles-Mouchy

étaient trop riches et trop dévoués au roi pour n'être pas suspects. « Le maréchal de Mouchy, dit Wallon, par ses services, par son caractère comme par son âge, aurait désarmé les plus malveillants, si sa noblesse et sa fortune même, dont il faisait le plus libéral et le plus patriotique usage, ne l'eussent désigné à la proscription (1). »

Le maréchal et la maréchale furent arrêtés et enfermés dans la prison de la Force, à Paris, sous l'inculpation d'être les agents de Capet, le dernier tyran, selon le langage de l'époque.

Voici l'arrêté qui envoie le maréchal au tribunal révolutionnaire :

« Convention nationale. Comité de sûreté générale et de surveillance. Du 28 prairial, an II (16 juin 1794). Le comité de sûreté générale renvoie au tribunal révolutionnaire le ci-devant maréchal, duc de Noailles-Mouchy, comme prévenu d'avoir conspiré avec le tyran, en se rendant l'un des agents de ce dernier par la distribution de sommes au moyen desquelles il soudoyait les prêtres réfractaires, les émigrés et

(1) *Tribunal révol.*, t. IV, p. 336.

tous autres instigateurs et complices de la contre-Révolution. Le présent arrêté, ensemble les documents relatifs au crime dont il s'agit, seront adressés sans délai à l'accusateur public. Signé : Les représentants du peuple membres du comité de sûreté-générale. DUBARRAN, Elie LACOSTE, Louis VADIER-VOULLAND (1). »

La maréchale de Mouchy n'est pas comprise dans cet arrêté; son nom ne se trouve pas dans l'acte d'accusation des vingt-trois personnes envoyées au terrible tribunal, et pourtant elle fut menée devant ce tribunal avec son mari. Le maréchal était coupable, la maréchale devait l'être. Tel était le raisonnement des juges de ce temps. Le maréchal avait 79 ans, la maréchale, 66. Le jour fatal étant arrivé, on les conduisit de la Force au Luxembourg, du Luxembourg à la Conciergerie, dernière station de cette voie douloureuse.

« Lorsqu'on vint appeler le maréchal pour le mener à la Conciergerie, il pria celui qui lui annonçait qu'il fallait descendre au greffe, de ne point faire de bruit afin que la maréchale ne s'aperçut pas de son départ. Elle avait été malade les jours précédents, et

(1) *Tribunal révol.*, t. IV, p. 337.

était dans les remèdes. Il faut qu'elle descende aussi, lui répondit-on. Elle est sur la liste ; je vais l'avertir de descendre. — Non, dit le maréchal ; puisqu'il faut qu'elle vienne, c'est moi qui l'avertirai. Il va aussitôt dans sa chambre et lui dit : « Madame, il faut descendre ; Dieu le veut, adorons ses desseins ; vous êtes chrétienne ; je pars avec vous, et je ne vous quitterai pas. »

La nouvelle que M. de Mouchy et sa dame allaient au tribunal, se répandit en peu de moments dans toutes les chambres. Le reste du jour fut pour tous les prisonniers un temps de deuil. Les uns s'éloignaient de leur passage, ne se sentant pas la force de soutenir ce spectacle ; d'autres, au contraire, se rangeaient en haie voulant leur témoigner une dernière fois leur respect et leur douleur. Quelqu'un éleva la voix et dit : Courage, Monsieur le maréchal ! — Il répondit d'un ton ferme : A quinze ans j'ai monté à l'assaut pour mon roi, à près de quatre-vingts, je monterai à l'échafaud pour mon Dieu (1) ! »

Le tribunal révolutionnaire se divisait en plusieurs bureaux et on jugeait plusieurs séries par jour. Ce fut le 27 juillet 1794 que le maréchal et la maréchale de Noailles-Mouchy parurent devant le bureau qui

(1) *Tribunal révol.*, t. IV, p. 336.

siégeait dans la salle *de la liberté*. Les juges étaient là pour la forme ; les accusés étaient condamnés d'avance. On répéta au maréchal les mêmes accusations : Vous êtes l'agent de Capet... Vous avez distribué de l'argent aux émigrés... Le maréchal eut beau protester, il fut condamné. On ne prit pas la peine d'interroger la maréchale et de formuler contre elle des accusations : — « A quoi bon, disait Fouquier-Tinville, président, l'affaire est la même, cela est inutile. » Elle fut condamnée sans avoir été entendue.

Le même jour, trente-et-un individus furent condamnés à mort. Ces trente-et-une victimes de la barbarie révolutionnaire allèrent à l'échafaud sur des charrettes à travers les rues de Paris, au milieu d'une foule hideuse et criarde.

Le maréchal et la maréchale eurent le bonheur de recevoir l'absolution avant de mourir et voici comment :

Il y avait à Paris un saint prêtre, le P. Carrichon, qui était bien connu, non de M. de Mouchy, mais de la famille de son frère. La duchesse de Noailles ayant appris que le maréchal et la maréchale de Mouchy allaient monter à l'échafaud, envoya une personne de confiance chez ce saint prêtre pour le prier d'aller donner une dernière absolution aux condamnés ; cette personne de confiance ajouta que le maréchal et la maréchale étaient avertis et que le moment de l'exécution approchait.

Le bon religieux se mit aussitôt en route, et quand il arriva à la prison, on venait de donner le signal du départ. Il ne connaissait pas le maréchal de Mouchy, mais en voyant sur le bord de la charrette un homme à cheveux blancs, il se douta que c'était lui. Ce vieillard était, raconta-t-il plus tard, singulièrement édifiant, son attitude était celle d'un homme en prière. Pâle et tremblant, le P. Carrichon le suivit à pied au milieu de la foule jusqu'à la barrière du Trône, le regardant d'un air expressif et cherchant, malgré le péril, à attirer son attention, afin de lui procurer, non pas la force, car il n'en avait pas besoin, mais la joie que lui donnerait la présence d'un prêtre.

On arrive au lieu de l'exécution. Au moment où le maréchal et la maréchale de Mouchy descendaient de la fatale charrette, le P. Carrichon leur donna l'absolution, le maréchal ne laissa point voir qu'il s'en fût aperçu. Les trente-et-une victimes, descendues de la bière ambulante, attendaient chacune son tour, rangées sur des bancs au pied de l'échafaud. Quand la tête de l'une était tombée, l'autre montait.

Le tour de la maréchale et du maréchal arriva. Celui-ci sur les degrés de l'échafaud, plein de courage, se tourne tout à coup et d'une voix forte, il répète cette parole : « A quinze ans, je montais à l'assaut pour mon roi, à soixante-dix-neuf ans je monte à l'échafaud pour mon Dieu ! »

Il franchit alors les dernières marches et se livre à l'exécuteur. Ce spectacle fit une telle impression sur le P. Carrichon et le mit dans un tel état qu'il eut de la peine à s'en retourner chez lui (1).

(1) *Tribunal rév.*, t. IV, p. 317. — *Histoire des prisons*, t. IV, p. 181. — Récit du P. Carrichon.

CHAPITRE XIII

LA MARÉCHALE DE NOAILLLES. — LA DUCHESSE DE NOAILLES. — LA VICOMTESSE DE NOAILLES. — LEURS DERNIERS MOMENTS.

Le maréchal de Noailles-Mouchy dont nous venons de raconter la triste et glorieuse mort, avait un frère plus âgé, Louis de Noailles, comme lui maréchal de France, vieilli dans les armées. Cet homme de guerre qui s'était battu dans maintes batailles, mourut au plus fort de la Terreur, en 1793, à l'âge de 80 ans, emportant dans la tombe les douleurs des terribles catastrophes dont il avait été le témoin désolé pendant les trois premières années de la Révolution, et laissant au milieu des orages de plus en plus lugubres, une veuve et deux fils. Les deux fils, en 1789, occupaient de hautes fonctions. « Le second, Emmanuel-Louis, marquis de Noailles, dit le Nobiliaire d'Auvergne, fut maréchal de camp, chevalier de Saint-Louis et commandeur de Saint-Lazare. Dès l'âge de 22 ans, le roi l'envoya à Hambourg, en qualité de ministre, puis successivement comme ambassadeur en Hollande, en Angleterre et en Autriche. Il quitta son ambassade de Vienne au commencement de la Révolution, se retira à Maintenon et mourut en 1822. »

Son frère aîné, Jean-Louis-Paul-François, duc de Noailles, duc d'Ayen, fut capitaine de la première compagnie des gardes de corps, lieutenant-général, chevalier de la Toison d'Or, membre de l'Académie des sciences. Il se faisait remarquer par la distinction de son esprit et la variété de ses connaissances. La Révolution venue, il émigra, rentra un moment en France en 1793; mais, obligé de prendre de nouveau le chemin de l'exil, il passa en Suisse où il demeura plusieurs années. Il est porté sur la liste des émigrés du Cantal en ces termes: « Noailles, ci-devant duc, dernier domicile à Paris. »

Or les biens des émigrés étaient confisqués. Le duc de Noailles fut donc dépouillé de tous ses biens d'Auvergne. Dans la liste des biens des émigrés on lit:

« Le sieur *Denoailles* perçoit sur la commune de Pleaux environ cent quartes de rentes réduites en seigle, mesure de Pleaux. — Le sieur Denoailles possède dans le territoire de la municipalité du Vigean un domaine situé au village de Chambres et perçoit sur ledit village plusieurs rentes et autres redevances. »

La terre de Pénières, dans la commune de Cros-de-Montvert, et de laquelle dépendaient Carbonnières, Trémouille et saint Rouffi, fut vendue par la nation. Le château fut incendié en 1807. Le propriétaire y établit une verrerie qui n'existe plus (1).

La seigneurie de Montclar était divisée en deux : le marquisat et la baronnie. Le marquisat appartenait à la famille de Noailles. La Révolution le lui enleva.

« La famille de Noailles, dit M. Emile Delalo, ancien président du tribunal de Mauriac, est demeurée propriétaire de la terre de Chambres jusqu'à sa confiscation, lors de la première Révolution. Les biens qui en dépendaient furent vendus nationalement. Après la Révolution, la plupart des acquéreurs traitèrent avec la famille de Noailles et firent ratifier les ventes au moyen du paiement d'une certaine somme réglée à l'amiable. Les terres que la maison de Noailles possédait en Haute-Auvergne étaient nombreuses et considérables. Le château de Chambres, dont le principal corps de logis, flanqué de trois tours, a été conservé, a été remanié à diverses époques. On remarque encore dans les

(1) *Statistique du Cantal.*

murs des portions d'arceaux en plein-cintre. La grande salle est encore entière. On voit sur une énorme cheminée les armes de la maison de Noailles : *De gueules à la bande d'or*. L'entrée du château était défendue par une antique tour carrée qui a été abattue pendant la Révolution. La chapelle a été transformée en salle d'école (1) . »

Aujourd'hui le temps achève ce qu'avait commencé la Révolution : la démolition du château.

Le duc de Noailles n'eut pas la seule douleur de voir ses propriétés devenir la proie des révolutionnaires de l'époque ; une douleur plus poignante, une inénarrable angoisse devait aller l'atteindre dans le fond de son exil, la douleur apportée par la nouvelle de la tragique immolation de sa mère, de sa femme et de sa fille. Sa mère, la maréchale de Noailles, née Catherine-Françoise-Charlotte de Cossé-Brissac ; sa femme Henriette-Anne-Louise d'Aguesson, duchesse de Noailles d'Ayen ; sa fille, Anne-Adrienne-Dominique, qui avait épousé un de ses parents, vicomte de Noailles, émigré aussi, devenues toutes les trois suspectes à cause de leur fortune, et de leur rang élevé, furent arrêtées au mois d'octobre 1793 dans leur hôtel, à Paris, et jetées impitoyablement dans les prisons de la capitale sous prétexte qu'elles avaient

(1) *Statistique du Cantal.*

des connivences avec les émigrés, étant elles-mêmes mère, femme et fille d'un émigré.

De leur première prison, elles furent transférées dans celle de Luxembourg où elles eurent beaucoup à souffrir. « Au Luxembourg, dit Wallon, une soupe détestable, une demi-bouteille de vin qui ne valait pas mieux, deux plats, dont un de légumes nageant dans l'eau et l'autre toujours de viande de porc mêlée avec des choux, leur était servis au prix de cinquante sous, avec un pain de munition d'une livre et demie, fourni par la république, et il fallait en réserver quelque chose si l'on voulait manger une autre fois dans la journée. Mais cela même aurait été supportable si la brutalité des gens de service n'y avait joint mille avanies.

Parmi les prisonnières se trouvaient la maréchale de Noailles, la duchesse d'Ayen. La première était âgée de soixante-dix ans, et presque entièrement sourde. A peine pouvait-elle marcher. Elle était obligée d'aller comme les autres à la gamelle et de porter avec elle une bouteille, une assiette et un couvert de bois; il n'était pas permis d'en avoir d'autre. Comme on mourait de faim, en allant à ce pitoyable dîner chacun se pressait pour arriver le plus tôt possible, sans faire attention à ceux qui étaient à côté de soi. La vieille maréchale était poussée comme les autres et, trop faible pour résister à ce choc, elle se traînait le long du mur pour n'être pas à chaque instant renversée; elle n'osait avancer ni reculer et n'arrivait à la table que lorsque tout le monde était placé. Le geôlier la prenait rudement par le bras, la faisait pirouetter et la faisait asseoir sur un banc. Un jour, croyant que cet homme lui adressait la parole, elle se retourne : — Qu'est-ce que vous dites ? — Je dis vieille boug..., que tu n'as personne ici pour porter ta cotte. Fous-toi-là ! — Et il la plaça sur le banc comme s'il y eût mis un paquet (1). »

Dans cette même prison du Luxembourg, les dames de Noailles trouvèrent la princesse d'Orléans, la vertueuse fille du duc de Penthièvre, elle aussi emprisonnée pour crime de noblesse. Elle était malade et pour tout lit elle n'avait qu'un misérable grabat qu'il ne lui était pas permis d'améliorer. Mme la duchesse de Noailles d'Ayen, mieux partagée, lui céda le sien et l'entoura respectueusement de tous les soins qu'il fut en son pouvoir de lui donner.

Tandis qu'elle s'occupait de la sorte, sa fille, la vicomtesse de Noailles, veillait sur leur mère, la vieille maréchale, toute étonnée de se trouver dans une prison. Elle l'habillait, la peignait, remuait la paille de son lit et lui rendait tous les soins que

(1) *La Terreur*, par Wallon t. II. p. 183.

nécessitaient son âge et ses infirmités. Dans l'exercice de ces charitables fonctions la duchesse et la vicomtesse de Noailles s'aidaient, se relevaient, et chacune à son tour passait la nuit près du chevet de l'auguste malade, la princesse d'Orléans.

Elles étaient réduites au plus affreux dénûment; il leur restait quelques bijoux que M. Grellet, précepteur des enfants de la vicomtesse, fut chargé de vendre. Il les vendit en effet, mais en se représentant le lendemain pour en recevoir le prix, il apprit que le bijoutier avait été condamné pendant la nuit et exécuté le matin ; le prix ne fut pas payé et les bijoux ne furent pas rendus. Le temps avançait. Les nobles prisonnières furent successivement interrogées par ces hommes qu'on appelait des juges et qui n'étaient que des bourreaux. On voulait saisir un mot, un bout de phrase qui pût servir de motif plausible pour leur condamnation.

Mandée la première devant eux, la vicomtesse de Noailles ne fut pas médiocrement surprise de s'entendre accuser d'avoir conspiré pour faire assassiner les membres de la Convention nationale. Elle ne perdit pas cependant son sang-froid et répondit avec beaucoup de calme que la chose était matérialement impossible puisqu'elle était déjà en prison à l'époque où l'on faisait remonter le prétendu complot. — Eh bien, lui dit l'un des juges, si tu ne l'as pas fait, tu étais bien capable de le faire. — C'était un arrêt de mort. La vicomtesse le comprit. On la ramena dans sa prison. Elle reprit ses fonctions de garde-malade auprès de sa grand'mère et de la princesse d'Orléans. Elle sut si bien se maîtriser, si bien cacher ses angoisses, que ni la princesse, ni sa mère qui savaient d'où elle venait, ne purent deviner et lire sur son visage ce qui s'était passé. Le lendemain ce fut le tour de la maréchale, le surlendemain, celui de la duchesse. On les accusa d'être complices dans la conspiration Dillon, d'avoir trempé dans tous les crimes de Capet contre la nation. L'interrogatoire était pour la forme ; leur mort était résolue.

Mme la duchesse d'Ayen avait l'oreille un peu dure ; elle n'entendait pas trop bien les interrogations que lui faisait le juge ; elle le pria de vouloir bien parler un peu plus haut. — Ah ! ah ! s'écria le président, *la citoyenne est sourde ! Greffier, écris qu'elle a conspiré sourdement.*

Ramenée au Luxembourg, la duchesse de Noailles d'Ayen, comme sa fille, cacha si bien ses émotions que la princesse d'Orléans ne se douta pas du triste résultat de l'interrogatoire et continua à recevoir ses soins de plus en plus empressés.

Cependant il fallait bien prévenir la princesse d'Orléans de leur prochaine séparation. Dans le courant de la journée, peu à peu, elles lui révélèrent leur triste sort, leur mort désormais certaine. Quoique s'en doutant un peu, la duchesse d'Orléans en fut vivement affectée. Elle s'attendait, elle aussi, à une pareille fin.

C'était le 21 juillet 1794. A cinq heures du soir, on vint au Luxembourg chercher les prisonniers destinés à la fournée du jour suivant. On en prit dix-huit parmi lesquels les trois dames de Noailles. Lorsqu'on entra dans leur cellule, la duchesse d'Ayen lisait l'*Imitation de Jésus-Christ*. Elle écrivit à la hâte sur un bout de papier ces simples mots : *Mes enfants, courage et prière !* Elle plaça ce papier à l'endroit où elle avait interrompu sa lecture. C'était au chapitre de *via Crucis*, du *chemin de la croix ;* puis elle baisa le livre et le remit à la princesse d'Orléans, en la priant, si elle conservait la vie, de le remettre un jour à ses enfants, comme un dernier gage de sa tendresse. Lorsqu'elle prononça le nom de ses filles, le calme qu'elle avait conservé jusque-là l'abandonna et elle mouilla le livre de ses larmes.

Les trois victimes arrivèrent à la Conciergerie. La Conciergerie était le vestibule du tribunal et le tribunal le vestibule de la mort.

Elles étaient brisées de fatigues et d'émotions. Comment, disait la vieille maréchale, dont les facultés s'affaiblissaient de plus en plus, comment pourrait-on nous condamner pour des crimes imaginaires, pour des prétendus complots dont nous ignorons jusqu'à l'existence ? — Maman, continuait Mme d'Ayen, vous savez comme moi que les jugements des hommes sont faillibles ; tenons-nous prêtes à tout, si nos vies sont entre les mains des hommes, nos âmes sont entre les mains de Dieu. — Faisons notre prière du soir et dormons, reprit la maréchale. La place manquait pour pouvoir donner un lit à chaque prisonnier. On en fit un pour les trois dames. Mme d'Ayen s'y jeta tout habillée et voyant que sa fille se tenait debout, et en méditation, elle la pria de faire comme elle, et de prendre un peu de repos, mais la vicomtesse lui répondit : *A quoi bon se reposer à la veille de l'Eternité !* Elle céda néanmoins aux prières de sa mère et se coucha un moment.

Le lendemain, 22 juillet (4 thermidor), un mardi, les trois dames virent entrer dans leur prison un gardien et les gendarmes qui devaient les amener au tribunal sanguinaire. Avant de partir, la jeune vicomtesse fit avec plus de soin qu'à l'ordinaire la toilette de sa grand'mère qui paraissait n'avoir qu'une idée confuse de ce qui se passait autour d'elle. Puis, elle va vers sa mère, et veut de sa main arranger sa coiffure. — *Courage, maman,* lui dit-elle en l'ajustant, *nous n'avons plus qu'une heure.*

Arrivées au Tribunal, elles entendirent leur sentence de mort avec une héroïque et chrétienne résignation. La maréchale avait soixante-dix ans; la duchesse, cinquante-sept; la vicomtesse, trente-cinq.

La fournée qui paraissait avec elles au tribunal comprenait vingt-cinq personnes, parmi lesquelles se trouve un autre Auvergnat, Jean-Joseph-Antoine de Laroche-Lambert, âgé de 41 ans.

Les juges se divisaient par sections et tenaient ainsi plusieurs audiences à la fois. Pendant que les vingt-cinq étaient condamnés dans une salle du tribunal, une fournée de vingt-et-un détenus était condamnée dans une autre, celle de *l'Egalité*. En additionnant les deux nombres nous avons un total de quarante-six personnes guillotinées le même jour, 22 juillet 1794.

Les pieuses dames de Noailles n'avaient pas attendu la sentence du tribunal pour se préparer à paraître devant Dieu. Ayant été arrêtées et prévoyant leur prochaine condamnation, elles avaient demandé et obtenu une entrevue avec le P. Carrichon. Il avait été convenu que, si la condamnation survenait, ce qui était probable, le prêtre, pour bénir une dernière fois les victimes, se mêlerait à la foule sur le chemin de l'échafaud, et qu'il prendrait, afin qu'il fût reconnu, un habit bleu foncé, avec une carmagnole de couleur rouge. La chose arriva ainsi. Le 22 juillet (4 thermidor an II), à huit heures du matin, le P. Carrichon voit entrer chez lui les enfants de la vicomtesse de Noailles, conduits par M. Grellet leur précepteur.

M. Grellet lui apprend que ces dames doivent monter sur l'échafaud dans la journée, et qu'il vient de leur part le prier de tenir la promesse qu'il leur avait faite. Le prêtre ne fait aucune objection ; il prend son habit bleu, sa casaque rouge, embrasse les enfants de la vicomtesse qui jouaient dans sa chambre et se rend au tribunal.

Quand il arrive, tout est prêt pour la grande immolation. Les quarante-six victimes sont entassées dans des charrettes qui doivent à travers la ville les porter au lieu de l'exécution.

On donne le signal du départ et toutes les charrettes portant les victimes et les bourreaux, s'avancent dans les rues de la ville, à travers la foule des curieux, des badauds cruels qui crient : A bas la canaille, la prêtraille et les nobles !

Le P. Carrichon, mêlé à la multitude, se perd dans les flots, bouscule les uns, est heurté par les autres, s'approche le plus près possible de la voiture qui porte les dames de Noailles qu'il a parfaitement reconnues. Pendant le trajet un orage éclate.

L'orage fait rage, écrit le P. Carrichon, le vent est impétueux, les dames de la première charrette en sont fort tourmentées, surtout la maréchale de Noailles. Son grand bonnet renversé laisse voir ses cheveux blancs. Elle chancelle sur sa misérable planche sans dossier, les mains liées derrière le dos. Des énergumènes viennent près du char et poursuivent l'octogénaire de leurs insultes. Nous arrivons au carrefour qui précède le faubourg Saint-Antoine. Je marche toujours près de Mme d'Ayen et de Mme la vicomtesse de Noailles qui ne sont pas dans la même voiture que leur mère et qui semblent me dire : « Oh! que nous sommes heureuses! Vous nous ouvrez le Paradis! » Le meilleur endroit est trouvé pour leur accorder ce qu'elles désirent tant. C'est un détour de rue.

La charrette va moins vite. Je fais à Mme la vicomtesse de Noailles un signe qu'elle comprend. — Maman, M. Carrichon va nous donner l'absolution. Ensembles elles baissent la tête avec contrition, attendrissement, foi, espérance. Je lève la main et je prononce la formule de *l'absolvo*, puis les paroles qui suivent, très distinctement et avec une onction qui me pénètre. Elles s'unissent au sacrement. Je n'oublierai jamais cette inénarrable minute... Quel déchirement! mais non sans de grandes consolations en les voyant si résignées. L'échafaud se présente; les charrettes s'arrêtent, les gardes les entourent. Ensuite se forme un cercle plus nombreux de spectateurs, la plupart riant et s'amusant de cet horrible jeu. Etre au milieu, quelle situation!... Le dernier adieu donné, elles descendent. Je ne me sentais plus. A la fois déchiré, attendri, consolé, combien je remerciai Dieu de n'avoir pas attendu ce moment pour leur donner l'absolution. Nous n'aurions pas pu nous unir en Dieu pour accorder ou recevoir cette grande grâce, comme nous l'avions fait dans l'endroit et avec les circonstances de la route. Les sbires entourent d'un rang serré les victimes. Je m'arrange pour être en face des degrés de la guillotine. Mais dans le groupe je ne vois plus ces dames au bas de l'estrade, mais seulement la vieille maréchale dans l'attitude d'une dévotion simple, noble, résignée, tout occupée de s'offrir en oblation.

Elle monta la troisième du troupeau à l'égorgeoir. Il fallut échancrer le haut de son habillement pour lui découvrir le col. Six dames passèrent ensuite.

Mme d'Ayen fut la dixième. Qu'elle parut contente de mourir avant sa fille! Sur la plate-forme, le bourreau lui arracha son bonnet; il tenait par une épingle; les cheveux tirés avec force lui occasionnèrent une douleur qui se peignit sur ses traits.

La mère disparaît; sa digne et tendre fille la remplace. Quelle émotion en voyant cette jeune dame en blanc, douce comme un agneau, se livrer d'elle-même aux exécuteurs!

Comme sa mère, elle exhorte avant de mourir les infortunés compagnons de son supplice. Elle s'était attachée particulièrement à un malheureux jeune homme qui ne voulait pas mourir, qui criait, blasphémait. Elle l'encourageait, le consolait, le suppliait de penser à Dieu. « — En grâce, mon ami, demandez pardon ! »

« Divine parole, mouvement sublime ! s'écrie le P. Carrichon, n'est-ce pas un ange, l'ange de la miséricorde apportant au blasphémateur lui-même l'inspiration du repentir, la grâce du salut !... Cette jeune femme, cette jeune mère au pied de l'échafaud, où sa grand'mère vient d'être immolée, où sa mère la précède, où le bourreau l'attend, ne songe qu'à sauver une âme, et déjà sur les marches sanglantes, elle se retourne vers le jeune homme pour tirer de son cœur le mot qui ouvre le ciel ! *En grâce, dites pardon* (1) ! »

(1) Relation du P. Carrichon. — Nobiliaire d'Auvergne. — *La Terreur*, par Wallon, t. II, p. 304. — *Le Tribunal révolutionnaire de Paris*, t. V., p. 72.

PIÈCES JUSTIFICATIVES

N° 1

Extraits des registres de la commune de Moussages :

« Aujourd'hui 15 thermidor an II (2 août 1794) est comparu par devant le conseil général de la commune de Moussages, district de Mauriac, département du Cantal, le citoyen Pierre-Mary Soustre, habitant de la commune de Mauriac, lequel a dit et déclaré qu'il lui avait été adressé une procuration en date du 5 nivôse dernier (25 décembre 1793), reçue Bro, notaire à Paris, en bonne forme par laquelle le citoyen Anne-Emmanuel-François-Georges Crussol d'Amboise, demeurant à Paris, rue de Sèvres, lui a donné pouvoir de compter avec tous régisseurs de ses biens situés dans le département du Cantal, débattre, clore et arrêter les dits comptes, en fixer le reliquat, les toucher, recevoir, en donner quittance; et, en conséquence, le déclarant a exposé un compte avec le citoyen Bouchy Labesseire, ci-devant régisseur des dits biens, par lequel le dit Bouchy s'est trouvé redevable de la somme de dix mille cent soixante cinq livres deux sols, qu'il compta au dit déclarant sous sa quittance.

Par conséquent ce dernier se déclare débiteur envers la nation de la dite somme qu'il offre de payer sur-le-champ, sous bonne quittance, déclarant en outre n'avoir plus rien perçu en argent, mobilier, ni effets... de tout quoi nous a requis acte et a signé : SOUSTRE. »

— « Aujourd'hui, 21 thermidor an II (8 août 1794) est comparu par devant le conseil général de la commune de Moussages le citoyen Antoine Cissoire, agent national de la dite commune, lequel a déclaré être redevable envers la nation de la somme de deux cent vingt-six livres provenant d'une distribution de grains qui étaient dans le ci-devant château de Valens, faite aux plus nécessiteux de la commune, de laquelle distribution il avait été chargé par le conseil général de Moussages, en conséquence le déclarant offre de payer sur-le-champ à la nation la dite somme, sous bonne quittance, de tout quoi nous a requis acte et a signé :

« CISSOIRE. »

« — Séance du 10 frimaire an III (30 novembre 1794) :

« Sur la proposition d'un membre le conseil général arrête, l'agent national entendu, qu'il sera exactement tenu registre de la délivrance aux plus nécessiteux de la commune, de soixante quintaux de grains, requis sur les domaines nationaux de Valens, pour que le montant en soit exactement versé entre les mains du citoyen Brunon, receveur d'enregistrement au bureau de Mauriac. Fait et clos le 10 frimaire an III. JARRIGE, PAGIS, CHAMBON, CHATONIER-MATHIEU, ISCHARD, maire, CISSOIRE, agent national. »

La Révolution enleva donc à M. de Crussol d'Amboise et ses biens et sa vie.

N 2.

Sur l'abbé Mathieu-Marie de Montclar, voici ce qu'on lit dans une histoire de Notre-Dame de Lorette, de Salers, écrite avant la Révolution par M. Mathieu de Mathieu, curé de Salers :

« Mathieu-Marie de Montclar, originaire du bourg d'Anglards, fils de Jean-Dominique de Montclar, chevalier, seigneur d'Anglards et de Méallet, baron de Montbrun et Longevergne, seigneur de Trémolière, et de dame Marie-Adélaïde-Claire de Fayet de La Tour, avait déjà atteint l'âge de cinq ans ou environ, sans qu'il eût encore pu former un pas, ni même se soutenir sur ses jambes ; tout au plus, la femme qui était chargée de sa garde le mettait à terre et l'appuyait contre une chaise, où il demeurait dans la même position jusqu'à ce qu'elle le reprit entre ses bras. Le père et la mère de cet enfant étaient d'autant plus affligés de cette infirmité qu'ils l'aimaient avec plus de tendresse et lui portaient un plus vif intérêt. Enfin dans la saison de l'été de l'année 1765, ayant appris qu'on se disposait dans la ville de Salers à célébrer une fête solennelle en l'honneur de la sainte Vierge, Notre-Dame de Lorette, à laquelle les habitants s'étaient voués à l'occasion d'une calamité publique, ces religieux parents, aussi recommandables par leur piété que par leur nom, se sentirent inspirés de vouer leur enfant à la très sainte Vierge ; et en suivant les mouvements de cette inspiration, ils promirent devant toute leur maison assemblée de faire porter leur cher enfant à la chapelle de Notre-Dame de Lorette, de l'y accompagner, d'y offrir autant de cire que pèserait le malade.

Le vœu ne fut pas plutôt fait que l'enfant qu'on tenait appuyé contre une chaise, fit comme un effort pour échapper d'entre les mains de sa garde, se mit à courir dans l'appartement où la famille était assemblée. On cria au miracle ! Dans le moment, tous les habitants du bourg en furent instruits et coururent au château pour être témoins de cette merveille et se conjouir avec leur seigneur.

Dès ce moment, l'enfant marcha toujours d'un pas ferme et assuré. On le voit croître et se fortifier de jour en jour. Il est à présent âgé de huit ans, et annonce déjà qu'il sera dans peu d'années un homme des plus forts et des plus robustes, comme aussi un des plus beaux cavaliers de la province. Au reste les parents de l'enfant se firent un devoir sacré de religion et de reconnaissance de se rendre à la ville de

Salers pour y accomplir leur vœu ; ils l'y firent porter avec eux. L'enfant les suivit de son pied, depuis une maison où ils étaient allés se reposer, jusqu'à la chapelle de Notre-Dame de Lorette, où la Sainte Messe fut célébrée pour lui en action de grâces, et y laissèrent en offrande quatre grands flambeaux de cire du poids à peu près égal à celui de l'enfant. »

TABLE DES MATIÈRES

Saint-Amand (Cher). — Imprimerie Saint-Joseph.

DU MÊME AUTEUR

Vie du Père Murat	1 fr.
Histoire de Notre-Dame des Miracles de Mauriac	1 fr. 25
Vie de Mgr Lavialle, évêque de Louisville	1 fr. 25
Mgr Chabrat, évêque en Amérique . .	0 fr. 75
Mgr Baldus, vicaire apostolique du Kiang-Si	1 fr. 25
Mgr d'Auzers, évêque de Nevers . . .	2 fr. 50
Histoire du monastère de Notre-Dame de Saint-Flour	0 fr. 75
Histoire du monastère de Notre-Dame d'Aurillac	0 fr. 75
Catinon-Menette	1 fr. 50

HISTOIRE

DE LA

RÉVOLUTION

EN AUVERGNE

PAR

M. JEAN-BAPTISTE SERRES

TOME IV

EXTERMINATION DE LA NOBLESSE (Suite)

SAINT-AMAND (Cher)
IMPRIMERIE SAINT-JOSEPH
Rue du Pont-du-Cher.

PARIS
VIC ET AMAT, LIBR.-ÉDITEURS
11, Rue Cassette.

1895

ERRATA DU IIIe VOLUME

Page 3. — Contre *le patrimoine, de considérations,* lisez : *patrimoine de considérations*, pas de virgule.

Page 134. — Le château de *Chabannes.* J'ai donné au château dont on voit les ruines près de Madic, le nom de son propriétaire, de Chabannes. On me fait observer que ce château n'a jamais porté le nom *de Chabannes,* mais celui de : *Château de Madic*.

Page 134. — Laissant une veuve et *quatre* enfants, lisez : *cinq* enfants.

Page 135. — de *Doubet de Rommange*, lisez : *Romananges*.

Page 137. — *laissant trois fils,* ajoutez : *et trois filles.*

Page 161. — *Madame la duchesse d'Ayen,* Lisez : *Madame la maréchale de Noailles*.

UNE EXPLICATION

— *Extermination de la noblesse.* Un critique de renom n'approuve pas l'expression : *Extermination de la noblesse.* « La noblesse, écrit-il, dans la *Semaine de Saint-Flour*, n'a pas été *exterminée ;* la preuve, c'est que presque tous les noms inscrits dans *ce livre d'or,* sont encore portés par des descendants de ceux dont il nous raconte les souffrances inouïes ou la glorieuse mort. Le mot : *extermination de la noblesse* nous semble donc impropre, exagéré, disant beaucoup plus que ne renferme le livre. »

N'en déplaise à mon éminent contradicteur, je maintiens mon expression ; elle est exacte, vraie.

Avant la Révolution, la noblesse était un corps social, un ordre à part, ayant des droits particuliers, des privilèges, des assemblées.

Or, ce corps, cet ordre, où est-il aujourd'hui dans la société moderne ? Il n'est nulle part ; il a été anéanti, *exterminé.*

Je dis même : *il n'y a plus de nobles* et je dis vrai. Autrefois le noble était un personnage distinct des autres sujets du roi ; il avait des privilèges, des droits, des armoiries, une justice, un costume différent, il portait l'épée, des habits galonnés, un chapeau à plumes, il avait un château et sur le château une girouette, signe de sa puissance. Il était le seigneur de sa paroisse ou de son village.

Or, cet homme, ce noble, où est-il ? je ne le trouve nulle part dans la société moderne, en France du moins. Il a été *exterminé.* Les descendants des anciens nobles existent, mais ils sont de simples *citoyens.* Toute leur noblesse est intrinsèque,

Je dirai plus tard : *Extermination du clergé* et je dirai vrai. Avant la Révolution, le clergé, comme la noblesse, formait un corps particulier dans l'Etat. Ce corps, cet ordre existe-t-il maintenant ? Non. Il a été anéanti, *exterminé*. Il y a peut-être des clercs, il n'y a plus de clergé.

Et même y a-t-il des clercs, des prêtres ? Aux yeux de l'Etat moderne, issu de la Révolution, il n'y en a pas. Celui que l'Eglise catholique appelle prêtre, l'Etat athée ne le considère que comme un simple citoyen, un fonctionnaire, et pas comme une personne ayant un caractère sacré.

LETTRE A L'AUTEUR

VERSAILLES, *5 Août 1895.*

« Monsieur l'Abbé,

« J'ai lu avec le plus grand intérêt, les deux premiers volumes de votre *Histoire de la Révolution en Auvergne*, que ma mère m'a envoyés.

« Je sais que vous n'aimez pas les compliments ; je ne peux cependant pas vous dire, pour vous faire plaisir, que votre livre est mauvais, alors que je le tiens pour un des meilleurs, sinon, le meilleur livre d'histoire provinciale que j'ai rencontré ; vos jugements sur cette période agitée sont justes et sains. Ils ne concordent pas avec les légendes qu'on nous a faites au lycée, parce que depuis cette époque, tout ce qui a peu ou prou trempé dans la Révolution, princes, grands ou petits, a eu intérêt à créer ou fortifier la légende, afin de maintenir tout ou partie des principes révolutionnaires. Dans cinquante ans, si personne n'a plus intérêt à soutenir la légende, elle tombera et les idées générales de votre livre seront acceptées.

« Vous avez eu l'heureuse idée dans les premiers chapitres de votre ouvrage, de définir la situation administrative, judiciaire, etc. du pays, et vous avez fourni ainsi au lecteur, des données indispensables et qu'il ignore généralement. Je parie bien, que dans le Cantal, hormi quatre ou cinq érudits, tous vos autres lecteurs, ont, sur ces points, sur les droits seigneuriaux, et la manière dont ils étaient exercés, les idées les plus vagues. J'ai trouvé le livre si intéressant que je l'ai fait lire à M. le marquis de la Ronzière...

« Agréez...

« Baron d'USSEL. »

HISTOIRE
DE LA RÉVOLUTION
EN AUVERGNE

CHAPITRE Ier

EXTERMINATION DE LA NOBLESSE DE SALERS. — PREMIÈRES ATTAQUES.

La marée montante des flots révolutionnaires n'allait pas seulement frapper les murs des châteaux isolés dans les campagnes, sur les hauteurs, mais encore elle battait en brèche les maisons seigneuriales des villes. Ici comme là, la démagogie fatiguait les nobles de ses tracasseries haineuses, les pourchassait avec acharnement, les assiégeait à main armée.

Les administrations, aussi bien que les sans-culottes du voisinage, ne leur laissaient aucun repos. Dans tous les actes publics, dans tous les incidents de la vie, en toutes circonstances, la noblesse était traitée en ennemie. On l'éloignait de toutes les fonctions sociales, de tous les postes. C'était partout une malveillance raffinée, une volonté obstinée de la vexer, de l'opprimer, de l'anéantir. Partout des coups d'épingles et même des coups de poignard. On la surveillait, on la tourmentait jusque dans sa vie intime ; on lui enlevait la faculté d'aller et de venir ; elle était claquemurée dans ses maisons et, si elle s'échappait, on la poursuivait à coup de fusil ; une fois partie, on confisquait ses biens.

C'est là l'histoire de la noblesse de Salers.

Salers, petite ville d'environ douze cents habitants, bâtie sur un roc basaltique, en pleines montagnes, avec ses maisons en amphithéâtre, ses portes ogivales, ses clochetons aigus, offre un aspect qui vous plaît et vous transporte au moyen âge.

Là, au commencement de la Révolution, brillait une noblesse nombreuse : les familles de Raffin, de Roquemaurel, de Chazettes de Bargues, de Laronade, de Pons-la-Bastide, de Longevialle, de Peyral de Jugeals, de Ferrière-Sauvebœuf, etc., donnaient au pays le spectacle d'une fière aristocratie, laquelle, mêlée aux magistrats du Bailliage, faisait de Salers une ville brillante, un centre d'affaires considérable.

La famille de Raffin de La Raffinie était représentée, en 1789, par deux frères : Pierre-Gabriel aîné, garde de corps du roi, et Jean-Marie, époux de Marie-Isabeau Lescurier de Fournol.

Les de Roquemaurel avaient pour chef, à cette époque, le comte Jean-Claude Lanoaille de Roquemaurel. Quatre membres de cette famille sont portés sur la liste des émigrés du Cantal; l'un d'eux signa l'acte de coalition de la noblesse d'Auvergne. La comtesse de Roquemaurel était une demoiselle de Peyral de Jugeals.

Les de Peyral de Jugeals étaient seigneurs de Jugeals en Limousin, de Saint-Illide et de Saint-Cernin en Haute-Auvergne. Un membre de cette famille signa l'acte de coalition de la noblesse d'Auvergne; trois autres, possessionnés dans la Corrèze, sont portés sur la liste des émigrés de ce département.

La famille de Chazette de Bargues était représentée par Anne de Pons-Lachau, veuve de Bargues, et ses quatre enfants : Thérèse, Marguerite, veuve Laserre, Antoine, ancien officier, époux de mademoiselle Espinasse, et autre Antoine, officier dans l'armée depuis plus de vingt ans. Ce dernier est porté sur la liste des émigrés du Cantal.

Sur cette même liste sont inscrits Charles-Henri Pons de La Bastide, ci-devant garde de corps, et Jean-Sébastien, chevalier de Longevialle, également ci-devant garde de corps, tous les deux possessionnés à Salers.

Les de Laronade occupèrent, pendant plus d'un

siècle, les premières charges du Bailliage de Salers, telles que celles de lieutenant-général et de lieutenant-particulier.

Le comte Antoine-André de Laronade, capitaine au régiment de Flandre, avait épousé, à Barcelone, en 1764, dona Marguerite de Tournier, demoiselle espagnole. Quand vint la tourmente révolutionnaire, le comte de Laronade était mort. Il laissait une veuve et deux enfants, Louis et Antoine, qui tous deux émigrèrent.

Madame la comtesse, veuve de Laronade, jouissait à Salers d'une excellente réputation ; elle l'avait acquise par ses vertus et ses qualités naturelles. Les douleurs que lui apporta la Révolution ne firent que rehausser l'éclat de sa noblesse et la beauté de son caractère, tout en la préparant à une tragique immolation.

La famille de Ferrière-Sauvebœuf habitait le château de Leybros, dans la paroisse de Saint-Bonnet de Salers et avait son tombeau dans l'église de ce lieu. Son chef, en 1789, était François de Ferrière, marquis de Sauvebœuf, seigneur de Saint-Bonnet, capitaine dans le régiment d'Artois-cavalerie. Ce seigneur, quelque temps avant la Révolution, avait vendu Leybros à M. Tissandier d'Escoût, et depuis il habitait plus fréquemment sa propriété d'Arnac, paroisse de Nonnars en Limousin. Il avait une fille, Gabrielle-

Marguerite, qui était religieuse au couvent de Coyrou, près d'Obazine, entre Tulle et Brive. Chassée de son couvent elle vint chercher asile à Salers auprès de Louise-Hélène de Ferrière, plus connue sous le nom de Madame de Saint-Bonnet, qui, sans doute, était sa tante.

On trouve encore, résident à Salers pendant la période révolutionnaire, un autre membre de la même famille. Léonarde de Ferrière de Sauvebœuf. Ces trois dames de Sauvebœuf furent longtemps retenues pendant la Terreur dans les prisons de Salers et de Mauriac.

Le marquis de Sauvebœuf est porté sur la liste des émigrés du Cantal.

Avant la Révolution, la noblesse et la bourgeoisie de Salers vivaient en bonne intelligence et contractaient entre elles des alliances fréquentes. La Révolution détruisit cette harmonie et alluma entre ces deux classes une guerre d'extermination, dans laquelle la noblesse succomba.

Sans doute l'esprit révolutionnaire pénétra difficilement dans la tête des populations paisibles et chrétiennes de cette contrée montagneuse, mais il pénétra enfin, et l'on vit bientôt apparaître quelques-unes de ces personnalités funestes qui sont le déshonneur et le malheur d'un pays. Nommons tout de suite Salsac et les deux frères Valette. Ils n'étaient pas les seuls, mais ils marchaient à la tête de cette bande de fripons qui, pendant cinq ans, terrorisa Salers et le pays.

De bonne heure, les citoyens honnêtes, les paisibles paysans, les nobles, les prêtres, furent en butte aux espionnages, aux dénonciations, aux rapines de ces scélérats qui mettaient la main dans le sac et qui bientôt la mirent dans le sang. La première municipalité de Salers, nommée d'après les lois nouvelles, était composée d'hommes modérés, ennemis des violences et des emportements ; mais bientôt, poussée, excitée par les têtes chaudes du pays, elle s'imprégna du virus révolutionnaire et prit vis à vis de la noblesse et du clergé une attitude hostile.

Les nobles sont chassés de toutes les fonctions publiques. M. de Raffin était maire de Salers ; c'était un noble, il dut se retirer en janvier 1791 et céder sa place au citoyen Guillaume Rongier, notaire, qui n'était pas de la noblesse celui-là, mais homme des idées nouvelles. Il administra la commune de Salers pendant quatre ans, durant la crise aiguë de l'ère révolutionnaire.

M. de Roquemaurel avait été élu chef de la garde nationale lorsqu'elle fut organisée. Il donna sa démission, dégoûté des mauvais procédés dont il était l'objet.

Le nouveau tribunal du District de Mauriac, séant à Salers, fut installé le 4 janvier 1791. Les juges étaient :

Lescurier, lieutenant-général du ci-devant Bailliage et député à l'Assemblée nationale, président.

Charles Demurat, de Menet, qui, peu de temps après, se démit et fut remplacé par Paulin Duclaux, second juge.

Nicolas Mirande, de Mauriac, troisième juge.

Joseph Mailhes, de Salers, quatrième juge.

François Pons, de Salers, cinquième juge.

Delzangle, de Faussange, commissaire du roi.

Jacques Gaubert Dolivier, accusateur public provisoire.

Raymond Basset, greffier.

Dans ce nombre, on le voit, ne paraît aucun membre de la noblesse de Salers. C'était une tactique, il fallait éliminer de la société cette classe d'hommes. L'installation de ces juges fut le dernier acte de M. de Raffin comme maire.

Non seulement on éloigne les nobles de toute fonction publique, mais encore on surveille leur conduite, on suspecte leurs intentions, on leur prête des desseins perfides.

Dans la séance du 22 janvier 1791, un membre du conseil municicipal donne lecture d'une lettre du Directoire de Mauriac, datée du 19 décembre 1790 (1), laquelle ordonne aux autorités de Salers de surveiller

(1) Voir cette lettre aux Pièces justificatives n° 1.

les ci-devant nobles et autres personnes suspectes. » Désormais donc, que les nobles se tiennent sur leurs gardes ; ils sont avertis ; la malveillance les a signalés ; l'envie les couvre de ses convoitises.

Le même jour on fait lecture d'une autre lettre du Directoire de Mauriac par laquelle les administrateurs du District demandent les noms, prénoms, l'âge des nobles de Salers, le jour de leur départ, ainsi que les propos qu'ils ont tenus ou qu'ils tiennent (1).

Le lendemain, 23 janvier, le conseil municipal de Salers répond au Directoire de Mauriac « qu'à la vérité, des bruits de contre-révolution se sont répandus à Salers, mais qu'ils n'ont pas eu d'écho, qu'il n'y a pas eu de départ de nobles, ni mouvement anti-révolutionnaire de leur part ; que M. de Laronade, encore mineur, et madame sa mère et tutrice, s'étaient absentés, mais qu'ils sont rentrés depuis quelques jours dans leur maison d'où ils ne se sont plus absentés, pas plus que M. de Laronade aîné (2). »

Le surlendemain, 25 janvier. Rongier, maire, fait porter, par son conseil municipal, un arrêté qui ordonne aux nobles de faire disparaître leurs armoiries que l'on voit à l'extérieur de leurs maisons ou qui se trouvent dans les églises, les chapelles et autres lieux publics.

(1) Voir cette lettre aux Pièces justificatives n° 1.
(2) Registre de la municipalité de Salers.

M. de Raffin refuse de faire effacer ses armoiries qui existent dans la chapelle de Notre-Dame de Lorette, disant que c'est une chapelle domestique, appartenant à sa famille. M. de Roquemaurel refuse également de détruire les armoiries qui sont dans l'église paroissiale, où elles avaient été placées par M. Mathieu de Mathieu, oncle de sa femme, curé de la ville.

Plusieurs autres refusèrent sous divers prétextes.

Quelque peu décontenancée par cette résistance, la municipalité de Salers consulte le Directoire du District ; celui-ci répond que la loi doit avoir son plein effet à Salers comme partout ailleurs.

Malgré ces arrêtés, en plusieurs endroits de la ville, les armoiries restèrent intactes. Les nobles font les récalcitrants, on saura bien les réduire ; on brisera leurs amoiries, on dévalisera leurs châteaux, on coupera la tête à quelques-uns.

Au secours de la municipalité en lutte avec la noblesse et aussi avec le clergé, comme nous le dirons ailleurs, accourent les exaltés de Salers. Par acte signé le 2 février 1791 et approuvé par la municipalité le 4 du même mois, ils se constituent en société, dite des *Amis de la Constitution*. Ce fut là un nouvel attirail de guerre. Ces amis de la Constitution, bientôt renforcés par le *Comité de surveillance* et ayant à leur disposition la garde nationale disposée à tout faire, ne montrent pas peu d'ardeur à faire exécuter les lois de proscription contre les nobles et les prêtres.

Ainsi peu à peu la ville de Salers change de face, elle subit bon gré mal gré les idées nouvelles, se divise en deux camps : celui des révolutionnaires et celui des aristocrates. En février on exige des prêtres un serment schismatique ; ils le refusent tous ; dès lors ils sont poursuivis, chassés de leurs églises, hués dans les chemins, claquemurés dans leurs maisons ; de même que les nobles, ils disparaissent de la vie publique.

Le peuple gémissait de cet état de choses ; il ne manquait jamais l'occasion de donner des preuves de son mécontentement et de son aversion.

Dans la nuit du 2 au 3 juin 1791, des gardes nationaux, qui passaient dans la ville, faillirent être assommés à coups de pierres. Furieux, les sans-culottes soulevèrent ciel et terre pour découvrir les coupables ; ne pouvant y parvenir et pour se venger, ils font porter un arrêté qui ordonne aux nobles de monter la garde pendant la nuit.

Offensés de ce qu'ils avaient été chassés de toutes les administrations et des procédés déloyaux qu'on a pour eux, les nobles refusent la corvée qu'on veut leur imposer. Le comte de Roquemaurel donne pour raison de son refus « qu'il s'était purgé le matin » ; M. de Raffin cadet « dit que lorsqu'on avait nommé les officiers de la garde nationale, il n'avait été appelé en rien et qu'il se laisserait plutôt écorcher que de monter la garde. »

De Bargues, Pons de La Bastide, le chevalier de Longevialle répondent par écrit « qu'ils ne monteront pas la garde, parce qu'ils ne font pas partie de la garde nationale, où ils n'avaient pas été admis, la municipalité ne s'étant pas souciée de leur offre de service. »

De Raffin aîné, de Laronade, Bertrandy cadet, donnent aussi les raisons de leur refus.

A la nouvelle de ce refus général, le procureur de la commune, dans un discours violent, en pleine séance, demande que les refusants, ces vils aristocrates, soient rayés de la liste des citoyens actifs. Cette motion est transformée en arrêté et l'arrêté est mis en exécution.

Lorsque le roi, voyant sa vie menacée, s'échappa de Paris dans la nuit du 20 au 21 juin 1791, la fureur contre les nobles fut à son comble, à Salers comme dans toute la France. On les accusait d'avoir voulu faire évader le roi pour faire la contre-révolution et ramener l'ancien régime. Ils furent partout déclarés suspects et désarmés.

A Salers, la municipalité, dans la séance du 26 juin, porta un arrêté qui ordonnait le désarmement de tous les ci-devant nobles du pays.

En effet, le procureur de la commune, suivi de

quelques agents, fait une tournée dans la ville, pénètre dans les maisons des nobles et enlève fusils, sabres, épées, poudre, tout ce qu'il trouve d'armes et de munitions ; il fait même enlever les girouettes qui flottaient sur les tourelles.

Ainsi traitée, accablée d'outrages, menacée de mort, la noblesse de Salers est à bout de patience ; la vie n'est plus tenable, le séjour de Salers impossible. Alors commença l'émigration. Les nobles du pays disparurent les uns après les autres. Voici les noms des membres de la noblesse de Salers et des paroisses voisines qui sont portés sur la liste des émigrés du Cantal :

1. — Louis-André de Laronade.

2. — Antoine-André de Laronade.

3. — Bertrandy-Antoine, fils.

4. — Jean-Sébastien de Longevialle.

5. — Antoine de Chazettes de Bargues, cadet.

6. — Charles Delmas, chevalier.

7. — Charles-Henri Pons de La Bastide.

8. — Jean-Claude Lanoaille de Roquemaurel.

9. — Gabriel de Raffin.

10. — Jean-Marie de Raffin, celui-ci n'est pas porté sur la liste, mais il est certain qu'il émigra.

11. — François de Ferrière de Sauvebœuf.

12. — Joachim Nicolas de La Farge de La Pierre, paroisse de Saint-Paul de Salers.

13. — Jean-Baptiste-Claire de Montclar, d'Anglard.

14. — Gabriel-Barthélemy-Jean-Antoine Salvage de Lamargé, de Fontanges.

Ces trois derniers n'étaient pas domiciliés dans la commune de Salers, mais dans les paroisses voisines.

Les de La Farge étaient seigneurs de la Pierre et de Récusset dans la paroisse de Saint-Paul. Jean-Elie de La Farge de La Pierre, épousa en 1762 Marguerite de Longevialle, fille d'Antoine de Longevialle et de Marguerite Bardet de Burc. Ces époux avaient dix enfants, dont six garçons ; l'aîné avait 23 ans, le second, Joachim-Nicolas, avait 21 ans ; c'est celui-ci qui émigra, les autres étaient plus jeunes.

Nous avons fait ailleurs l'histoire de la famille de Montclar. La famille de Lamargé, de Fontanges, était représentée, en 1789, par Gabriel Barthélemy Salvage de Lamargé, conseiller à la cour des aides de Clermont. Il émigra, signa l'acte de coalition de la noblesse d'Auvergne, servit dans l'armée de Condé, rentra en France en 1800, et reçut la croix de Saint-Louis en 1814.

CHAPITRE II

CONFISCATION DES BIENS DE LA NOBLESSE DE SALERS. — LA BANDE DE DELZON. — VENTE DU MOBILIER. — UN PRÉTENDU DIVORCE.

Après avoir forcé, par toutes sortes de procédés violents, les nobles à sortir de France, on les dépouillait de leurs biens. La noblesse de Salers eut le sort commun. Dabord ses propriétés, maisons et domaines, furent séquestrées et vendues. Voici les familles dont les propriétés sont portées sur la liste des biens des émigrés, en ces termes :

Charles-Henri Pons de La Bastide possède, à Salers, une maison, un jardin et deux prés; un domaine à Récusset, commune de Saint-Paul, et deux domaines dans la commune de Saint-Bonnet.

Gabriel de Raffin de La Raffinie, l'aîné, possède à Salers une maison et un domaine; un domaine dans la commune de Saint-Bonnet; un autre dans la commune de Fontanges, et un autre appelé Mont, dans la commune de Saint-Remy.

La famille de Laronade possède, à Salers, deux maisons, deux jardins, deux prés et l'enclos appelé Laborie; puis un domaine à Montclar, commune d'Anglard; le domaine de Peu, à Saint-Martin-Valmeroux; celui d'Apcher, à Saint-Paul; celui de Maurio, près de Salers, et celui de Verg, à Fontanges.

Jacques-Sébastien de Longevialle possède à Salers une maison, et à Fontanges une montagne.

Le comte de Roquemaurel possède à Salers deux maisons, à Saint-Projet un domaine et une montagne, dans la commune d'Ytrac, un domaine au village d'Espinassol, à Saint-Vincent, le domaine de Chambon et à Saint-Paul, le domaine de Malrieu.

Antoine de Bargues, cadet, possède à Salers une maison, et à Noux, commune d'Anglard, un domaine avec la montagne appelée Pierrou.

Charles Delmas possède à Anglard le domaine de Pel.

Salvage de Lamargé possède à Fontanges une maison avec enclos, et les domaines de Lamargé et de la Roche, dans la commune de Saint-Projet.

Toutes ces propriétés furent vendues, en grande partie du moins.

En même temps que la nation vendait les châteaux et les domaines des nobles, elle faisait enlever par des bandes de gardes nationaux, ou de volontaires armés, les chariots, les voitures, les chevaux, les armes, sous prétexte d'approvisionner l'armée. Ces bandes parcouraient le pays et faisaient main-basse sur tout ce qui leur convenait chez les émigrés et chez les suspects.

Voici à ce sujet un document précieux :

« Séance du 21 août 1792. Les officiers municipaux de Salers, en permanence à la maison commune, instruits par plusieurs citoyens de cette ville, autour des dix heures du matin, qu'un nombre considérable d'hommes se rendaient en cette ville, qu'ils étaient entrés dans le faubourg et s'acheminaient vers la place publique, le maire et un officier municipal ont été priés par l'assemblée de se rendre au devant d'eux et, s'étant rendus en écharpe sur la place publique, ils ont aperçu un détachement d'hommes armés de sabres et de fusils, dont partie se sont mis en sentinelle au devant de la porte de l'arsenal de cette commune et d'autres au devant des maisons Dufayet, Sauvage-Despradel, Espinasse et Demathieu. Ayant arrêté la marche de cette troupe, M. le maire aurait demandé à l'un d'eux ce qu'ils étaient, et par quel ordre ils se rendaient en cette ville ; à quoi il lui aurait été répondu qu'il ne commandait pas le détachement et qu'il allait en prévenir le commandant. L'ayant chargé de le prévenir et de se rendre de suite en la maison commune, où M. le maire et l'officier municipal se sont rendus, y est à l'instant comparu le commandant qui a dit s'appeler Delzon, habitant de la ville d'Aurillac, et sur la même interpellation à lui faite, il a dit commander un détachement du bataillon des volontaires du Cantal et être chargé de se rendre en cette ville par une autorité supérieure à l'effet de prendre les chariots, voitures et chevaux des émigrés, et ayant fait instruire la municipalité que le détachement séjournerait en cette ville, il a été de suite distribué des billets de logement pour cent dix hommes et ont les officiers municipaux signé : Rongier, maire ; Lescurier, Claux, Basset, Raboisson, secrétaire (1). »

Voilà donc un détachement de cent dix volontaires qui parcourt le pays et tombe sur Salers à l'improviste, sans prévenir les autorités locales, mange, boit chez les particuliers pendant trois jours, enlève chariots, voitures, chevaux, sans éprouver aucune résistance de la part de la population, rendue muette et immobile par la terreur.

Et ce ne sont pas seulement les maisons des nobles qui sont pillées, mais encore celles des prêtres, car les sieurs Dufayet, Sauvage-Despradel, Espinasse et Demathieu, dont les demeures furent cernées par ladite bande, étaient des prêtres.

Qu'on veuille bien remarquer encore que la troupe

(1) Registre des délibérations de la municipalité de Salers.

ne se contente pas de s'emparer des chariots, des voitures et des chevaux des nobles, mais encore de ceux des personnes suspectes, quoique non émigrées, témoin M. de Lur-Saluces, marquis de Drugeac, auquel la bande enlève deux chevaux, à son insu, dans sa propre écurie de Salers. Le marquis de Saluces fit le lendemain des plaintes au conseil municipal, et celui-ci des réclamations à M. Delzon.

« Les officiers municipaux en permanence, dit le procès-verbal de la séance du 23 août 1792, prévenus de la part de Lur-Saluces que certains soldats dudit détachement avaient pris dans son écurie deux chevaux à lui appartenant, ont mandé l'officier commandant pour lui faire part de leur surprise au sujet de la conduite de certains soldats, attendu que ledit sieur Saluces n'a pas émigré, puisqu'il avait fait un séjour permanant soit en sa maison de Drugeac, soit en cette ville. En conséquence l'avons chargé de faire rendre de suite lesdits chevaux. Mais sur l'observation faite par le sieur Vidal, capitaine, qu'ils avaient trouvé dans un bâtiment du sieur Raffin un cabriolet, et dans une basse-cour du sieur Chazette un chariot appartenant au sieur Roquemaurel, ils s'en étaient saisis, et qu'ayant besoin de chevaux pour les emmener à Aurillac, ils allaient prier le sieur Saluces de leur prêter sesdits chevaux, ce qu'ayant fait, ce dernier avait consenti que ses chevaux fussent conduits à

Aurillac, à la charge de lui être renvoyés de suite.

« Le sieur Delzon, commandant, à annoncé aux officiers municipaux que le détachement se proposait de partir de suite de cette ville pour se rendre en celle de Mauriac, de tout quoi a été dressé procès-verbal le jour et an que dessus, le quatrième de la liberté ; signé : Rongier, maire. »

On le voit, les chevaux de M. de Saluces avaient été enlevés préalablement à toute demande, à tout consentement. Ce ne fut que sur les plaintes de l'ex-marquis et les observations de la municipalité que les volontaires du Cantal demandèrent l'autorisation d'emmener les chevaux. M. de Saluces y consentit ; il se serait bien gardé de refuser. C'était donc le brigandage armé. Delzon, avec sa bande, parcourut le district de Mauriac, s'emparant des voitures, des mulets et des chevaux qu'il emmena à Aurillac.

Les volontaires étaient logés et nourris chez les particuliers des localités qu'ils visitaient, mais les frais de route leur étaient payés. « Pour dépenses relatives à la conduite desdits chevaux depuis les lieux où ils ont été pris dans le District de Mauriac jusqu'au chef-lieu du département, l'assemblée départementale a alloué à Alexis Delzon la somme de soixante-trois livres (1). »

(1) Procès-verbal de l'Assemblée départementale de 1792.

La spoliation des émigrés ne s'arrêtait pas là. On posait les scellés sur leur mobilier, puis on le vendait à l'encan. Les riches tapisseries, les vases de porcelaine, les tableaux, les bibliothèques, les batteries de cuisines, les lits, le linge, l'argenterie, tout était arraché, mêlé, pillé, gaspillé, jeté par les fenêtres, dépareillé, vendu morceau à l'un, morceau à l'autre. Dans ces ventes à l'encan, les mains crochues jouaient un grand rôle, il y avait de tout monde : le voleur volait, le filou escamotait, le brutal saccageait.

Avant la pose des scellés, les familles des émigrés parvenaient parfois à soustraire à la rapacité administrative quelque débris du mobilier des nobles et des prêtres disparus. Mais souvent le mobilier était retrouvé et les recéleurs étaient condamnés à la prison. Voici sur ce point des détails intéressants :

C'était dans les premiers jours du mois de mai 1794; Antoine Détony, marchand à Salers, fut, sans doute parce qu'il n'était pas assez patriote, écroué à la maison d'arrêt par ordre du *comité de surveillance*. Jeanne Marie Lacombe, femme de Delzangles, cordonnier, et dont Détony était le parâtre, voyant celui-ci mis sous les verroux, se mit à crier et à faire du tapage à la porte de la prison. Le concierge, François Barthélemy, porta plainte et le conseil de la commune ordonna l'arrestation de Marie Lacombe. Poursuivie par un peloton de gardes nationaux, celle-ci se cacha dans la maison de

Détony. Le peloton arrive et trouve la femme blottie dans un coffre. Tout en cherchant la femme, les gardes nationaux découvrent, dans un lit, deux sacs cousus. Ces deux sacs cousus avaient une mine un peu suspecte. On saisit le tout ; on porte les sacs à la mairie et on conduit la femme à la prison.

A la mairie on éventre les sacs ; l'un contenait cent cinquante serviettes fines ; l'autre, soixante-deux chemises et vingt-six cols en mousseline. Enquête faite, il fut constaté que ce linge appartenait à madame de Roquemaurel dont le mari avait émigré et qui était elle-même en prison. Sa servante, nommée Lacase, partant pour Aurillac, avait caché le linge dans la maison de Mathieu, alliée à la famille de Roquemaurel. La dame de Mathieu ayant apris que des perquisitions allaient être faites chez elle, fit disparaître les sacs et les confia à Catherine Lacombe, sœur de Marie Lacombe, qui alla les cacher chez Détony. C'est là qu'ils furent découverts. Les deux sœurs Lacombe et Madame de Mathieu furent citées devant le juge de paix qui les condamna à la prison comme recéleuses de mobilier d'émigrés. Ainsi rien n'échappait à la voracité des révolutionnaires.

Autre fait :

Quelques mois plus tard, en juillet 1794, Salvy, de Fontanges et Bertrandy, de Saint-Martin, commissaires nommés par le Directoire du District pour poser les scellés sur le mobilier des reclus et des émigrés, en fouillant, cherchant dans toute la ville, découvrirent dans la maison de Marie Lambert, veuve Lacase, aubergiste à Salers, une armoire pleine de linge ; ils prétendirent que ce linge appartenait à M. de Roquemaurel, émigré, et posèrent les scellés sur l'armoire. La veuve Lacase fut mise en arrestation dans sa propre maison, avec défense d'en sortir, et le mobilier fut confisqué.

Voici un autre fait non moins odieux :

Aucun membre de la famille de Mathieu n'avait émigré, mais la nièce des dames de Mathieu, Mlle Peyral de Jugeals, avait épousé M. de Roquemaurel, et celui-ci était sorti de France. C'était assez. Tout le mobilier de la maison de Mathieu, même celui qui n'appartenait pas à madame de Roquemaurel, fut mis sous les scellés et déclaré bien national.

La vente aux enchères de ce mobilier avait déjà commencé, lorsque Marguerite de Mathieu du Chambon, une des tantes de madame de Roquemaurel, y mit opposition, disant avec justice qu'on pouvait à la vérité se saisir du mobilier appartenant à la dame de M. de Roquemaurel, émigré, mais qu'il était de toute injustice de se saisir du mobilier de la famille de Mathieu. Voici la requête qu'elle adressa à ce sujet au Directoire du District de Mauriac :

« Aux citoyens administrateurs du District de

Mauriac : Marguerite Mathieu, âgée de plus de cinquante ans, domiciliée de la commune de Salers, vous expose qu'elle a toujours résidé dans la maison dépendante de la succession de feu Jean-Joseph Mathieu son père, dont la propriété lui appartient par indevis avec Catherine Mathieu, sa sœur, et la Peyral-Jugeals, leur nièce, épouse Roquemaurel. L'émigration de ce dernier a mis les autorités constituées dans le cas de faire procéder à l'apposition des scellés, inventaire et estimation de tout le mobilier qui était dans cette maison meublée et garnie en grande partie des meubles et effets dépendant de la succession de feu Mathieu son père. Les mêmes scellés ont été apposés sur les hardes, nippes et autres objets appartenant à l'exposante, et notamment sur le linge et effets qui lui sont parvenus d'après le décès de ses deux oncles, ci-devant curé de Salers et doyen de Saint-Chamant.

« La vente de tout le mobilier contenu dans cette maison a été annoncée et publiée. L'exposante se croit en droit de s'y opposer et de demander : 1° la distraction de son garde-robe contenant ses hardes et linges ; 2° celle de la portion de linge et effets provenant de la succession de ses deux oncles ; 3° sa part et portion que les lois lui assurent sur le mobilier et succession de feu son père.

« Elle sait que tous les biens des émigrés doivent être vendus au profit de la nation ; mais lesdites tantes d'une fille qui a eu le malheur d'épouser un émigré, ne doivent point être victimes d'une émigration qu'elles ont ignorée et qu'elles n'ont pu empêcher. D'après ces considérations, l'exposante ose espérer qu'en la recevant opposante à la vente de sa garderobe et effets à elle appartenant, il sera par vous ordonné qu'il lui en sera fait distraction et délivrance, qu'elle lui sera également faite de sa portion afférente dans le mobilier et dans tous les autres biens de ses auteurs et qu'il sera provisoirement sursis auxdites ventes ; la justice et l'équité vous en sollicitent. Signé : Mathieu. »

Le District de Mauriac envoya cette pétition à la municipalité de Salers et lui demanda son avis. La municipalité attesta que tout ce qui est contenu dans ladite requête était exact et vrai. Marguerite Mathieu obtint-elle justice ? C'est douteux.

Tous les faits racontés dans ce chapitre sont consignés dans le cahier des délibérations de la municipalité de Salers, et par conséquent ils sont d'une authenticité inattaquable. Nous avons donc là une preuve évidente de la rapacité des républicains de cette triste époque. C'était un trafic monstrueux de la liberté, des biens et de la vie des citoyens. Et non seulement la démagogie révolutionnaire exerçait ses ravages sur les biens et la liberté des honnêtes gens, elle pesait encore sur les âmes, sur les consciences et leur arrachait des actes coupables. Voici un fait étrange ; je copie textuellement :

« Séance du 8 nivose an III (28 décembre 1793). Marie-Isabeau Lescurier-Fournol, attendu son indisposition, a fait inviter les officiers municipaux de se rendre dans sa maison, à quoi adhérant, elle a déclaré qu'elle avait convolé en secondes noces avec Jean Marie Laraffinie cadet, dans la vue de passer des jours que l'hymen assure à des conjoints que l'amitié unit ; qu'ayant vécu dans cette union pendant l'espace de deux ans, il était provenu de leur union conjugale deux filles ; que ledit Laraffinie, sans doute entraîné par de belles promesses, oubliant l'amitié et la tendresse qu'il devait avoir pour la comparante et leurs enfants, les abandonna à l'époque du 3 octobre 1791 et émigra, au point que la comparante n'en a plus su de nouvelles, mais comme d'après la loi de la Convention nationale la comparante est autorisée à faire divorce avec lui, elle déclare que c'est là sa véritable intention de laquelle elle a requis acte.

« En conséquence la municipalité sur ce, ouï l'agent national, en donnant acte à ladite Lescurier de sa comparution et dires ; attendu qu'il est notoire, d'après l'attestation des citoyens Raymond Claux, officier de santé, âgé de 27 ans, Antoine Salvage, juge de paix, âgé de 32 ans, Antoine Revel, marchand, âgé de

26 ans, François Dufayet, aussi marchand, âgé de 40 ans, Jean Rey, huissier, âgé de 46 ans, Jean Rongier fils, âgé de 22 ans, Léonard Rey, marchand, âgé de 52 ans et Jean Peuch aîné, maçon, âgé de 50 ans, tous habitants de cette commune, que ledit Jean-Marie Laraffinie a abandonné ladite Lescurier, depuis le mois d'octobre 1791, époque à laquelle il s'est émigré et qu'il n'a plus paru dans cette commune, que l'émigration dudit Laraffinie ne peut-être révoquée en doute, puisque ses effets ont été saisis, que ladite Lescurier et ses enfants sont sans ressources pour subsister et qu'il serait affligeant pour ladite Lescurier de demeurer plus longtemps l'épouse d'un ennemi de la patrie, mis hors la loi, arrête qu'elle autorise ladite Lescurier à se pourvoir devant l'officier public pour faire prononcer son divorce en conformité des décrets, et ont les officiers municipaux signé avec ladite Lescurier : Rongier, maire, Rey, Lescurier, etc. »

Cet acte, arraché à madame de Raffin par les circonstances malheureuses où elle se trouvait et par l'espoir de sauver ses propriétés, n'était pas sincère, mais feint et apparent. Dix-sept mois après, quand la Terreur fut moins forte, cette dame se hâta de rétracter cet acte en même temps qu'un serment qu'on avait exigé d'elle. Voici en effet la lettre qu'elle écrivit à la municipalité de Salers et qui fut envoyée au Directoire du District de Mauriac :

« Le 10 juin 1795. Ayant paru devant Musset, représentant du peuple, n'ayant pas l'intention de faire le serment, je n'ai pas levé la main ; mais comme je suis présumée l'avoir fait, je déclare, pour réparer le scandale, que mon intention n'est pas de l'étendre à ce qu'il renferme de contraire à la religion catholique, apostolique et romaine, que je veux professer jusqu'au dernier soupir de ma vie. L'acte de divorce, que j'ai fait, qui, quoique de ma part, *n'était qu'extérieur,* est cependant contraire à l'Evangile ; je le rétracte donc aujourd'hui et en demande pardon à Dieu que j'ai offensé, à l'Eglise que j'ai affligée et aux fidèles que j'ai scandalisés. Signé : Lescurier-Laraffinie (1). »

C'est ainsi que la Révolution agissait sur les esprits, qu'elle torturait les âmes par une pression morale, désastreuse et leur arrachait des actes illicites, des serments impies, en leur inspirant une frayeur qui ne leur laissait pas la liberté d'esprit.

(1) Archives de Salers.

CHAPITRE III

EMPRISONNEMENT DES FAMILLES NOBLES DE SALERS. — LEUR MISE EN LIBERTÉ. — Mme DE ROQUEMAUREL.

La guerre à la noblesse était implacable. La Révolution chasse les nobles de toutes les charges et fonctions; elle les force à quitter leurs demeures et leur patrie ; elle pille ou brûle leurs châteaux ; elle détruit leurs titres, elle s'empare de leurs biens et les vend ; elle impose à leurs familles l'équipement de deux militaires par chaque émigré. Est-ce assez ? Non. Elle déclare leurs familles suspectes et les fait emprisonner.

A Salers, tous les membres de la noblesse, qui n'avaient pas émigré furent déclarés suspects et incarcérés, et c'est le registre des délibérations municipales lui-même qui le constate avec quelques autres documents. Ils furent d'abord consignés dans leurs propres maisons, puis enfermés dans les prisons du District. Voici les noms des incarcérés que nous avons relevés : Mme de Bargues, mère, veuve, née de Pons-Lachau ; Antoine de Bargues, fils aîné, dont le frère cadet avait émigré; Mme Antoine de Bargues, née de Lespinasse; Marguerite de Bargues, sœur d'Antoine, veuve Laserre; Thérèse de Bargues, dite Laborie, autre sœur d'Antoine; Pierre Bertrandy-Barmonteil, allié à la famille de Bargues; Mme Bertrandy-Barmonteil, née de Bargues; François Bertrandy, avec son frère et ses deux sœurs, fils et filles de Bertrandy-Barmonteil; Mme de Longevialle, née de Burc, mère de Sébastien de Longevialle; Mme de Raffin, cadet, née Lescurier; Louise-Hélène de Ferrière de Sauvebœuf, dite de Saint-Bonnet; Gabrielle-Marguerite de Ferrière de Sauvebœuf, religieuse; Léonarde de Ferrière de Sauvebœuf; Mme la comtesse de Roquemaurel; M. d'Olivier.

Voici les arrêtés qui condamnent à la prison plusieurs des personnes que je viens de nommer :

« Aujourd'hui 18 avril 1793, l'an II de la république, maison commune de la ville de Salers, séant le conseil général, a été porté sur le bureau un paquet venant du District de Mauriac; l'ayant ouvert, il s'y est trouvé copie de l'arrêté pris par le département du Cantal le 12 courant; en ayant pris lecture, ouï le citoyen Basset, officier municipal, et considérant que l'arrêté du Directoire du département doit recevoir sa plus prompte exécution, que les prêtres ci-devant communalistes de cette ville n'ont point prêté le serment exigé par la loi du 15 août dernier et que conséquemment ils sont dans le cas de la déportation... considérant que les pères, mères, femmes, enfants, frères et sœurs des émigrés et les hommes notoirement reconnus suspects doivent être provisoirement en état d'arrestation et consignés dans leurs maisons, et que suivant l'article 6 du même arrêté il doit être de suite fait une liste dans laquelle sont mis les noms de tous les parents des émigrés, de leurs agents d'affaire, domestiques des ci-devant nobles et privilégiés, des gens ayant possédé des charges lucratives de judicature et de finances et de tous les gens suspects, arrête :

« 1° Que Jean-Marie Tissandier, Paul Espinasse, prêtres .. (suit la liste des prêtres décrétés d'arrestation que je donnerai en faisant l'histoire de l'extermination du clergé).

« 2° Que le citoyen Antoine Chazette-Bargues ; Pons-Lachau, sa mère ; Chazette, veuve Laserre, Chazette fille, mère, frère et sœurs d'Antoine Chazette, émigré ; Pierre Bertrandy-Barmonteil, Barbe Chazette, son épouse ; François Bertrandy ; autre Bertrandy, son frère et leurs deux sœurs, père, mère, frères et sœurs de Bertrandy fils, émigré ; Marguerite Bardet, veuve Chevalier, mère de Jacques-Sébastien Chevalier Longevialle, émigré ; Marie-Elisabeth Lescurier, épouse Laraffinie, cadet, émigré, seront mis en état d'arrestation et consignés dans leurs propres maisons... »

Etre consigné dans sa propre maison équivalait à la prison, car les portes étaient fermées ; les reclus ne pouvaient sortir; ils étaient surveillés, gardés à vue, nuit et jour, pouvant à peine vaquer à leurs occupations intérieures. Ceux qui n'étaient pas consignés pouvaient seuls sortir de la maison et vaquer aux travaux extérieurs.

Les personnes que je viens de nommer restèrent dans cet état environ un an, depuis le mois d'avril 1793 jusqu'au 31 mars 1794, époque où elles furent transférées dans les prisons de Mauriac, comme le prouve l'arrêté suivant :

« Onze germinal, an II de la république (31 mars 1794), séant le conseil général de la commune et le *comité de surveillance* réunis. Un membre a dit qu'en conformité des décrets du 12 août et 17 septembre 1793 (v. s.) les pères, mères, femmes, enfants, frères et sœurs des émigrés et autres personnes suspectes seraient mis en arrestation et transférés dans les bâtiments nationaux désignés par les administrateurs, qu'il y a dans cette commune Pierre Bertrandy; la Chazette, son épouse; leurs enfants, père, mère, frère et sœurs d'Antoine Bertrandy, émigré; Marguerite Bardet, veuve Chevalier, mère de Jacques-Sébastien Longevialle, émigré; la Espinasse, femme Chazette; la Chazette, veuve Laserre et la Chazette-Laborie, sœurs et belle-sœurs d'Antoine Chazette émigré, et, que, d'après l'article 2 dudit décret, les ci-dessus nommés sont réputés gens suspects, il a requis l'assemblée à délibérer.

« Sur quoi, le citoyen Basset, officier municipal, pour l'agent national malade, entendus le conseil général et comité de surveillance réunis, arrêtent qu'en exécution desdits décrets Pierre Bertrandy ; la Chazette, sa femme, leurs enfants ; ladite Bardet, veuve Chevalier ; la Espinasse, femme Chazette ; la Chazette, veuve Laserre et la Chazette-Laborie, seront conduits dans la maison de réclusion du District de Mauriac par un détachement de la garde nationale et ont signé : Rongier, maire ; Peuch. Veschembres... »

Dans ces arrêtés, il n'est pas fait mention des dames de Sauvebœuf, de Laronade et de Roquemaurel ; il est pourtant évident qu'elles furent impitoyablement jetées en prison. Mme de Laronade et Mme de Roquemaurel surtout furent longtemps visées, surveillées par Salsac. Enfin, arrêtées, elle furent conduites à Aurillac.

Le départ de Salers de la comtesse de Roquemaurel fut on ne peut plus émouvant. Quand elle monta sur la fatale voiture, escortée de gendarmes, la foule accourut triste et émue. M. Vergne, de Salers, présenta à la prisonnière une somme de six cents francs de la part de Mme Chazette de Bargues. — « Merci, mon ami, répondit Mme de Roquemaurel, je ne les prends pas; ceux qui veulent ma tête paieront bien le bourreau. » Tout le monde pleurait.

Un arrêté du *Comité de sûreté générale* du 14 messidor, an II (2 juillet 1894) ordonna que Mme de Roquemaurel et Mme de Laronade seraient envoyées au tribunal révolutionnaire de Paris avec onze personnes parmi lesquelles étaient d'Olivier, de Salers; le comte de Sartiges; la marquise de Fontanges, de Velzic; M. de Faussange, ancien procureur du roi à Salers; M. Devèze, ancien procureur du roi à Aurillac; M. Decours; M. Falvelly, prêtre; M. Largueze, médecin (1).

On revint sur cette décision à l'égard de Mme de Laronade, mais les autres furent emmenés à Paris de brigade en brigade; heureusement quand ils arrivèrent à Paris, Robespierre venait de porter sa tête sur l'échafaud, c'est ce qui les sauva.

Mme de Roquemaurel mourut plus tard à Paris auprès de M. d'Auzers (2).

Les prisonniers de Salers n'obtinrent leur liberté qu'à la fin de l'année 1794, après avoir produit un certificat de civisme que la commune de Salers leur donna et que voici :

« Séance du 18 brumaire, an III (8 novembre 1794)

(1) Mémoire de M. d'Olivier.

(2) C'est par erreur que Prud'homme, le marquis d'Espinchal et Boudet disent que madame de Roquemaurel fut condamnée et exécutée.

un membre a fait la lecture d'une lettre adressée à la municipalité de Salers par l'Espinasse, femme Chazette détenue dans la maison de reclusion à Mauriac en date du décady dernier, par laquelle ladite Espinasse demande un certificat pour elle, pour Antoine Chazette son mari; Anne Pons, veuve Chazette; Marguerite Chazette, veuve Laserre, et Thérèse Chazette fille, qu'ils ont été depuis 1789 soumis aux lois, qu'ils n'ont point troublé l'ordre public, qu'ils ont secouru les pauvres, qu'ils ont contribué pour les gratifications des volontaires, qu'Antoine Chazette invita même son neveu Bertrandy à s'inscrire pour aller dans la Lozère lors des troubles du mois de mai 1793 et qu'Antoine Chazette, cadet émigré, qui servait dans les armées depuis plus de vingt ans, passait quelquefois quatre à cinq ans sans venir les voir. Sur lesquelles propositions le conseil après avoir délibéré sur chacun des réclamants, ouï l'agent national, attendu qu'il est de la connaissance du conseil que ladite Anne Pons, veuve Chazette; Marguerite Chazette, veuve Laserre; Thérèse Chazette, fille; Antoine Chazette aîné et l'Espinasse femme dudit Antoine Chazette, n'ont jamais troublé l'ordre public, qu'ils ont secouru les pauvres, contribué à la gratification des défenseurs de la patrie, certifie et atteste lesdits faits à tous ceux à qui il appartiendra et attendu que le conseil ne faisait pas attention aux époques d'arrivée et de départ dudit Chazette cadet, déclare qu'il n'y a lieu à délibérer à son sujet... »

Même certificat est accordé à Isabeau Lescurier, femme divorcée de Jean-Marie Raffin cadet, et à Louise Ferrière, dite du Puy-d'Arnac, fille habitante de cette commune, détenue dans la maison de reclusion à Mauriac.

Ces pétitions et ces certificats de civisme firent impression sur Musset, représentant, envoyé dans le Cantal, qui ordonna la mise en liberté des prisonniers par l'arrêté suivant, en date du 28 brumaire an III (18 novembre 1794).

« Mort aux tyrans... Le représentant du peuple, Musset, envoyé dans les départements du Puy-de-Dôme, Corrèze, Cantal, Nièvre, pressé par des pétitions multipliées de prononcer sur les détenus du District de Mauriac voulant leur appliquer les dispositions de la loi du 17 septembre (V.S.) et faire jouir des exceptions ceux qui peuvent y avoir droit, sur l'avis du Comité révolutionnaire du District de Mauriac et d'après le vœu du peuple consulté dans la société populaire sur chacun des ci-dessous nommés, arrête ce qui suit :

Art. I. — Pierre Rolland; Elisabeth Lescurier-Fournol, femme divorcée Raffin; Louise Ferrière; Lescurier, de Salers; Espinasse, femme Chazette; seront mis en liberté et ladite Fournol, femme Raffin, sera sous la surveillance immédiate de la municipalité.

ART. II. — Pierre Bertrandy, sa femme et sa famille; Anne Pons, veuve Chazette, et sa famille seront mis en arrestation dans leur commune respective sous la surveillance des autorités...

ART. VI. — Les agents nationaux des communes où se trouve des individus en arrestation, sont spécialement chargés de les surveiller et d'informer, chaque décade, le Comité révolutionnaire de la conduite de chacun d'eux... Signé : Musset. »

Dans cet arrêté de Musset il n'est pas fait mention de Léonarde de Ferrière de Sauvebœuf incarcérée elle aussi. Elle fut mise en liberté, mais plus tard.

« Séance du 27 germinal an III (16 avril 1795)... Il a été fait lecture d'une pétition de la citoyenne Léonarde Ferrière-Sauvebœuf, détenue en état d'arrestation sous la surveillance de cette municipalité et tendante à obtenir l'agrément de se rendre à Salers pour y passer quelque temps en famille auprès d'un frère qu'elle n'a pas vu depuis le commencement de la Révolution.

Le conseil, considérant qu'une pareille autorisation excède sa compétence et paraît réservée à l'administration du District, mais, n'ayant pour son compte aucune objection à faire contre elle, ouï l'agent national, estime qu'il n'y a pas d'inconvénient à accorder à la pétitionnaire l'agrément qu'elle sollicite et la délaisser à se pourvoir, à cet égard, par devant l'administration du District... » (1)

Grâce à l'arrêté de Musset, les prisonniers de Salers obtinrent leur mise en liberté; il est vrai que quelques-uns dûrent subir encore quelque temps la surveillance des autorités administratives; mais ils purent du moins jouir d'une liberté relative.

Pendant le reste de la Révolution la noblesse de Salers eut encore beaucoup à souffrir; les émigrés rentrèrent, mais il trouvèrent leurs biens en partie vendus, leurs maisons dévalisées, leurs familles dispersées. Ruinés pour la plupart ils disparurent eux-mêmes, les uns emportés par la mort, les autres allant chercher ailleur un asile sous un ciel plus doux. Une seule famille noble existe aujourd'hui à Salers, la famille de Raffin, possédant toujours la belle maison de la Jordanie, à cent mètres de la ville, près la chapelle de Notre-Dame de Lorette.

(1) Archives de Mauriac, cahier des délibérations de la municipalité.

CHAPITRE IV

MORT DE M. DE FAURE. — ASSASSINAT LÉGAL DE M. DE LA TOUR ET DE Mme LA COMTESSE DE LARONADE.

Nous avons parlé de Salsac et des Valette. Ces hommes méditaient depuis trois ans un crime épouvantable et ils le perpétrèrent enfin avec un cynisme révoltant. Madame la comtesse de Laronade avait de beaux écus et de vastes domaines. — Nous pourrons avoir ces domaines pour quelques assignats, disent les affreux sans-culottes, mais il faut pour cela les faire déclarer biens nationaux, et pour la comtesse il faut la prison et la mort. Ils cherchent donc un prétexte pour la faire arrêter et la livrer, je ne dirai pas à la justice, il n'y en avait pas en ce temps-là, mais aux bourreaux et ceux-là étaient nombreux. Un jour, en 1791, Salsac et Valette aîné se promenaient sur la place publique de Salers; madame de Laronade vint à passer. Salsac dit à Valette : *Arrête-la, fais-la parler*. Valette s'approche, salue madame de Laronade et la fait parler. Pendant qu'ils parlaient, Salsac, « rôde autour d'eux pour entendre leur conversation et il entend ». Les paroles que prononça la comtesse étaient-elles compromettantes ? on peut en douter, mais qu'importe, Salsac et Valette s'en servirent plus tard pour la dénoncer, la faire arrêter et traduire devant le tribunal criminel séant à Aurillac, dont le président était un de leurs affidés, le féroce Hébrard. Elle aurait dit, s'il faut en croire les dénonciateurs, que ses fils avaient émigré pour aider à rétablir le roi sur son trône et la noblesse dans ses droits, que bientôt le roi serait de retour et qu'à une époque prochaine la contre-révolution serait faite.

C'était assez pour la faire condamner, mais Salsac et Valette, jugeant que le moment opportun n'était pas venu, gardent le silence sur le sort qu'ils réservent à la comtesse, « ils portèrent, dit la *Révolution du Cantal*, ils portèrent dans leurs cœurs, pendant plus de trois ans, la mort de cette femme ».

Enfin au plus fort de la Terreur, alors que, faisant partie de la terrible *Commission révolutionnaire*, ils sont tout-puissants, ils croient le moment favorable à la réalisation de leur lugubre dessein et dénoncent madame de Laronade comme aristocrate, contre-révolutionnaire, tenant des propos inciviques et coupable d'envoyer de l'argent à ses fils émigrés.

Elle est donc arrêtée, conduite à Aurillac et enfermée au couvent de Saint-Joseph transformé en prison. Elle avait alors soixante-douze ans.

Les documents qu'il m'a été possible de consulter ne me disent ni le jour ni le mois de l'arrestation de la vénérable comtesse, ni combien de temps elle resta en prison. Le cahier des délibérations de la municipalité de Salers qui contient de si précieux détails sur la révolution dans cette ville, garde un silence absolu sur l'illustre prisonnière. Ce qu'il y a de certain c'est qu'à Saint-Joseph elle trouva et eut pour compagnons d'infortune une foule de compatriotes : prêtres, hommes, femmes, victimes, eux aussi, des fureurs démagogiques. « Un grand nombre de personnes du Cantal, dit Boudet, arrêtées depuis quelques jours, étaient entassées dans les prisons d'Aurillac et on n'attendait plus qu'un complément de renseignements sur chacune pour les envoyer au tribunal révolutionnaire de Paris ». C'était l'usage d'envoyer à Paris ceux dont on voulait la mort. On trouvait les tribunaux d'Auvergne trop cléments et pas assez expéditifs.

Le représentant du peuple, Borie, en mission dans le Cantal, se trouvait alors à Aurillac. Les membres de la terrible *Commission* avaient sur lui, comme autrefois sur Bô, une grande influence et ils en obtenaient tout ce qu'ils désiraient. Ils le circonviennent et obtiennent de lui un arrêté daté du 4 thermidor an II (22 juillet 1794) qui ordonne l'envoi à Paris d'une fournée de dix-sept personnes dont sept femmes parmi lesquelles se trouvait madame de Laronade. Assurément le représentant Borie ne connaissait pas ces malheureuses victimes et ignorait à peu près la cause de leur arrestation, mais la Commission sollicita un ordre et il le donna.

Madame de Laronade est donc destinée à porter sa tête sur l'échafaud à Paris; mais Salsac, les Valette et quelques autres membres de la *Commission révolutionnaire* veulent sa mort immédiate afin qu'elle n'échappe pas et pour *consolider l'opinion publique.*

Brugoux, officier de santé, juge de paix à Arpajon, président de la *Commission,* écrit dans la matinée du 22 juillet la lettre suivante à l'accusateur public. « Je te préviens, citoyen, que la nommée Tournier, veuve Laronade, maintenant recluse à Saint-Joseph, m'a été dénoncée. Comme ce délit est de la compétence du tribunal criminel, je t'invite à faire de suite les diligences nécessaires pour la répression. Valette aîné et Salsac, administrateurs, déposeront des faits; ils sont ici, tu auras à les entendre de suite. Signé : Brugoux. »

En effet la besogne fut vite expédiée.

Ce même jour, 22 juillet, en même temps qu'on tramait l'assassinat de Madame de Laronade, on perpétrait celui de M. de la Tour.

François Jean-Baptiste de la Tour habitait le château de Griffault dans la commune de Cayrols (Cantal). Des membres de cette famille étaient possesseurs des châteaux de la Borie, paroisse de Saint-Etienne de Maurs et de la Placette, paroisse de Cayrols. « Comme Madame de Laronade, dit Boudet, M. de la Tour était accusé d'avoir fourni des fonds à son fils mineur pour le faire émigrer et d'avoir entretenu une correspondance avec lui. Désolé de ne pouvoir suivre son fils à l'étranger, M. de la Tour lui avait en effet acheté un cheval, lui avait fait un équipage et l'avait accompagné jusqu'à Aurillac. Ce fait constituait le crime d'embauchage puni par la loi du 16 mars 1793. » La raison que donne ici M. Boudet n'est que le prétexte mis en avant; la vraie raison c'est que M. de la Tour avait de l'argent. Il en donna. Et pour qu'il soit obligé à en donner encore il est décrété d'arrestation le 3 thermidor an II (21 juillet 1794) par le représentant Borie. Son fils, porté sur la liste des émigrés, fut taxé par le comité révolutionnaire à quatre mille francs. Ils furent comptés à Dèzes. Le père de la Tour avait dit à son fils, qui l'attesta plus tard, qu'il avait encore donné d'autre argent.

« Hébrard avoua que Latour père, après son jugement le 4 thermidor an II (22 juillet) lui avait offert cent louis pour l'engager à le sortir d'affaire. »

Hébrard sans doute ne trouva pas la somme assez

considérable, puisque de la Tour, condamné à mort à l'unanimité, fut exécuté le même jour, 22 juillet 1794.

Cette condamnation à mort suivie de cette exécution si prompte jeta la terreur dans les prisons d'Aurillac. « Un des co-détenus de M. de la Tour, M. de Faure, déféré au tribunal révolutionnaire de Paris sous la même accusation, dit Boudet, apprenant que M. de la Tour avait été condamné à l'unanimité des jurés, se donna la mort dans la prison. »

Sa maison fut pillée, ses juges et bourreaux s'emparèrent de sa montre, de ses effets, de son manteau. Lors du procès des terroristes, Lafage, cuisinier de la prison Joseph, fit la déposition suivante : « J'ai porté à la *Commission*, au commencement de thermidor, une montre en or, à double boîtier, garnie en perles émaillées, avec une lettre et un assignat de cinq francs » : « tristes restes, ajoute la *Révolution du Cantal*, du malheureux Dufaure qui, désigné le 4 thermidor (22 juillet) pour être envoyé le lendemain au tribunal révolutionnaire, se donna la mort pour ne pas tomber aux mains des égorgeurs. »

Lafage continua sa déposition : « Salsac me fit faire et signer une déclaration des effets de Dufaure. »

« Au lieu de cette déclaration, signée par Lafage, ajoute la *Révolution*, Brugoux a déposé au *Comité révolutionnaire* un procès-verbal signé de lui, Brugoux, et de ses secrétaires, sans signature de Lafage, en sorte qu'il reste à savoir comment ce procès-verbal a été substitué à la déclaration et les effets de Dufaure ont été si longtemps au pouvoir de Brugoux qui n'était pas délégué pour les dépouilles des suicidés. » Ainsi voilà un juge de paix qui fait disparaître un acte authentique et en fabrique un autre à sa façon où il inscrit ce qu'il juge à propos afin sans doute de pouvoir facilement voler les montres et les manteaux. Il ne rendit les effets du malheureux Dufaure que lorsque le District les exigea rigoureusement.

Déposition de Prunet : « Lorsqu'on a vendu au District les effets de Dufaure je n'ai vu vendre qu'une seule montre d'argent. » Qu'est devenu la montre en or que Lafage a portée à la Commission ?

Brugoux « dans son interrogatoire, répond qu'il a ignoré la vente des effets de Dufaure, que la montre a resté chez Ayroles, son secrétaire, et qu'il ignore ce qu'est devenu le manteau de Dufaure. »

En voilà assez pour rendre évident le trafic que faisaient les juges de ce temps là, de la justice d'abord et puis des effets des nobles qu'ils avaient condamnés et exécutés.

Après l'assassinat de M. de la Tour vint celui de Madame de Laronade.

N'ayant rien à se reprocher, la conscience en paix, la malheureuse comtesse ne se doutait pas de la trâme infernale qu'on ourdissait contre elle.

« Trois heures avant sa mort, elle jouait paisiblement aux cartes dans la maison Joseph, ignorant encore qu'elle fut dénoncée, tandis que dès sept heures du matin on disait en pleine foire à Salers qu'elle serait guillotinée ce jour là. »

Mais si la victime était ignorante de son sort, on ne l'ignorait pas autour d'elle. Marguerite, sa fille de chambre, qu'on lui avait permis de garder auprès d'elle, était au désespoir; mais elle cachait ses larmes; ce qui la désolait surtout c'était que le moment fatal arrivait et que Madame ne songeait pas à se préparer à la mort. Il fallait pourtant agir; Marguerite accoste un prêtre, car il y avait plusieurs prêtres en prison, et ils convinrent tous deux d'amener Madame la comtesse à faire sans retard sa confession.

Puis revenant vers sa maîtresse, la fidèle servante ose lui dire que les temps sont mauvais, que les hommes sont méchants, qu'il faut s'attendre à tout, et se préparer à tout événement, bref qu'il faut se confesser.— « Ma pauvre Marguerite, répond la comtesse, je ne demande pas mieux que de me confesser, mais comment veux-tu que je me confesse : ici point d'église, point de confessionnal et puis tous ces yeux qui vous regardent, toutes ces oreilles qui vous écoutent, ces gardiens qui vous épient ». — Madame, répond Marguerite sans se décourager, tout peut s'arranger » et en même temps elle fait signe au prêtre ; le prêtre s'approche, Marguerite s'éloigne.

Le prêtre et la comtesse restent seuls et, tout en se promenant dans la cour, Madame se confesse ; le prêtre reçoit le secret des dernières pensées de cette âme généreuse et lui donne l'absolution.

L'heure était solennelle, le moment fatal arrivait. C'était dans l'après-midi. Bientôt le geôlier appelle madame de Laronade et les gendarmes s'emparent d'elle. On la conduit au palais de justice et un semblant de procédure commence ; on entend les dépositions de Valette aîné et de Salsac ; ce furent les uniques dépositions. Tout fut illégal.

« Le même jour, 4 thermidor, dit la *Révolution du Cantal*, cette femme est amenée à la maison de justice, interrogée par l'accusateur public, traduite à l'audience sans qu'il existe dans la procédure aucune ordonnance du tribunal portant prise de corps, conformément à la loi et nonobstant l'arrêté de Borie, du même jour, 4 thermidor, qui ordonnait son envoi au tribunal révolutionnaire de Paris. Quels ont été les témoins ? Valette et Salsac ont déposé d'un propos tenu en 1791... Comment furent choisis les jurés ? Saint-Yon, commis chez Palis, greffier, déclara qu'Hébrard l'envoya porter à Faure, agent national, la liste du jury spécial pour Latour qui fut guillotiné le même jour que Laronade. Saint-Yon observa qu'il y avait des jurés qui étaient à la campagne et qu'ils ne pourraient être assignés de suite s'ils tombaient au sort. Hébrard répondit : *Va toujours, sois tranquille, ils sont tous en ville.* Saint-Yon ayant ajouté qu'il n'avait pas de liste de jurés de l'agent national, Hébrard dit que *ceux de Latour serviraient pour elle.*

En effet, sur la liste du jury spécial pour Latour est une note écrite par Roux, huissier du tribunal, portant que la même liste a servi pour la veuve Laronade. Ainsi il n'y a pas eu pour elle de liste fournie par l'agent national, ni tirage au sort des jurés, ni communication de liste du jury spécial, ni par conséquent de faculté de récusation... Ainsi cette femme désignée pour être envoyée au tribunal révolutionnaire par l'arrêté du représentant Borie, du 4 thermidor, dénoncée le même jour par le président de la Commission (Brugoux), a été condamnée à mort le même jour par un membre de la *Commission* (Hébrard), d'après le témoignage de deux membres de la *Commission* (Salsac et Valette) témoins uniques, suspectés d'avoir été les dénonciateurs auprès de Brugoux, après la déclaration des jurés parmi lesquels étaient trois membres de la *Commission.* »

Il y eut donc violation complète des formes et des règles établies par la loi pour garantir la sûreté individuelle. Ce fut donc un véritable assassinat que la mort de Madame de Laronade. L'auteur de la *Révo-*

lution du Cantal, tout républicain qu'il est, Guitard, ne peut retenir son indignation et sa colère contre les auteurs de cet atroce forfait. Il les apostrophe ainsi :

« Brugoux, répond maintenant à l'humanité qui t'interpelle. Sans doute comme citoyen tu devais la dénonciation civique de tous les détails parvenus à ta connaissance, mais le comité de sûreté générale t'avait-il donné le pouvoir de dénoncer en qualité de son délégué, dans un temps de terreur ?

D'où avais-tu tiré le droit de traduire la veuve Laronade au tribunal criminel, le 4 thermidor, au mépris de l'arrêté de Borie du même jour, qui l'envoyait au tribunal révolutionnaire de Paris. N'est-ce pas Salsac et Valette qui t'ont dénoncé les faits qu'ils ont ensuite attestés comme témoins !

Et vous Salsac et Valette n'avez-vous pas porté dans votre sein, pendant trois années, la mort de cette femme ? N'avez-vous pas gardé pendant ce temps le silence le plus profond sur ces détails ? Ce qui était contre-révolutionnaire le 4 thermidor, l'an II (22 juillet 1794) ne l'était-il pas en 1793, en 1792, en 1791 ? Pourquoi la mémoire ne vous est-elle venue qu'au moment où il fallait *consolider votre opinion publique ?* O vous tous qui, dans vos conciliabules, avez combiné la mort de cette femme ; vous qui, le 4 thermidor au matin, avez marqué l'heure du soir qui serait la dernière de sa vie; si jamais cet écrit tombe dans vos mains homicides, sans doute, que par un mouvement naturel, elles se porteront sur cette page funèbre! sans doute que vos yeux se fixeront de préférence sur ces mots de sang que la vérité ne trace qu'avec horreur. Ah! si vous n'êtes pas atteints par la justice qui dans ce moment fait l'enceinte de la république pour la purger des brigands qui l'ont désolée, espérez-vous échapper à l'opinion qui sera pour vous sur la terre le fouet vengeur des Eumédides? Espérez-vous échapper à ce tribunal secret que la nature a établi dans le sein même des tyrans? Vous vous disiez patriotes et les lois et l'humanité n'étaient rien pour vous! et vous ne suiviez que l'appétit brutal des passions les plus effrénées! et vous méprisiez le peuple jusqu'à vouloir le corrompre et le rendre aussi atroce que vous! Misérables! connaissez enfin vos destinées, écoutez ce mot terrible qu'un sans-culotte dit à Robespierre, votre chef, le 10 thermidor : « Il existe un Être suprême! »

Madame de Laronade fut donc condamnée à mort. Elle n'aurait jamais cru qu'il y eut tant de férocité dans le cœur de ses dénonciateurs.

A l'instant même on l'emmène au supplice; on avait hâte de perpétrer le forfait. Sur je ne sais quelle place d'Aurillac l'échafaud avait été dressé pour M. de la

Tour ; il était encore tout ruisselant de sang de cet infortuné. La population honnête, terrifiée, reste enfermée dans les maisons, mais autour de l'échafaud se ramasse cette plèbe sans pudeur, criarde, éhontée, qui aime à s'abreuver de sang. Elle chantait le *ça ira !* elle criait : *à bas la noblesse ! et vive la montagne !*

Madame de Laronade marchait pleine de courage et saintement résignée. La pauvre Marguerite suivait, pleurant, pâle, à demi-morte. — « Ma pauvre Marguerite, lui dit la comtesse, ne pleure pas ; tiens, voilà ma montre et mon chapelet, c'est tout ce que j'ai, je te le donne, tu le garderas en souvenir de moi. »

Malgré ses soixante-douze ans, la fière espagnole, dont la majesté des années rehaussait l'éclat des vertus, s'avançait avec assurance, avec quelque empressement. — Ne marche pas si vite, citoyenne, lui dit un des gendarmes. — Ah ! répond la condamnée, c'est que j'ai hâte d'arriver au ciel !

Elle met avec intrépidité le pied sur le premier degré de l'échafaud, mais voyant Marguerite évanouie au pied de la guillotine, elle s'arrête, se retourne. — « Je vous demande une minute, Monsieur, pour relever cette pauvre fille, dit-elle au bourreau. » Elle la relève, et la soutient dans ses bras, mais on la lui arrache. Elle achève de monter les degrés... quelques minutes après tout était fini.

Quand la pauvre Marguerite revint de son évanouissement, elle ne trouva dans sa poche que le chapelet, on lui avait volé la montre.

Elle se retira auprès d'un frère marié au Breuil, commune d'Ally, racontant à tout le monde, en pleurant, la mort de sa *chère Madame*.

CHAPITRE V

ENVOI A PARIS DES SUSPECTS DE L'AUVERGNE. — ARRESTATION ET VOYAGE DE M. DOLIVIER.

De tous les départements on envoyait au tribunal révolutionnaire de Paris les nobles, les riches, hommes, femmes, tous ceux dont on voulait se défaire au plus vite.

Ce tribunal en effet, plus expéditif, moins scrupuleux que les tribunaux de province, allait vite en besogne. Là les juges étaient des bourreaux; là sombraient toutes les vieilles gloires et tombaient toutes les nobles têtes.

Parmi les Auvergnats envoyés à cette boucherie nous avons nommé M. Dolivier, avocat à Salers, jurisconsulte distingué.

Après la Révolution, voyant sa conduite diffamée par des détracteurs, M. François-Marie Dolivier fit imprimer, pour détruire leurs calomnies, un Mémoire intéressant où il raconte son arrestation et son voyage à Paris. Nous n'avons rien de mieux à faire que de le laisser parler. Son récit apporte un nouveau jour aux événements de l'époque :

« La ville de Salers avait été, dit-il, le berceau de mes ancêtres ; ils y étaient au rang des familles les plus distinguées ; mon père y avait exercé avec distinction la profession d'avocat depuis 1763, lorsque la Révolution éclata. Le Bailliage royal qui y existait fut alors supprimé et remplacé par un tribunal dit du District, par un décret de 1790.

Mon père aurait été un des juges de ce tribunal, si sa parenté au degré prohibé avec M. Lescurier, ancien lieutenant-général, nommé président, ne l'avait exclu.

Sa famille s'était retiré à sa campagne de la Sabie, au Vaulmiet, dans la commune de Saint-Vincent. Mon père en avait été le maire avant d'être juge à Murat. Je le remplaçai et je remplis les fonctions de maire pendant plusieurs années.

Pendant la durée de mon administration, le plus grand ordre régna dans ma commune ; les châteaux, les églises, les clochers y furent respectés, avantage que beaucoup de communes n'ont pas eu ; de nombreux ecclésiastiques, non assermentés, y célébrèrent le divin sacrifice dans des maisons particulières et j'y assistais. Je fus dénoncé à l'administration du District de Mauriac par M. B. D. pour avoir protégé les prêtres réfractaires.

Le prêtre, M. F., étranger à la commune, mais de

l'arrondissement de Mauriac, condamné à la peine capitale, *comme chef de chouans*, et poursuivi, ne craignit pas de venir chez moi pour prendre du repos, s'y rafraîchir, et, s'il se sépara de moi, ce ne fut que dans la crainte de me compromettre (1).

Lorque j'appris l'assassinat du malheureux Louis XVI, j'en frémis d'horreur et il existe encore des personnes qui attesteraient m'avoir vu verser des larmes de douleur et m'avoir entendu dire que la mort de cet illustre martyr causerait le malheur de la France.

Nommé, en l'an II, membre de l'administration du département à Aurillac, j'y fus chargé de la partie qui concernait les biens, dits nationaux.

A-t-on vu mon nom sur ces fatales listes qui servirent à dépouiller de leurs biens les amis du trône que la persécution chassa du royaume et qui devinrent un arrêt de mort contre tous ceux qui mirent le pied sur le territoire français ?

Je recevais journellement dans mon bureau les parents des émigrés ; j'écoutais leurs plaintes et je demande quel est celui des malheureux qui n'a pas eu à se louer de ma manière d'agir envers lui ? J'invoque le témoignage de tous sans exception.

« Depuis longtemps la ville d'Aurillac gémissait

(1) Evidemment M. Dolivier parle ici de M. Filiol, guillotiné à auriac en mai 1793.

sous la domination de quelques hommes immoraux... Le coquinisme s'y était établi en système... » (*Révol. du Cantal.*)

Ce fut dans ces fatales conjonctures que j'arrivais au département. La place que je devais y occuper était périlleuse et il était presque impossible que j'échappasse aux coups que portait la faction ; en effet elle ne tarda pas à me compter au nombre de ses victimes... Un arrêté du Comité de sûreté générale du 14 messidor an II (2 juillet 1794) me traduisit au tribunal révolutionnaire avec onze autres individus.

Mes compagnons d'infortune étaient M. le comte de Sartiges; Mme de Laronade; Mme la marquise de Fontanges; M. de Faussanges, ancien procureur du roi à Salers; M. Decours; M. Falvelly, prêtre; M. Larguèze, médecin... ils étaient bien tous des sans-culottes de mon goût.

J'étais alors en mission dans le département de la Haute-Loire avec deux Messieurs d'Aurillac pour réclamer des subsistances pour le Cantal. Ces deux Messieurs, prévenus que je devais être arrêté, eurent la bonté de m'en prévenir et de me solliciter fortement à me sauver. Je résistai à leurs sollicitations par le motif que ma fuite pouvait compromettre ma famille et occasionner l'arrestation de mon père.

Je me hâtai de terminer ma mission et je partis seul pour Aurillac. J'allais arriver à la Chapelle-Laurent lorsque je vis venir deux gendarmes ; nous allions nous croiser sur la route lorsque m'apercevant qu'ils ne me connaissaient pas, je les abordai et leur dis : *Vous n'avez pas besoin d'aller plus loin, c'est moi que vous cherchez, me voici.* Ils me regardèrent ; je leur dis mon nom et je me livrai entre leurs mains.

Nous arrivâmes à Murat où nous couchâmes ; après notre souper, j'invitai les gendarmes à m'accompagner dans une maison honnête de la ville que j'étais bien aise de voir ; ils eurent l'honnêteté de me dire qu'ils s'en rapportaient à moi et que je pouvais y aller seul, ce que je fis. Le lendemain qui était un jour de foire, j'allai librement toute la matinée dans la ville. Qui doutera que je ne fus sollicité à prendre la fuite et qu'il ne fut très facile de trouver un refuge ? Je me refusai aux sollicitations les plus pressantes par le même motif que je ne voulais pas compromettre ma famille. J'ajoutai encore à ce motif celui que j'étais incapable d'exposer les gendarmes qui avaient eu la générosité de me laisser libre, à être fusillés ou destitués ; (un sieur Bonique d'Aurillac était un de ces honnêtes gendarmes, j'ignore le nom de l'autre). J'arrivai dans le même jour à Aurillac. Je fus aussitôt plongé dans un cachot et confondu avec plusieurs scélérats. Mon départ pour Paris fut différé d'un jour parce qu'on fut bien aise de choisir un jour de foire pour m'exposer, chargé de chaînes, aux regards et parce qu'il fallait cela *pour consolider l'opinion publique.* Ensuite on célébra cette immortelle journée par un galas, dans lequel il ne manqua à mes égorgeurs, pour rendre la joie complète, que de s'enivrer dans le crâne de leur victime.

Mes bourreaux s'empressèrent d'annoncer à leurs amis mon arrivée prochaine à Paris. « Dolivier arrive, dit Boudier à son frère aîné, et ses notes arrivent aujourd'hui. Il est impudent et cherchera à compromettre ceux qui l'ont démasqué; ils ne le craignent pas. Veilles-y, et fais-nous en part, les patriotes triomphent et ça va. » (*Révolution du Cantal.*)

On avait tout disposé pour me bien recevoir. Je devais cesser de vivre peu de jour après mon arrivée (1), « car, disait le chef des assassins, la chose presse surtout l'arrivée de Dolivier; la sûreté de sa conscience, sa bonne conduite ne sont pas toujours des égides bien sûrs contre la calomnie; veille, je t'en prie, pour l'âme qui ne cesse de veiller pour toi. » (*Révolution du Cantal.*)

Je ne dois pas laisser ignorer qu'étant arrivé d'Aurillac à Clermont et m'étant fait conduire chez M. Sabatier, lieutenant de gendarmerie faisant alors

(1) Si Dolivier arrivait à Paris, disait Boudier aîné, dans trois jours il sera guillotiné. (*Révolution du Cantal.*)

les fonctions de capitaine, cet estimable officier défendit aux gendarmes de me conduire à la prison et d'après sa recommandation je fus libre d'aller où il me plut. Je cite ce trait généreux de la part de cet officier pour faire voir qu'il m'était aussi facile à Clermont qu'à Murat de me sauver si les raisons puissantes que j'ai expliquées ne m'avaient pas fait faire le sacrifice de ma vie ; je crois que j'aurais eu peu d'imitateurs.

Je n'arrivai à Paris que le 6 thermidor avec trois Messieurs de Rodez que j'eus le bonheur de rencontrer à Clermont et qui avaient eu la bonté de m'accorder une place dans la voiture sur laquelle on les charriait aussi à Paris. De ma vie je n'avais été aussi gai que dans ce voyage qui dura quinze jours ; une dame des plus aimables, épouse d'un de mes compagnons d'infortune, mariée depuis un mois, qui avait eu le courage d'accompagner la fatale voiture et que j'avais vue plusieurs fois dans la route, me disait quelques années après à Paris : *Que vous étiez fou, M. Dolivier ! vous aviez l'air d'aller à la noce !* Est-ce là, je le demande, l'état d'un homme dont la conscience est criminelle ? Non, le coupable traîne partout un fond d'inquiétude que rien ne peut calmer.

Une heure après mon arrivé à la Conciergerie on me conduisit au greffe ; ce fut pour m'enlever tout ce que j'avais sur moi, même la boucle de la ceinture de ma culotte. Je demandai qu'il me fût donné connaissance des motifs de mon arrestation. On me répondit en ces termes : *On te le fera connaître demain au tribunal, tiens-toi prêt.* Il paraît qu'on aurait tenu parole car un de mes amis qui était à Paris avait écrit à Aurillac : *Sois tranquille, mon ami, Dolivier est arrivé ce matin, dans deux jours son compte sera fait.* (*Révolution du Cantal.*)

Ma mort était assurée, sans les événements ultérieurs, je ne pouvais pas l'ignorer ; mais j'allais mourir pour mon roi, sur le même échafaud où peu d'années auparavant l'infortuné Louis XVI avait été immolé, et frappé de cette idée, la mort se montrait à mes yeux sous les formes les plus belles.

Je ne conçois pas comment j'ai pu échapper au poignard de mes assassins. *Si la chute de Robespierre fut venue deux jours plus tard, Dolivier était f...* disait Boudier aîné à un de ses camarades. (*Révolution du Cantal.*)

Tout tombait à mes côtés, la mort frappait autour de moi les personnes de tout rang, de tout sexe et de tout âge et, au milieu de tant de têtes et de fortunes abattues, je demeurai ferme comme si le coup devait toujours porter à côté de moi et que j'eusse jeté ici-bas des racines éternelles. Les portes de la prison ne me furent ouvertes que le 21 brumaire an III (11 novembre 1794) et lorsque la justice dût frapper de son glaive l'inventeur des bateaux à soupape.

Je n'avais eu connaissance de la dénonciation faite contre moi au Comité de sûreté générale que le 27 vendémiaire précédent; j'ai intérêt qu'elle soit connue : « Comité de sûreté générale et de surveillance de la Convention : Extrait de la dénonciation du représentant du peuple Carrier contre le dénoncé ci-après : Olivier membre de l'administration du département, contre-révolutionnaire sous les couleurs du feuillantisme et du modérantisme, ne fréquentant que les gens suspects et les feuillans, ayant voulu suspendre par un arrêté frauduleux, la vente d'un bien d'un émigré. Pour extrait conforme à l'original déposé au Comité de sûreté générale, 2 région n° 1228. Signé: Fontaine, secrétaire. »

Cette dénonciation renferme en peu de mots mon apologie; « oui j'étais *contre-révolutionnaire*, c'est-à-dire que j'étais ennemi de la Révolution et je conviens qu'avec cette tâche je méritais la mort.

Oui je ne fréquentais que les *gens suspects* c'est-à-dire les personnes malheureuses et opprimées auxquelles je portais quelquefois des paroles de consolation ; je conviens que c'était alors un crime et que je méritais la mort.

Oui, je fréquentais les feuillans, c'est à-dire les modérés et je fuyais avec horreurs ces monstres qui avaient adopté pour patron Jourdan d'Avignon, dit

Coupetête. C'était là aussi un crime qui méritait la peine capitale.

Guerre aux terroristes, aux intrigants, aux fripons, voilà ma devise. »

CHAPITRE VI

LA FAMILLE DE LA SALLE DE ROCHEMAURE PENDANT LA RÉVOLUTION. — PILLAGE DU CHATEAU DE CHAVIGNÉ. — PRÊTRES ET RELIGIEUSES. — SIÈGE DU CHATEAU DE VEYSSET. — LE PORT-DIEU. — M. FRANÇOIS-MICHEL DE ROCHEMAURE, FUSILLÉ.

Nous n'avons pas tout dit sur l'extermination de la noblesse dans le District de Mauriac. Du canton de Salers, passons dans le canton de Champs; voici quelques nobles figures de persécutés et de confesseurs de la foi. Dans la paroisse de la Nobre, se trouve le château de Rochemaure, belle demeure féodale au sommet d'une colline entourée d'arbres. Là habitait la famille des comtes de la Salle.

En 1789, le chef de nom et d'armes de cette famille était Guillaume, comte de la Salle, marquis de Rochemaure et Marzes, en Haute-Auvergne, baron de Châvigné et de Puygermaud en Basse-Auvergne, seigneur de Port-Dieu, en Limousin, lieutenant-colonel au Royal-comtois et chevalier de Saint-Louis.

Il était né en 1724, au château de Rochemaure. Entré fort jeune au Royal-comtois, il avait fait avec distinction toutes les campagnes du règne de Louis XV et conquis bravement tous ses grades dans les batailles de Fontenoy, de Roucours, Laufeld, Rosbach, Cloters-camp. Par suite des blessures qu'il avait reçues, il perdit l'usage du bras droit et d'une jambe complètement paralysée. C'est dans cet état d'infirmité, à l'âge de soixante-cinq ans, qu'il vit fondre sur lui, sur sa famille, sur la France, le plus terrible orage des temps modernes.

L'effervescence révolutionnaire qui agitait la ville de Bort, voisine de Rochemaure, lui fit quitter cette demeure pour celle plus éloignée des villes, de Chavigné, château et terre qui lui avait été apportés en dot par sa femme Françoise de Roussillon de Chavigné.

Néanmoins, dans cette nouvelle habitation, située sur la commune de Cros, District d'Issoire, le comte et la comtesse de la Salle ne trouvèrent pas la paix et la sûreté qu'ils recherchaient. Là, comme à Rochemaure, mille vexations et tracasseries vinrent les assaillir chaque jour, malgré les précautions qu'ils prenaient pour ne pas éveiller la susceptibilité des patriotes du pays. Et ce n'était pas seulement sur eux que frappaient les coups de la Révolution, mais aussi sur les membres de leur famille.

Le comte avait un oncle prêtre, Pierre-Gilbert de la Salle, prieur du Puygermaud et d'Aydat, chanoine de Lescars où son arrière grand oncle Jean de la Salle avait été évêque.

Ce vénérable prêtre desservait son prieuré d'Aydat lorsque la Constitution civile du clergé vint lui imposer un serment qu'il repoussa, aimant mieux abandonner sa cure et ses bénéfices que d'adhérer au schime. Dieu vint bientôt récompenser sa fidélité en le tirant du milieu des méchants; il mourut dans l'hiver de 1791 à 1792, à l'âge de quatre-vingt-quatre ans.

Il y avait encore un autre prêtre dans la famille, Jean-Baptiste de la Salle, frère du comte; né au château de Rochemaure, l'enfant avait eu pour parrain un grand oncle, le frère du bienheureux Jean-Baptiste de la Salle, fondateur des Frères des Ecoles chrétiennes. Devenu prêtre, Jean-Baptiste, d'abord prieur de Tauves, fut ensuite élevé à la dignité de vicaire général de l'archevêque de Vienne en Dauphiné.

La Révolution lui ayant enlevé ses dignités et ses bénéfices, il rentra en Auvergne et se cacha de son mieux à Rochemaure, à Tauves, à Chavigné. Sa présence dans le pays servit de prétexte au pillage du château de Chavigné, qui fut en parti démoli. L'ancien grand vicaire de Vienne parvint pourtant à sauver sa vie; ce ne fut que dans les premières années du dix-neuvième siècle qu'il passa à un monde meilleur.

Chassés du château de Chavigné, devenu la proie des pillards, le comte et la comtesse de la Salle-Rochemaure allèrent chercher un asile au village de Port-Dieu, lieu solitaire, non loin des bords de la Dordogne où ils avaient des domaines et une maison habitée par leur officier de justice de cette terre et de celle de Rochemaure. Presque toute leur famille vint les y rejoindre et tous se casèrent comme ils purent dans l'étroite demeure, heureux d'échapper, dans cette solitude, à la Révolution qui les poursuivait.

Un des premiers arrivés fut une sœur du comte, Marie de la Salle, religieuse cistercienne, abbesse de Lieu-Notre-Dame, diocèse d'Orléans. Femme d'une grande énergie, elle avait vaillamment tenu tête à l'orage ; mais enfin arriva le jour où elle et ses religieuses furent brutalement expulsées de leur couvent.

Plusieurs mois durant, elle erra aux alentours de son monastère, mais quand elle vit que tout espoir d'y rentrer était perdu et que sa vie était sans cesse menacée, elle céda aux instances de ses deux nièces, dames de Saint-Louis, chassées elles aussi de Saint-Cyr, prit le chemin de l'Auvergne et alla rejoindre son frère au Port-Dieu.

Le comte Guillaume avait sept enfants : Louis-

Bernard, aîné; Françoise-Michelle, religieuse de l'Abbaye de Lavassin, en Basse-Auvergne ; Jeanne, célibataire; Agathe qui épousa Pierre de Ganet; Marie-Jeanne et Marie-Rose, religieuses de Saint-Cyr; et Pierre-Joseph qui était diacre quand vint la Révolution.

A l'exception de Louis-Bernard, l'aîné, qui passa les mauvais jours dans l'émigration, et peut-être d'Agathe qui était mariée, tous, chassés du séminaire et des couvents, .vinrent se réfugier au Port-Dieu qui fut véritablement un port de salut, où ils passèrent en sûreté, sinon sans alarmes, les horribles jours de la Terreur.

On y menait une vie cachée, pieuse, presque monastique; on évitait les regards de la Révolution, on paraissait peu en public; on priait.

Mais hélas, la Révolution a des yeux pour tout voir et des dents pour tout dévorer. Elle découvrit bientôt cette nichée de religieuses, de prêtres et de nobles et, sans pitié, tourna vers elle ses griffes et ses appétits de bête.

Le comte, maintes fois, fut menacé d'être traduit au tribunal révolutionnaire. On recula pourtant devant l'odieux d'arracher de son lit un vieillard infirme, mais attendu qu'il était père d'un émigré, on séquestra une partie de ses biens, du moins ceux qui appartenaient ou étaient censés appartenir à son fils émigré et on les vendit à vil prix.

Sa sœur l'abbesse, ses trois filles religieuses, son fils diacre, furent à plusieurs reprises, dénoncés comme fanatiques, aristocrates, et obligés de s'éloigner, d'errer tantôt sur les montagnes de Rochefort, de Besse, du Mont-Dore où la famille possédait des fiefs; tantôt dans les environs de Mauriac, de Salers, où ils trouvaient une bienveillante hospitalité, chez des parents et des amis.

Un jour, le 30 août 1799, alors que la Révolution touchait à sa fin, l'abbesse, une des religieuses de Saint-Cyr, le diacre Pierre-Joseph et un cousin, Jean-Baptiste de Rochemaure, séminariste dans les ordres mineurs, émigré rentré, se trouvaient réunis au château de Veysset, dans la commune de Moussage, District de Mauriac, chez leur cousin M. de Douhet.

Situé sur les hauteurs qui séparent la vallée de Mars de la vallée de Marlhoux, ce château donnait asile aux nobles, aux prêtres.

Avec les dames et les messieurs de Rochemaure, se trouvait un M. de la Caussade, un ami de la famille, lequel, avec les deux fils de M. de Douhet, revenus de l'émigration, portait à sept le nombre des proscrits cachés dans le château.

Malgré les mille précautions prises pour laisser ignorer leur présence dans ce lieu écarté, les autorités du District de Mauriac finirent par savoir que le château de Veysset était un repaire d'aristocrates déguisés.

En conséquence, dans la nuit du 30 au 31 août le District envoya à Veysset la gendarmerie de Mauriac et un peloton de gardes nationaux, avec ordre d'investir le château et de s'emparer de toute cette noblesse qui s'y cachait.

Brusquement réveillés par le bruit des chevaux et l'aboiement des chiens, les messieurs de Rochemaure et leurs amis se lèvent précipitamment, prennent leurs fusils simplement chargés à plomb et s'échappent à la faveur de l'obscurité. Mais à peine ont-ils fait quelques pas que les assaillants leur crient : *Halte-là!* et déchargent leurs fusils sur eux.

Pierre-Joseph de la Salle est blessé à la cuisse, mais sans perdre son sang froid, le vaillant jeune homme et ses compagnons, ripostent courageusement à cette brusque fusillade en déchargeant leurs armes sur les gendarmes et les gardes nationaux.

Soudain hommes et chevaux, plus ou moins atteints, prennent la fuite et vont rapporter à Mauriac « que le château de Veysset était rempli de rebelles, qui avaient fait feu de toutes les fenêtres, que les dames elles-mêmes qui s'y trouvaient, avaient pris part à la lutte en chargeant les armes pour rendre la résistance plus active, que la commune de Moussage était en pleine insurrection, qu'on avait sonné le tocsin, et que, devant un pareil soulèvement, ils avaient dû céder et s'éloigner (1).

Les dames et les messieurs de Rochemaure s'étaient échappés. Le jeune Pierre-Joseph banda tant bien que mal la plaie de sa jambe et put, avec sa tante et sa sœur, gagner le Puy-de-Dôme et puis le Port-Dieu.

Diacre depuis dix ans, ce jeune homme aspirait toujours à la prêtrise que ses courses incessantes et les malheurs du temps lui avaient fait longtemps attendre.

Il fut ordonné prêtre en 1800 par Mgr de Bois de Sanzay, archevêque de Vienne. Lorsque le grand acte réparateur de 1801 eut rétabli la hiérarchie ecclésiastique le saint prélat se hâta d'envoyer au nouveau prêtre des lettres de grand vicaire; mais l'abbé de la Salle déclina cet honneur. Avec une égale bienveillance l'évêque de Clermont voulut l'attacher à son administration ; le vaillant confesseur de la foi refusa humblement toute dignité et sollicita avec instance le titre de curé de cette infime bourgade du Port-Dieu où s'abritait sa famille, où il était né et où il voulait mourir en servant Dieu.

Son cousin et compagnon d'aventure, le jeune Jean-Baptiste de Rochemaure, se fit prêtre aussi et

(1) **Nous donnerons plus loin de plus amples détails sur cet événement et sur la famille de Douhet.**

tourna vers Dieu cette exubérance d'ardeur et d'énergie sainte dont il avait donné tant de preuves durant les terribles péripéties de la Révolution. Il se fit missionnaire ; spectacle consolant que la consécration à Dieu de ces deux nobles jeunes gens ! Tandis que l'un commençait sa vie d'apôtre, l'autre prenait possession de sa modeste cure.

Le nouveau curé de Port-Dieu eut bientôt conquis l'estime et l'affection de tous. Son père, sa mère, sa tante l'abbesse, quatre de ses sœurs qui avaient trouvé asile dans la pauvre bourgade pendant la tourmente, continuèrent à s'y grouper autour du nouveau pasteur.

Alors commença pour le curé de Port-Dieu cette vie d'oraison, de charité qui fit dire à l'évêque de Clermont, Mgr Duval de Dampierre : « Cet homme est réellement un saint. »

Ses devoirs curiaux remplis dans toute leur étendue, l'unique bonheur du curé était d'aller seul dans sa misérable église déserte, à genoux sur les dalles du chœur, sans appui aucun, passer de longues heures en adoration devant le tabernacle. Il fallait l'arracher à ses méditations pour l'obliger à prendre son frugal repas ; et maintes fois on le surprenait fort avant dans la nuit, immobilisé dans son extase, l'âme au ciel.

Le dernier témoin occulaire de ces surhumaines adorations, le marquis de Selve, fils de Maximilienne de la Salle, mort en 1894, tout parisien et étranger au mysticisme qu'il fût, ne parlait qu'avec une émotion profonde de son grand oncle et de son degré de sainteté peu commune.

La vénération de ses paroissiens faisait au pieux curé une auréole dont souffrait son humilité. On allait jusqu'à affirmer que tel malade qu'il avait béni, avait recouvré la santé, que tel incendie qui menaçait de tout détruire, s'était subitement éteint dès que l'abbé de la Salle avait tracé le signe de la croix sur les brasiers ardents.

Mgr de la Salle, protonotaire apostolique, ancien curé de Sénac et de Domme, au diocèse de Périgueux, mort centenaire en 1874, le dernier des de la Salle de Périgord, disait en parlant de son parent le curé de Port-Dieu, qu'il était venu voir vers 1824 : « Je n'ai vu nul homme donner des signes, aussi manisfestes de prédestination et de sainteté, sa charité l'avait réduit à la plus stricte pauvreté, mais quelles incomparables richesses n'avait-il pas acquis pour le ciel ! »

Le curé de Port-Dieu assista à leur lit de mort la plupart des siens : — La comtesse sa mère, en 1801 ; sa sœur, la religieuse de Lavassin, en 1805 ; sa tante l'abbesse, en 1810 ; sa seconde sœur religieuse de Saint-Cyr, en 1812 ; le comte son père, âgé de 92 ans, en 1816 ; sa sœur Jeanne, en 1825.

Tous avaient fait une mort de prédestinés.

Sous la Restauration, le roi Louis XVIII envoya à

l'humble curé de Port-Dieu la décoration du Lys; en 1817 Mgr Duval de Dampierre, se trouvant aux environs de Port-Dieu, alla voir l'abbé de la Salle et lui conféra le titre de chanoine titulaire de sa cathédrale faisant les plus vives instances pour le décider à le suivre à Clermont; l'abbé par respect accepta le camail mais refusa de quitter sa paroisse.

Lui qui, pendant dix ans, avait mené la vie la plus errante, s'éloigna, de 1802 jusqu'à sa mort, une seule fois de sa résidence; ce fut pour accompagner en 1804 ses deux sœurs, les dames de Saint-Cyr, à Lyon pour recevoir la bénédiction de Pie VII qui se rendait à Paris, et aussi pour soumettre à Sa Sainteté le projet qu'elles avaient de ressusciter, sous une forme plus en rapport avec les temps nouveaux, l'Institut des religieuses de Saint-Cyr, pour l'éducation des filles pauvres.

Il ne semble pas que ce projet ait reçu aucun commencement d'exécution.

Enfin les derniers jours arrivaient pour le saint curé du Port-Dieu. Le 5 novembre 1826, malgré les rigueurs d'un précoce hiver, l'abbé continuait ses longues oraisons; sa sœur, la dame de Saint-Cyr, qui avait survécu à tous, inquiétée de son absence plus prolongée encore que de coutume, se rendit à l'église. Elle le trouva les mains jointes, la face contre terre, paraissant prosterné encore après sa mort devant la sainte Eucharistie, en face de laquelle il avait rendu le dernier soupir.

La piété des fidèles se donna libre carrière. Pendant le temps que son corps demeura exposé, on ne cessa d'en approcher divers objets de piété; ses vêtements pieusement mis en morceaux furent recueillis par la foule.

Marie-Rose de la Salle, dame de Saint-Cyr, survécut à ses frères et sœurs. Elle fut aussi la dernière survivante de l'Institut de Saint-Louis à porter le grand cordon et la croix fleurdelisée des Dames de Saint-Cyr, au mariage de son arrière-neveu, le comte Louis-Désiré de la Salle de Rochemaure, avec Marie de Pollalion de Glavenas.

Elle mourut en 1853, âgée de plus de 80 ans.

Son frère aîné, le comte Louis-Bernard, était, avant la Révolution, exempt aux gardes du corps et capitaine de cavalerie. Il fut élu, le 27 octobre 1787, député de la noblesse à l'assemblée d'élection de Clermont. Chargé par le roi d'une mission auprès des Princes, il rejoignit Monsieur, frère du roi, à Coblentz, laissant à Chavigné sa jeune femme, Maximilienne de Courthille de Giac, qui venait de mettre au monde son premier enfant.

Le comte Louis-Bernard passa les années de la Révolution à l'armée de Condé, puis à Vienne en Autriche et à Loga en Prusse. Rentré en France en

1801, élevé au grade de colonel de cavalerie, promu chevalier de Saint-Louis, il releva le château de Chavigné qu'il habita jusqu'à sa mort, en 1839. Il avait 84 ans et était maire depuis longtemps de sa commune de Cros. Son fils continua la lignée.

A côté de la famille aînée dont nous venons de faire la pieuse histoire, et simultanément, vivait la branche cadette représentée, au moment de la Révolution, par François-Michel de Rochemaure, frère cadet du comte Guillaume.

Né à Rochemaure en 1725, il était capitaine au régiment de Clermont en 1747, chevalier de Saint-Louis en 1787. Il se trouvait à Rochemaure en 1790 et y laissa sa femme, Agathe de Giry, pour aller surveiller les intérêts considérables dont elle venait d'hériter en Forez. Il se trouvait dans cette province lorsque la ville de Lyon se révolta contre la tyrannie révolutionnaire, M. de Rochemaure, son compatriote, M. d'Auzers et plusieurs autres Auvergnats, se jetèrent dans la place pour aider à la défendre contre les armées républicaines que la Convention venait d'envoyer contre elle. Lyon succomba; par ordre de la Convention la ville fut détruite en partie et ses habitants, massacrés, fusillés, guillotinés.

M. de Rochemaure fut blessé. Reconnu par un de ses anciens soldats du régiment de Clermont, il fut dénoncé par lui et arrêté. Il ne subit aucun jugement et, sans pitié, il fut fusillé sur la place Bellecour.

Sa femme qui avait passé la période révolutionnaire à Rochemaure, se rendit dans sa famille à Roanne, en 1798, et y mourut, laissant trois fils.

Le premier, Joseph de la Salle de Rochemaure était lieutenant au Royal-Comtois quand éclata la Révolution. Il émigra, fit toute les campagnes de l'armée de Condé. Rentré en France, il épousa en Normandie Henriette des Marets de Ganneville, près Dieppe, devint, sous la Restauration, gouverneur de cette ville et y mourut.

Le second, Guillaume, dit chevalier des Granges (village au pied de Rochemaure, aujourd'hui voisin de la gare de Bort) était en 1789 capitaine de cavalerie. Il émigra avec son frère et rejoignit l'armée de Condé. Il fut nommé chevalier de Saint-Louis en 1815 et il mourut en 1829.

L'autre cadet des fils de Michel de Rochemaure, c'est ce vaillant séminariste, Jean-Baptiste, qui, obligé de quitter son séminaire et son habit ecclésiastique, émigra avec ses frères et fit plusieurs campagnes dans l'armée de Condé. Il se trouva, nous l'avons dit, à l'échauffourée du château de Veysset. Devenu prêtre, il se livra à la prédication et bientôt il fut honoré du titre de *missionnaire apostolique.*

En 1816, il prêchait le carême à Paris. Le vieux

duc de Bourbon, père de l'infortuné duc d'Enghien, ancien chef de l'armée de Condé, voulut, en souvenir sans doute de quelque action d'éclat de son ancien volontaire, attacher lui-même sur la soutane de l'abbé de Rochemaure, la croix de chevalier de Saint-Louis.

Quand vinrent les approches de la vieillesse, l'abbé missionnaire se retira au château de Rochemaure et y mourut en 1842.

Terminons en disant que cette noble famille des de la Salle de Rochemaure a bien mérité de la patrie et de l'Église pendant les mauvais jours : quatre religieuses victimes de la Révolution, quatre ecclésiastiques confesseurs de la foi, un chevalier de Saint-Louis, martyr de la cause catholique et monarchiste (1).

(1) *Nobiliaire d'Auvergne. Dict. hist. du Cantal.* — Notes fournies par M. Louis-Félix, comte de la Salle de Rochemaure, camérier d'épée de Sa Sainteté, grand officier de Saint-Grégoire.

CHAPITRE VII

EXTERMINATION DE LA NOBLESSE DANS LE DISTRICT D'AURILLAC. — MASSACRE DE M. COLINET DE NIOCEL. — EXÉCUTION DE M. COLINET DE LA SALLE.

Dans le district d'Aurillac, la guerre à la noblesse fut poussée avec une ardeur incroyable, disons mieux, avec férocité.

Dabord quelques membres des familles nobles, officiers presque tous, passèrent la frontière, croyant tout bonnement accomplir un devoir en allant rejoindre leurs chefs sous le drapeau. Mais bientôt ceux qui restaient sur le territoire d'Auvergne, en butte aux outrages, aux mesures violentes, aux fureurs démagogiques se virent contraints de s'éloigner pour sauver leur vie. Nous avons raconté la mort de M. de la Tour et de Madame de Laromade. Voici un fait encore plus tragique qui avait déjà eu lieu Aurillac.

M. Colinet de Niocel, seigneur de Labeau (1), était lieutenant-général criminel au Bailliage d'Aurillac depuis trente ans. D'un caractère ferme dans l'accomplissement de son devoir, il ne pliait jamais quand il s'agissait de la justice et du droit, ce qui lui avait fait un sombre renom de sévérité excessive. D'ailleurs il était gentilhomme, et avait dans la ville trois ennemis résolus à le perdre : Carrier, Hébrard et Milhaud.

Carrier, natif d'Yolet, était procureur au tribunal d'Aurillac, nous retrouverons ce farouche patriote dans tous les événements sinistres de la Terreur dans le Cantal.

Hébrard Dufau Pierre était avocat à Aurillac quand il fut élu député aux Etats-Généraux, comme nous l'avons dit. A la dissolution de l'Assemblée constituante, en 1791, il fut nommé président du tribunal criminel qui venait d'être établi à Aurillac. C'était un homme d'esprit, d'une belle prestance, mais de nulle valeur morale. Pendant la Terreur il joua un rôle abominable. Il existe contre lui au moins trois mandats d'arrêts pour vols, concussions, escroqueries : le premier de la part de Musset, représentant du peuple en mission dans le Cantal, le second de la part du

(1) Niocel ou Niossel est un château de la commune de Marmanhac ; Labeau, un château de la commune de Saint-Simon, deux communes du canton d'Aurillac.

Comité de Sureté générale, et le troisième, de la part de l'accusateur public du tribunal criminel du Cantal. Astucieux et hardi, Hébrard se tira de tous les mauvais pas.

Milhaud était d'Arpajon, bourgade à quelques kilomètres d'Aurillac. Ils étaient trois frères de ce nom : l'aîné fut, pendant la Terreur, capitaine de gendarmerie à Aurillac, membre de la fameuse Commission révolutionnaire du Cantal ; un de ses frères était, à la même époque, brigadier de gendarmerie à Maurs.

L'autre cadet, Jean-Baptiste, le plus célèbre, était, quand la Révolution commença, sous-lieutenant dans un régiment des colonies. Plein d'ambition, il se jeta avec ardeur dans le courant révolutionnaire, se fit membre de tous les clubs, de toutes les sociétés populaires, créa à Arpajon la *Société des hommes de la nature* et ne perdit jamais l'occasion de se mettre en vue et de jouer un rôle.

Pour établir sa puissance il conçut l'idée de centraliser entre ses mains le commandement de toutes les gardes nationales du pays et dans ce but il parvint, par des insinuations malveillantes, à faire destituer le 28 avril 1791, pour soupçon d'incivisme, comme étant gentilhomme, le chevalier de Saint-Martial de Conros, commandant de la garde nationale de la ville d'Aurillac. Mais Milhaud ne put parvenir à le remplacer ; le choix tomba sur Gourlat de la Veyrine, ancien capitaine au long cours, frère de Gourlat, de Saint-Etienne, maire d'Aurillac.

Malgré cet échec, Milhaud ne renonça pas à son idée, et le 14 juillet 1791, fête de la nation, il convoqua toutes les gardes nationales du pays, excepté celle d'Aurillac, à une assemblée générale, sur le plateau de Graffeuille entre Arpajon et Roannes. Voici le nom des paroisses qui furent représentées à cette solennelle réunion : Arpajon, Labrousse, Roussy, La Capelle-del-Fraissy, Boisset, Vitrac, Saint-Constans, Lacelles, Saint-Simon, Saint-Paul-des-Landes, Grandelles, Ytrac, Saint-Mamet, Sansac-de-Marmiesse, Omps, Roannes, Saint-Mary, Prunet, Vézac, Gion-de-Mamon.

Les gardes nationales de ces vingt paroisses étaient là, bannières en tête, autour de l'autel de la patrie. C'était superbe.

Enflammées par les véhéments discours de Milhaud, elles jurèrent de se soutenir les unes les autres et nommèrent avec enthousiasme l'orateur leur commandant en chef.

Fier de l'importance que lui donnait ce nouveau titre, Milhaud se présenta comme candidat à la députation pour l'Assemblée législative au mois d'août 1791. Mais M. Perret lui fut préféré. Ce nouvel échec souleva dans le cœur de l'ambitieux Arpajonnais de nouvelles haines contre Aurillac et des désirs de vengeance qu'il devait assouvir quelques mois plus tard. Il résolut de s'imposer par la force, par un coup d'éclat. Il attendit une occasion ; elle se présenta le 11 mars 1792 ; ce jour là toutes les communes du canton se réunirent à Aurillac, pour le recrutement de l'armée. L'opération eut lieu dans le vaste réfectoire des Carmes, où, depuis l'expulsion des religieux, la Société populaire tenait ses séances. Toute la jeunesse du pays, enrégimentée dans les gardes nationales, était présente et quand Milhaud parut ce fut un enthousiasme général et des acclamations passionnées. Dans un discours violent, Milhaud leur dit que leurs pires ennemis étaient dans la ville et qu'il fallait tirer vengeance de tous ceux qui n'étaient pas patriotes. Electrisés par ces paroles, les jeunes gens jurèrent « d'exterminer le premier aristocrate qui maltraiterait un patriote. » Les gardes nationales de Marmanhac, de Jussac, d'Yolet qui n'avaient pas pris part à la confédération du 14 juillet au camp de Griffeuille, déclarèrent se ranger sous le commandemant du grand patriote d'Arpajon.

« Les esprits, on le voit, étaient bien préparés. Aussi, lorsqu'après la dissolution de l'assemblée, les assistants se furent répandus dans les cabarets, la fermentation augmenta graduellement, au milieu de l'échauffement du vin et des conversations, tandis que les agents de Milhaud, passant dans certains groupes, parlaient des aristocrates d'Aurillac et désignaient mystérieusement quelques maisons suspectes : celle de M. de Niocel, celle du conseiller Capelle de Clavières, du directeur des postes et d'autres encore. M. Colinet de Niocel, vieillard de 70 ans, remplacé alors dans ses fonctions par Delzort de la Barthe, beau-frère du président Hébrard, avait paru aux meneurs une proie particulièrement facile, parce qu'il était peu populaire » (1).

Hébrard, autrefois décrété d'accusation par M. de Niocel et condamné par le tribunal, manifestait aussi son ressentiment contre l'ancien lieutenant-criminel au milieu de ces bandes avinées et surexcitées, de sorte que cette jeunesse égarée était prête à tout coup de main.

Après les opérations du recrutement, dans l'après-midi, des bandes de jeunes gens, la tête échauffée, se mirent à parcourir les rues, tambours en tête, et chantant le *ça ira*. Passant devant la maison de M. de Niocel, rue du Consulat, ils en brisent les vitres et les volets. Le soir un second assaut fut donné ; alors voyant sa vie en danger, M. de Niocel se retira chez un voisin pour y passer la nuit.

La nuit venue, beaucoup de jeunes gens se retirèrent

(1) *La Jacquerie en 1792*, intéressant opuscule de 60 pages, sur le pillage des châteaux dans le District d'Aurillac, par le vicomte de Miramon de Fargues.

et tout paraissait fini. Mais les machinations infernales des Carrier, des Hébrard, des Milhaud, qui voulaient terrifier le pays pour y régner en maîtres, devaient aboutir. Excités par eux, soutenus par tout ce qu'il y avait de démagogues outrés, de jeunes volontaires, pendant la nuit, se mettent à faire du tapage autour de l'habitation de M. de Niocel et à proférer des menaces de mort. C'est alors qu'un coup de feu part d'une croisée de la maison assiégée : il ne blessa personne, mais le vacarme fut à son comble.

Hébrard, dans le *Mémoire* qu'il fit imprimer plus tard pour se disculper des crimes dont-il était accusé, prétend que ce coup de feu fut tiré par un locataire de la maison de M. de Niocel, le perruquier Najac qui avait été chargé de faire le guet derrière les vitres brisées.

Le fils de M. de Niocel, dans sa réponse à Hébrard, affirme au contraire que le coup de pistolet fut tiré par un bandit qui se serait glissé dans la maison, afin que l'on put dire que l'agression venait de dedans : « Je répète, dit-il, que le coup de feu qui partit des fenêtres de notre maison, doit être attribué à un espion des scélérats qui méditaient d'assassiner mon père. Les informations le prouveront » (1).

(1) Voir cette réponse et le Mémoire d'Hébrard aux pièces justificatives, N° 2.

Quoiqu'il en soit, les perturbateurs crièrent bien haut qu'ils avaient été attaqués et ils portèrent plainte au corps de garde voisin. Le lendemain matin, 12 mars, les officiers municipaux furent saisis de cette plainte et le procureur de la commune fut chargé de dénoncer le fait au juge de paix.

Le juge de paix délivra un mandat d'arrêt contre le prétendu coupable, M. de Niocel, et envoya quatre hommes armés pour se saisir de lui. Ne le trouvant pas dans sa maison, ils entrent dans une maison voisine, celle de M. Delsuc, notaire, et l'ayant découvert, ils l'emmènent à la mairie qui était alors la maison Broha, aujourd'hui maison Souquière, sur la place de l'hôtel de ville. De là on le conduit en prison, d'abord pour donner satisfaction aux émeutiers, puis pour mettre M. de Niocel en sûreté; ce sont du moins les raisons données plus tard par la municipalité.

Les patriotes d'Aurillac, décidés à un coup d'éclat, voulurent associer à leur sinistre projet le plus de monde possible et dans ce but ils envoyèrent des émissaires dans les paroisses voisines : Arpajon, Yolet, Ytrac, Vézac, appelant à eux toutes les gardes nationales. Ils jettent l'alarme partout, ils font sonner le tocsin dans toutes les paroisses, criant qu'à Aurillac les aristocrates massacrent les patriotes. De toutes parts accourent les fédérés, les partisants de Milhaud;

plus de six cents hommes se trouvent réunis à Arpajon.

La municipalité d'Aurillac, prévenu de ce rassemblement, députe au Directoire du département, pour le prier de prendre des mesures protectrices. Celui-ci, considérant qu'aucune garde nationale n'a le droit de sortir de son territoire sans une réquisition de l'autorité, arrête d'envoyer aux milices campagnardes la défense formelle d'envahir le sol de la commune d'Aurillac. Les deux commissaires, MM. Marmontel et Lamouroux, arrivèrent à deux heures et demie sur la place publique d'Arpajon, où ils se trouvèrent en présence d'un rassemblement considérable commandé par Milhaud et prêt à partir.

Aussitôt ils mandèrent celui-ci dans la maison commune, lui lurent l'arrêté du District et lui enjoignirent de dissoudre sa troupe. Milhaud, pour ne pas se compromettre sans retour, se déclara prêt à obtempérer aux injonctions des commissaires, et joua, sous leurs yeux, une de ces comédies qui ne furent que trop fréquemment renouvelées dans ces temps troublés, et dont nous avons recueilli la tradition des bouches les plus autorisées. Tandis qu'il adressait à la foule des paroles d'apaisement, ses fidèles passaient dans les groupes, expliquant que le commandant était contraint par l'administration de leur tenir ce langage, mais qu'il ne demandait pas mieux qu'on lui forçât la main, et que d'ailleurs la sécurité publique exigeait qu'on marchât sur Aurillac. Ils firent si bien que la grande majorité de ces bandes déclarèrent ne pouvoir, en cette circonstance, obéir à leur chef et lui procurèrent ainsi l'affront qu'il souhaitait pour couvrir une partie de sa responsabilité. Aussitôt Milhaud revint auprès des commissaires, leur peignit l'état des esprits et leur dit de tenter eux-mêmes une conciliation qu'il n'avait pu obtenir; pour lui, il allait se retirer immédiatement en un lieu secret, afin de ne pas être mêlé aux événements qui pourraient survenir. Nous laissons à penser le peu d'effet que produisirent les exhortations des commissaires d'Aurillac sur cette population surexcitée, qui leur répondait par des cris de vengeance et qui n'attendait plus que son chef pour se mettre en marche. Celui-ci, comme il l'avait annoncé, s'était caché, de façon à donner le change sur ses intentions, mais pas assez bien toutefois pour qu'on ne le découvrît facilement. Aussi, lorsque, quelques instants après, on l'eut retrouvé dans la maison du maire, satisfait de cette simagrée qui sauvait les apparences, il se laissa faire violence le mieux du monde et se mit résolument à la tête des émeutiers.

Moins d'une heure après, il rangeait sa troupe en bataille sur la grande place d'Aurillac » (1).

(1) *La Jacquerie en 1792.*

Les confédérés posent leurs fusils en faisceaux pendant que leurs chefs vont sommer les autorités de leur livrer M. de Niocel; la municipalité cherche à parlementer disant que le prisonnier appartient à la justice.

Furieux de ces délais, les émeutiers marchent, l'arme au bras, vers la prison, enfoncent les portes, saisissent M. de Niocel et le trainent déjà blessé vers la place publique. Au milieu de cette infernale bagarre quelques personnes dévouées parviennent à dégager l'infortuné vieillard mais au lieu de le faire évader, il le font entrer dans l'hôtel de ville et en ferment les portes. On aurait pu le sauver; mais où était le maire, M. Gourlat? où était la gendarmerie? où était la garde nationale d'Aurillac? Personne ne les voit venir au secours; les nombreux documents qui existent sur cette triste tragédie n'en font aucune mention. Quand la garde nationale fut convoquée, il était trop tard. Ne trouvant donc aucune résistence, les forcenés entourent l'hôtel de ville, l'assiègent à coups de haches, les portes cèdent. Du haut des fenêtres quelques officiers municipaux tentent en vain de calmer les assassins; on les couche en joue. L'hôtel de ville est envahie, fouillé dans tous ses recoins. Un des bandits découvre le vieillard dans les combles du grenier, sous des fagots de bois; M. de Niocel lui offre sa montre d'or en le priant de garder le silence sur sa découverte ; le scélérat accepte la montre mais il va appeler ses camarades. Du grenier l'infortuné vieillard est traîné par les pieds, sa tête frappant sur chaque degré des escaliers, jusque sur la place publique au milieu des cris de mort. Là s'engage une lutte à outrance entre les assassins et quelques citoyens courageux, parmi lesquels on cite M. Charles Vacher de Tournemire, dit Bourlange, procureur-général-syndic du Directoire et M. Jean-Louis-Joseph de Falvelly, membre du Directoire du département. Ceux-ci font des efforts inouïs pour sauver le malheureux de Niocel ; ils ne parviennent qu'à sauver son fils. Pendant qu'ils emportent le fils on massacre le père. Un forgeron d'Arpajon, lui coupe la tête avec une hache. Quelques jours plus tard, dans l'expédition contre Montsalvy, ce même forgeron, brandissant la même hâche, disait cyniquement : « Voilà la hâche qui a coupé la tête à Niocel, il y a encore du sang, il faut qu'elle coupe aussi les têtes du curé et du maire de Montsalvy. »

La tête de M. de Niocel fut hissée au bout d'une fourche et promenée à travers les rues de la ville par des bandits, au milieu desquels on apercevait Milhaud qui serrait la main des assassins, en signe de satisfaction (1).

A la nouvelle de cet affreux événement les deux

(1) Le *Moniteur Universel*, t. 12, p. 15. — *Les Exécutés* par Boudet. — Le journal le *Décadaire*, N° 15.

fils de M. de Niocel, Antoine-Raymond et Charles-Henri, qui avaient déjà quitté Aurillac, sortent de France où ils ne se croient plus en sûreté. Ils sont portés sur la liste des émigrés. Le troisième, François, celui qui était à côté de son père à l'heure du massacre, se rendit plus tard à Paris pour dénoncer à la Convention, Milhaud « comme l'un des auteurs de l'assassinat de son père ». La Convention le renvoya à se pourvoir devant le tribunal criminel d'Aurillac. Mais les mauvais jours se prolongeant, non seulement il n'obtint pas justice, mais il fut même emprisonné avec sa mère à l'instigation d'Hébrard et de sa bande alors toute-puissante. Il obtint pourtant son élargissement provisoire et celui de sa mère moyennant la somme de six mille francs. Enfin liberté définitive leur fut accordée par le Comité de sûreté générale. Mais encore Hébrard essaya de les faire incarcérer de nouveau. C'est ce que nous apprend François de Niocel lui-même dans sa réponse à Hébrard. « N'étais-je pas une des victimes que tu envoyais au tribunal révolutionnaire ? le sang de mon père ne te suffisait pas, il te fallait le mien pour apaiser ta soif. Lorsque ma mère et moi eûmes obtenu notre liberté définitive, ne fus-tu pas, Hébrard, à différentes reprises, provoquer au club notre incarcération ? » (1)

(1) Voir Pièces justificatives N° 2.

« M. Colinet de Niocel ne fut pas le seul de la famille à périr révolutionnairement. M. Pierre-Maurice Colinet de la Salle, lieutenant-général au Bailliage de l'Epinal, fut exécuté dans les premiers jours du mois d'août 1794, à Paris, pour avoir écrit à ses neveux émigrés » (1).

Voici sur Colinet de la Salle, ce que dit Wallon :

« P. Maurice Colinet de la Salle-Chonville (39 ans), ci-devant lieutenant-général du Bailliage de l'Epinal, accusé de correspondance avec les émigrés. Il leur avait fait passer de l'argent. Il convenait qu'il avait envoyé à sa belle-sœur mille quarante livres sur ses revenus. Et puis il avait donné sa démission en juin 1792. On avait trouvé dans ses papiers un projet de lettre à un député où il lui faisait les plus sanglants reproches pour avoir voté la mort du roi. Il avait, dans le même esprit, écrit un projet d'adresse des communes de Lorraine, calqué sur l'adresse des cent cinquante communes de Normandie. Condamné à mort, il fut exécuté le même jour, 1 août 1794, à sept heures du soir » (2).

(1) Boudet, *Les Exécutés*, page 88.

(2) *Histoire du tribunal révolutionnaire de Paris*, t. 1, p. 266.

CHAPITRE VIII

FAITS ET GESTES DES BANDES DE MILHAUD DANS LE DISTRICT D'AURILLAC. — PILLAGE OU INCENDIE DES CHATEAUX DE CONROS, DE CAILLAC, DE VELZIC.

Le sang, que les patriotes venaient de verser, leur monta à la tête et les jeta dans le délire.

« Cet exploit, dit Boudet, eut des conséquences déplorables. Il montra aux chefs Arpajonnais ce qu'ils pouvaient oser sans péril. Ils convoquèrent immédiatement les gardes nationales du District d'Aurillac ; quand nous disons les gardes nationales, nous voulons dire cette partie malsaine et violente qui se trouve dans les corps les meilleurs. Il faut bien savoir qu'il en est de même dans toutes les révolutions ; les honnêtes gens s'abstenaient à cette époque de tout service de garde national quand il s'agissait d'une expédition de ce genre. Mais les meneurs pouvaient toujours compter sur une troupe composée de gens sans vergogne ou de malheureux que la solde attirait.

Il se jetèrent les 19, 20, 21 mars et jours suivants sur les châteaux du pays » (1).

Milhaud comptait sur les bandes armées. Pour les exciter de plus en plus et les pousser en avant, il leur persuadait que leur devoir était de ne rentrer dans leurs foyers qu'après avoir achevé l'œuvre de la vengeance populaire ; il ajoutait qu'il était venu de Paris l'ordre de détruire tous les châteaux. Ce langage entretenait dans le pays un frémissement de révolte et une fermentation extraordinaire que les modérés avaient peine à contenir. Enfin le troisième jour après le meurtre de M. de Niocel, Milhaud lance ses meutes affamées.

Le premier château qu'elles rencontrent est celui de Conros, sur la paroisse d'Arpajon non loin des bords de la Cère. Il appartenait à la famille de Saint-Martial, représentée alors par trois frères et deux sœurs.

Les bandits y mettent le feu ; mais il se ravisent et, pensant qu'il était mieux de s'emparer du riche mobilier que de le brûler, ils arrêtent l'incendie et font à qui mieux mieux dans le pillage.

Le même jour ils se jettent sur le château de Caillac, sur le territoire de Vezac, commune voisine. Ce vieux manoir appartenait à la famille de Beauclair.

(1) *Les Exécutés.*

Cette famille tirait son nom d'un château dont on voit encore les ruines dans les hauteurs de la vallée de Fontanges, canton de Salers.

Quand les pillards arrivèrent, madame de Beauclair s'enfuit emportant dans ses bras son jeune enfant qui mourut sur les montagnes. La mère désolée, après des fatigues inouïes, arriva à Clermont où elle se cacha, avec son mari. Celui-ci avait un frère qui fut également persécuté par la Révolution. Ces deux gentilshommes ne sont pas portés sur la liste des émigrés mais il sont inscrits sur la liste des suspects, de Carrier, en ces termes : « Caillac, dit Beauclair, et sa femme : anciens nobles, prôneurs de la contre-révolution, s'étant retirés à Clermont pour avoir plus de facilité à conspirer et d'entretenir correspondance avec les Lyonnais et les émigrés, violemment soupçonnés d'avoir fourni des fonds pour l'émigration du Cantal. — Caillac-Beauclair, dit Lagrillière (1), ex-noble, grand usurier, antique tyrannau de province, aristocrate ouvert et prononcé, soupçonné fortement ainsi que son frère, tous les deux puisamment riches, d'avoir fourni des fonds aux émigrés du Cantal. »

Pendant la Révolution, M. de Beauclair et sa femme ne sauvèrent leur vie qu'en gorgeant d'or les potentats du jour. Il donna une fois 7,900 livres à

(1) Lagrillière est un hameau de la commune d'Arpajon.

Alary qui devait les partager avec Perthus et Boudier cadet. Perthus en eut 3,000. C'est ce que nous apprend Alary lui-même dans sa déposition :

« Alary : pour apaiser Perthus qui menaçait Beauclair, je lui ai remis 3,000 livres de sa part. Beauclair m'avait donné 7,900 pour Perthus et Boudier, cadet.

De Beauclair déposa lui-même : « j'ai donné à Alary pour racheter une lettre trouvée dans les papiers de Lastic, mon beau-frère et qui était entre les mains de Fau, agent national et de Boudier administrateur, une somme de 12,000 francs dont six mille en assignats et deux billets au porteur de 3,000 chacun. Alary me rapporta un billet disant qu'il fallait de l'argent. Alors je retirai le billet et comptai 3,000 livres ; le 14 octobre dernier (vieux style) j'acquittai l'autre billet à Gard fils, de Jacques-Desblats (Saint-Jacques-des-Blats), qui en était porteur.

Une autre fois Beauclair donna 1,500 francs. En voici la preuve : « Lajeunie dépose : j'ai envoyé par Dilhac, une somme de 1,500 francs au président Brugoux, pour l'engager à donner à Beauclair et à sa famille des notes favorables. »

— Brugoux, dans son interrogatoire, convient avoir reçu les assignats après bien des refus et dans la crainte seulement que Dilhac ne les retint et ne dit les avoir donnés. Il ajoute *qu'il fit un billet* que Dilhac refusa et qu'ayant retrouvé ce billet dans ses papiers *depuis le 6 brumaire,* il le renvoya à Beauclair qui ne l'a pas voulu parce qu'il n'était que de 1,170 francs que Brugoux prétend avoir seulement reçu.

Dilhac dépose : « Dans le temps de la Commission, Lajeunie m'exposa que Beauclair était encore en arrestation, qu'il désirait en sortir, qu'il craignait de plus que la *Commission* ne lui rendit pas justice dans les notes qu'elle allait faire sur son compte. Il m'invita à porter de l'argent à Brugoux. Je fus trouver Brugoux qui d'abord me parut refuser de si bonne foi que je remis l'argent dans la poche ; mais sur quelques observations qu'il me fit je crus que ses scrupules étaient levés ; j'offris l'argent et il fut accepté.

Brugoux me proposa d'en faire un billet que je ne voulus pas accepter ; nous finîmes par déjeuner ensemble. Lajeunie a dit m'avoir donné 1,500 francs je ne sais pourquoi. Brugoux n'en a accusé que 1,170, au reste j'ai donné ce qu'on m'a remis ».

Beauclair dépose : « J'ai reçu, depuis le 6 brumaire, de la part de Brugoux 1,170 francs, dont j'ai fourni quittance à Lacarrière, officier de santé ».

Le dernier des Beauclair, Charles de Beauclair, sous-préfet d'Aurillac, s'est honoré en faisant des legs considérables aux établissements de charité de cette ville par son testament du 1er mars 1817. Il a légué deux domaines à l'hospice ; six mille francs aux sœurs de la charité ; deux mille francs au collège ; deux mille francs aux pauvres de sa paroisse et d'autres sommes à ceux des autres communes. Il mourut en 1817.

Après avoir dévasté le château de Caillac, les pillards courent après d'autres exploits.

Le même jour, 15 mars, et les jours suivants, un attroupement se forme dans la commune de Lascelles et se porte sur le château de Velzic appartenant à la marquise veuve de Fontanges. Elle était absente et les démagogues lui firent écrire qu'elle avait à donner pour sa part de contribution une somme de douze mille deux cent quarante francs. En attendant une réponse, ils placèrent au château une garde de plusieurs hommes qui se succédaient jour et nuit, qui faisaient bonne chère et se livraient à toutes sortes de désordres. Le District d'Aurillac avait enjoint à la municipalité de Lascelles de faire retirer cette garde, mais ladite municipalité, soit mauvaise volonté, soit impuissance, n'avait point délivrer le château.

Si la somme demandée arrive, disaient les hommes de garde, nous nous retirerons, si elle n'arrive pas, nous pillerons le château et nous y mettrons le feu. Une demoiselle Esteyrie, qui habitait le château, faisait toujours espérer la somme et les buveurs de vin prenaient patience.

Sur ces entrefaites les 36 administrateurs du département se réunissent et ayant appris les désordres de Velzic, firent appeler le maire de Lascelles et lui demandèrent pourquoi il permettait des attroupements dans sa commune et des voies de fait contre le château de la dame de Fontanges. Le maire répondit que la municipalité avait fait tous ses efforts pour s'opposer à ces voies de fait, que son autorité avait été méconnue et sa propre vie en danger.

L'assemblée, dans sa séance du 9 avril, considérant qu'il importe de faire cesser de pareils brigandages, ordonne au Directoire du District d'Aurillac de faire partir pour Lascelles cent cinquante hommes de la garde et cinq brigades de gendarmerie pour arrêter les coupables.

Mais lorsqu'ils arrivèrent la garde avait disparue et tout était rentré dans l'ordre. Anne Boudon, aubergiste à Velzic, déclara au commandant des gardes nationaux d'Aurillac que les hommes de garde au château avaient pris pour environ deux cents francs de vin, par ordre de Pierre Olivier, habitant du village. Cet Olivier soupçonné d'être fauteur du trouble fut arrêté et livré à la justice (1).

La branche des Fontanges, de Velzic, fut très éprouvée pendant la Révolution. Tous ses biens furent vendus nationalement.

Le 16 mars, à Giou, soudain le tocsin sonne.

(1) Procès-verbal de l'Assemblée départementale de 1792.

Le maire accourt sur la place suivi de plusieurs membres du conseil municipal et il se trouve en présence d'un énorme rassemblement d'Arpajonais et d'autres gens du pays. Il les somme de se dissiper et s'ils ne le font, il sera obligé à son grand regret, de proclamer la loi martiale. Mais les pillards, loin de se soumettre, se redressent et d'un ton menaçant crient au maire et aux conseillers « que s'ils le faisaient, il leur en coûterait cher. » Le maire insiste, mais la bande dont la colère s'enflamme, leur dit « de se retirer bien vite et de ne pas s'aviser de dresser procès-verbal de la ronde qu'elle faisait sur son territoire ».

Sur ce, la municipalité de Giou, voyant sa vie en danger, jugea prudent de se retirer et d'abandonner le champ de bataille aux bandes de Milhaud.

Elles continuent donc leur ronde dans la commune de Giou et dans celle de Saint-Simon, envahissant les demeures des nobles, des prêtres, des gens riches, brisant les meubles, emportant le mobilier, vidant les caves, dépeuplant les basses-cours, commettant partout de monstrueuses exactions et levant *au nom de la loi* des contributions violemment arrachées à de braves gens sans défense.

« Et par qui ces vexations étaient-elles commises ? Par des citoyens Français, des gardes nationaux, précédés de leurs bannières, des officiers municipaux en écharpe qui tous avaient juré de maintenir la Constitution de tout leur pouvoir et de périr jusqu'au dernier plutôt que de laisser violer la sûreté des personnes et des propriétés. De tels forfaits font frémir et déshonnorent ceux qui les commettent » (1).

(1) Procès-verbal de l'Assemblée départementale de 1792, p. 17.

CHAPITRE IX

PILLAGE DE MONTSALVY.

Les bandes de Milhaud, ne trouvant plus de châteaux à piller dans les environs d'Arpajon, demandèrent à étendre le cercle de leurs opérations. Milhaud les conduisit à Montsalvy. C'était le chef-lieu d'un canton peu disposé à accepter les idées nouvelles et où d'ailleurs les patriotes espéraient trouver un immense butin.

Depuis plusieurs jours, Montsalvy était agité par les menées de quelques démagogues qui avaient juré haine à M. Jalinques, curé de la paroisse, parce qu'il n'avait pas prêté serment, et à M. Casses, notaire et maire, parce qu'il était trop aristocrate.

Le dimanche, 18 mars, la population était dans une agitation extrême. Parmi les exaltés était le sieur Bonnet, dit Lavernhe, fils du juge de paix de Montsalvy, qui tenait les propos les plus incendiaires : « Je donnerais, dit-il, la moitié de mon bien qu'on coupât la tête à Casses — sont-ils partis le maire et le curé ? — s'ils ne sont pas partis j'irai les chercher moi-même, et dût-il m'en coûter ma maison brûlée, au moins j'aurais le plaisir de les voir pendus. » Dans ce but, il appela les Arpajonnais qui d'ailleurs étaient déjà en course, occupés à piller les châteaux.

Le lundi, 19 mars, six jours après le massacre de M. de Niocel, ils arrivent à Montsalvy avec d'autres patriotes du pays, faisant tous ensemble un total de deux mille hommes commandés par Milhaud, dont trente environ étaient à cheval sous le commandement de Vaurs aîné, autre citoyen d'Arpajon.

Bonnet et ses amis allèrent au-devant de la troupe à quelques pas de Montsalvy.

Les bandes républicaines se dispersent par peloton dans la ville. Le maire et le curé ont pris la fuite. Le pillage commence. Voici le compte-rendu du pillage de la maison du maire :

« A M. Firmin de Montavile, lieutenant de la gendarmerie nationale à la résidence de Maurs :

« Pierre Casses, notaire royal et maire de la commune de la ville de Montsalvy, a l'honneur de vous exposer qu'un attroupement d'environ deux mille hommes, marchant à leur tête plusieurs prétendus commandants, entr'autres le sieur Milhaud, d'Arpajon, s'étant rendus à Montsalvy, le 19 mars dernier, armés de fusils, baïonnettes au bout, pistolets, sabres, piques, fourches de fer, faux, haches et autres différents instruments, y firent le plus grand mal, entr'autres audit sieur Casses. Un groupe de ces hommes se rendirent dans sa maison où ils burent tout son vin jusqu'au dernier verre, s'emparèrent de tous ses approvisionnements tels que pain, lard, jambons, graisse, huile, fromage, cassèrent et brisèrent toutes les vitres de ses fenêtres, portes vitrées, contrevents, cabinets, coffres, armoires, dissipèrent et enlevèrent tous ses souliers, bas, porte-manteaux, deux pendules, en brisèrent les boîtes, deux tourne-broches, passèrent la nuit dans sa maison, placèrent plusieurs chevaux dans son écurie; ils firent dans la maison leur mangeaille pendant toute la nuit, tuèrent toute la volaille; les bois de lit qu'ils préféraient leur servaient à faire feu. Ils distribuèrent et s'emparèrent de toutes les garnitures de ses lits, matelats, coëtes de plume, couvertures, rideaux, brisèrent et foulèrent aux pieds plusieurs de ses propres titres, minutes et terriers dont il était dépositaire comme notaire et en enlevèrent d'autres, s'emparèrent de l'argent qu'ils purent trouver, vaisselle, cuivres, sans rien excepter, de manière qu'ils ne laissèrent que les quatre murs. Ils eussent même mis le feu à sa maison si la crainte de l'incendie des maisons voisines ne les eut retenus, s'emparèrent des burettes d'argent avec la navette du ci-devant prévôt de Montsalvy, dont ledit Casses était dépositaire; ils distribuèrent tout le seigle, avoine, blé noir et autres denrées qui étaient dans les greniers, qui se portaient à plus de 150 septiers, mesure de Montsalvy.

Le sieur Bonnet, fils du juge de paix de Montsalvy, avait dit la veille de cet attroupement, jour de dimanche, « qu'il donnerait la moitié de son bien qu'on coupât la tête audit sieur Casses et que toute la famille de Ruols n'empêchera pas de le faire ». Guillaume Colon, Pierre Seriez, Flegs, secrétaire, greffier du juge de paix, Raymond Montarnal, Rispal, enregistreur, Jean-Baptiste Faliès étaient du nombre de ceux qui entendirent tenir ce propos au sieur Bonnet, dit Lavernhe; c'est à la suite de ce propos qu'il se rendit avec ce groupe d'hommes dans les greniers de l'exposant pour y présider à la distribution de ses grains.

Le nombre de ceux qui se rendirent à Montsalvy en attroupement, disaient publiquement qu'ils ne se seraient pas rendus à Montsalvy si certains citoyens de la ville ne les avaient sollicités de s'y rendre. Ces deux circonstances n'excusent pas le sieur Bonnet, dit Lavernhe; pour l'éclaircissement de ce fait l'exposant a l'honneur de vous indiquer pour témoins Jean Paul, François Brechet, serruriers; Jean Bonnet, dit Camelier et Jean Madamour, tous de Montsalvy et autres. D'une fois que le sieur Bonnet demeurera convaincu de ces faits, outre qu'il ne peut pas éviter la punition, doit-être tenu à restitution conjointement avec son pére, Guillaume Bonnet.

« Le sieur Jean Vaurs aîné, d'Arpajon, était un de ceux qui passèrent la nuit dans la maison du sieur Casses, il est sans doute un de ceux qui présidaient au mal et tort qui furent faits à l'exposant dans sa maison, exploitation et enlèvement de ses effets. C'est après cet exposé que ledit sieur Casses a l'honneur de vous donner sa plainte contre le sieur Bonnet, dit Lavernhe et ledit sieur Jean Vaurs, leurs fauteurs, complices et adhérents, à ce qu'il vous plaise, Monsieur, d'en informer contre eux et donner au sieur Casses acte de sa plainte. Signé : CASSES. »

M. Casses avait deux maisons, la seconde ne fut pas plus épargnée que la première. Dans la cave de la seconde étaient deux *charretées de vin :* l'une fut bue sur place, l'autre sur le champ de foire.

Le vingt-cinq juin, le lieutenant de la gendarmerie de Maurs arriva à Montsalvy et fit une enquête qui constata les fait énoncés dans la requête du maire. Voici quelques-unes des dépositions des témoins :

Jean-Paul Tisserand dépose que le sieur Antoine Bréchet de la commune de Jussac, qu'il croit-être un des commandants de la troupe, lui dit : « Ah ! bougres, vous nous avez mandés venir, vous êtes bien coquins, mais vous la paierez. »

Jean-Laurent Flèche, greffier du juge de paix, déclare que le même Brechet, de Jussac, avait dit : « qu'on voulait la tête du sieur Jalinques, ci-devant curé de Montsalvy ; celle du sieur Delmas, notaire et celle du sieur Casses, notaire aussi. »

Pierre Seriez, de Lavernhe, paroisse de Montsalvy, déclare que le 18 mars il avait entendu le sieur Bonnet, dit Lavernhe, dire à Guillaume Roque, gendre de Casses : « Eh bien, ton beau-père n'est pas parti encore, il faudra bien qu'il parte. » Il déclare en outre qu'il avait vu *le Fabre d'Arpajon* (1) dans les greniers de Casses distribuer du blé à ceux qui en voulaient. Il ajoute que lui, déposant, il avait été forcé par deux particuliers de l'attroupement de conduire avec des bœufs, le 20 mars, de Montsalvy à Lafeuillade, une barrique de vin et que, chemin faisant, il avait aperçu que le Fabre d'Arpajon emportait une nappe pleine de plomb de croisées et une pendule sous le bras enveloppée d'une serviette.

Jean-Baptiste Taliès, aubergiste à Montsalvy, dépose avoir entendu dire à Jean Vaurs, aîné, d'Arpajon : « C'est au maire que nous en voulons, il paiera

(1) *Le Fabre*, traduction patoise du mot forgeron.

tout; c'est un aristocrate, c'est lui qui cause tout le trouble. »

Antoine Goudergues, journalier : « Le Fabre d'Arpajon voulait me donner à emporter environ huit serviettes, un plat d'étain et une bassinoire, mais je n'ai pas voulu m'en charger. »

Jean Montarnal : « Le lundi à deux heures après midi m'étant rendu par curiosité dans la maison de Casses, j'ai vu le pillage aux trois-quarts fait à la réserve du blé que le Fabre d'Arpajon distribuait à ceux qui en avaient le plus besoin, disant : « J'ai tué un homme, mais il faut faire des bonnes œuvres aujourd'hui. »

Antoine Bromet, charpentier, déclare que lundi 19 mars dernier, sur les huit heures du matin, le sieur Bonnet, dit Lavernhe, avait rassemblé une huitaine de personnes et était allé au devant de l'attroupement qu'on attendait, et qu'en chemin ledit Lavernhe leur avait dit : « Il faut de ce coup avoir la tête de l'ancien curé et celle du maire; c'est ce bougre là qui cause tous nos troubles; dût-il m'en coûter la moitié de mon bien, il sera décapité... » Il ajoute que lui, déposant, il avait entendu, pendant qu'on pillait, le Fabre, ayant d'une main une pendule et de l'autre une hache, dire : Voici la hache qui a coupé la tête de Niocel; il y a encore du sang, il faut quelle coupe encore celles du curé et du maire. »

Pierre Bromet, tailleur, dépose avoir entendu le

Fabre disant : « Maintenant je vais aller faire une bonne action en distribuant aux pauvres le blé du sieur Casses pour réparer les souffrances que j'ai fait souffrir au sieur Niocel. »

Suivent d'autres dépositions, mais c'est assez (1).

Les compagnons de Milhaud ne se bornèrent pas à la dévastation de la maison du maire ; toute la ville devint la proie de ces deux mille rôdeurs, ardents à la curée, aux bras nerveux.

Dans un document des archives d'Aurillac, nous lisons :

« Lundi, 19 mars 1792, plusieurs gardes nationales, commandées par Milhaud, d'Arpajon, arrivèrent à Montsalvy et Milhaud permit le vol et le pillage. Ils brisèrent les portes des archives de la Collégiale et, entre autres choses, enlevèrent le bâton pastoral du Prévot, qui était d'argent. »

Il est facile de concevoir le désordre, le dévergondage, les excès en tous genres, auxquels se livra ce ramassi de vauriens commandés par un Milhaud. Ils se retirèrent enfin emportant des meubles, du linge, des pendules, de l'argenterie, des barriques de vin, etc.

(1) Procès verbal de l'enquête, manuscrit original, en mes mains.

CHAPITRE X

PILLAGE DU CHATEAU DE LADINHAC. — INCENDIE DES CHATEAUX DE MONTLOGIS, DE LA BESSERETTE, DE SÉNEZERGUE. — ILLUMINATIONS ARPAJONNAISES. — DÉVASTATION DES CHATEAUX DE LA RODDE, DE MURAT, DE CONQUANS, DE POUX. — MONSEIGNEUR D'HUMIÈRE.

Après le pillage de Montsalvy, Milhaud, avec ses bandes, revint dans la commune de la Lacapelle-del-Fraissy, à la Feuillade, où il établit le centre de ses opérations. De ce quartier général, entouré des gardes nationales de plus de quinze paroisses, il envoyait ses fidèles compagnies piller et brûler les châteaux voisins.

Le château de Ladinhac fut attaqué, dévasté de la cave au grenier, ainsi que plusieurs maisons de la contrée; puis les hordes dévastatrices se portèrent sur le château de Montlogis dans la même commune.

Le château de Montlogis appartenait à la famille de Chaunac-Lanzac. A l'arrivée des pillards, M. et Mme de Chaunac eurent à peine le temps de s'échapper, emportant deux petits enfants dans deux paniers, sur une ânesse. Après qu'on eut tout enlevé, meubles, linge et comestibles, Milhaud ordonna d'y mettre le feu et de se retirer; mais l'incendie mal allumé, s'éteignit; alors un voisin courut avertir la bande déjà loin; elle revint et cette fois elle ne s'éloigna qu'après que tout fut consumé par les flammes. Il ne reste aujourd'hui de ce château qu'une tour au milieu de vastes ruines.

Dans la même commune de Ladinhac se trouvait le château d'Auberoque appartenant à une branche de la famille de Fontanges. Il fut sans doute pillé comme les autres, mais je n'ai pas de données positives.

Le même jour, le château de Labesserette appartenant à M. d'Humière de Marcolès était en feu, on ne laissa que des ruines.

Après l'incendie de Labesserette vint celui du château de Sénezergues.

« Depuis deux jours, le château de Sénezergues recevait la visite de détachements armés que Milhaud y envoyait, avec ordre d'y festoyer. Les premiers arrivants, paisibles gardes nationaux de la commune, se contentèrent de visiter les caves et de se griser abominablement. Survinrent après eux des étrangers, venus, pour la plupart, des paroisses voisines, armés de fourches et de hâches, qui intimèrent aux premiers de leur céder la place. Puis, voyant que ceux-ci étaient totalement abrutis par une orgie de deux jours et de deux nuits, ils se mirent, sans plus de scrupules, à déménager les meubles et les effets du château. Pendant qu'ils étaient occupés à cette agréable besogne, la bande qui venait d'incendier Labesserette fit à son tour son apparition. En vain, les gens de la maison offrirent une forte somme en assignats pour obtenir qu'on épargnât au moins les bâtiments ; en vain pour tâcher de gagner du temps, ils promirent de faire monter sur le toit un couvreur qui enlèverait les girouettes : on leur répondit qu'on désirait aller plus vite en besogne ; et le maire, affolé par les menaces, refusa son intervention. Alors, tandis que des citoyens courageux, l'abbé Puech, de Martrou ; son frère ; Mas, de Lafont ; Plantecoste, del Mas, conjuraient la foule de ne pas commettre un nouveau crime, deux misérables montèrent au dernier étage de l'habitation, et là, au moyen de la batterie de leurs fusils, ils mirent le feu à une quantité d'étoupes qu'ils placèrent dans la paillasse d'un lit. L'incendie, se communiquant avec une rapidité imprévue, envahit bientôt la toiture tout entière, pendant qu'en bas on parlementait encore. Les quatre hautes tours, qui flanquaient le corps de logis, apparurent soudain avec un panache de flammes et, comme des torchères énormes, éclairèrent une scène d'une inoubliable horreur. La foule, surprise par cette crainte de destruction imminente avant que sa cupidité ne fut assouvie, se rua au pillage du colosse, disputant une proie aux flammes et jetant les meubles par les fenêtres. C'était, dans la cour, une course affolée de gens emportant leur part de butin, un mélange effrayant de cris d'hommes et d'animaux : car les paroisses voisines étaient accourues avec des chars à vaches et déménageaient les greniers à blé. Enfin, pour compléter ce spectacle sauvage, on vit tout à coup se balancer, au dessus de la porte d'entrée, le corps d'un des domestiques de M. du Barra, que la foule pendait pour le punir de son dévouement à ses maîtres. Ce fait, qui nous a été souvent raconté, n'est cependant pas consigné dans la déposition de Jean Mondonet (1).

Des hauteurs de la Capelle-del-Fraissy, ajoute M. de Miramon, Milhaud et ses amis pouvaient applaudir à leur œuvre en contemplant les lueurs de ce qu'ils appelaient plaisamment entre eux les *illuminations Arpajonnaises*. Autour de ce sinistre feu de joie, toutes les forces de la Jacquerie s'étaient rassemblées. Le lendemain elles se divisèrent en trois bandes : la première retourna à Ladinhac où elle pilla l'habitation de M. de Boissieux et démolit deux tours ; la seconde prit la direction de la Capelle-del-Fraissy pour s'attaquer au château de la Rodde, appartenant à M. de Lacarrière-Comblat (2) ; la dernière enfin se dirigea sur la Motte où demeurait

(1) *La Jacquerie en 1792*, page 36.

(2) M. de Lacarrière se plaignit plus tard qu'on lui avait fait pour plus de soixante mille francs de dégats.

M. le baron de Bonafos, mais elle fut arrêtée en route par la garde nationale de Mourjou et prit la direction de Leynhac où elle se livra à des scènes de dévastation.

Le château de Longuevergne fut aussi pillé en partie. Sa destruction fut empêchée par la municipalité de Leynhac. Les bandes incendiaires se dirigèrent vers les communes de Vitrac et de Marcolès.

A ces bandes se joignit la garde nationale de Boisset. Cette commune était fanatisée par le démagogue Hugue Lac, son maire, qui aspirait à la célébrité de Milhaud, et voulait jouer, dans le canton de Maurs, le même rôle que Milhaud jouait dans les cantons d'Aurillac et de Montsalvy. Après la mort de Robespierre, le 9 thermidor, cet homme fut condamné à douze ans de fers pour vols et détournements de fonds. Ce patriote, suivi de ses affidés, et de concert avec le maire de Saint-Etienne-de-Maurs, attaqua d'abord les châteaux de Murat sur cette dernière paroisse, appartenant à la famille de Peyronnenq. Ces deux châteaux, à côté l'un de l'autre, étaient joints par une galerie. Ils furent dévastés et on exigea en outre de Mme de Peyronnenq une grosse somme d'argent pour payer les dépenses dans les auberges. Elle ne sauva son fils qu'en le déguisant en petit paysan.

La famille de Peyronnenq était possessionnée en Quercy et en Auvergne. Antoine, vicomte de Peyronnenq-Saint-Chamarand, seigneur de Ferrière, de

Murat, de Marmiesse et co-seigneur de la ville de Maurs, officier supérieur de cavalerie, inspecteur général des haras et président de l'élection d'Aurillac en 1787, a laissé, de Catherine-Françoise Fortet, une fille, Marie-Anne de Peyronnenq-Saint-Chamarand, alliée, le 15 novembre 1796, à Jean-Gabriel de la Garde, comte de Saignes, père, par elle, d'Antoine-Félix-Auguste de la Garde, comte de Saignes (1).

Trois de Peyronnenq, le père, la mère et le fils, sont portés en ces termes sur la liste des émigrés :

« Peyronnenq Antoine Saint-Chamarand, ci-devant vicomte, dernier domicile à Maurs, a obtenu mainlevée, par arrêté du 22 septembre 1792 et a justifié de sa résidence le 13 mai et le 24 novembre dernier, 1792.

Peyronnenq fils, ci-devant page.

Peyronnenq, épouse du sieur Debals de Trinqualéon ci-devant noble. »

Sur la liste des biens nationaux nous voyons que M. de Peyronnenq possédait à Maurs une maison et plusieurs corps de domaines; à Saint-Etienne de Maurs, deux domaines, à Quézac, deux domaines. Comme il présenta un certificat de résidence ses biens ne furent pas vendus.

Carrier le mit sur la liste des suspects en ces termes

(1) *Nobiliaire d'Auvergne.*

odieux : « L'ex-vicomte de Peyronnenq, sa femme et leur fils aîné : le père a été dans l'ancien régime un des ci-devant qui a le plus vexé et maltraité les paysans. Ce fut lui qui, à l'Assemblée des Etats-généraux, se donna le plus de mouvement, intrigant le plus pour engager la ci-devant noblesse du Cantal à ne renoncer à aucun de ses privilèges et qui en fit consigner l'arrêté dans le cahier des doléances ; aristocrate forcené, dur, insolant et hautain ; depuis cette époque ayant émigré en Espagne et rentré, depuis, affichant toujours la marque orgueilleuse de l'ancien régime et professant ouvertement l'aristocratie ; sa femme et son fils sont des aristocrates aussi ouverts, aussi prononcés que lui. »

M. de Peyronnenq émigra ; son fils suivit son exemple et périt à l'armée des princes d'une chute de cheval. Sa seconde fille mourut peu de temps après, de sorte qu'il ne resta à M. de Peyronnenq que sa fille aînée, Mme de la Garde de Saignes. Il mourut en 1814 et avec lui disparut son nom (1).

Après avoir dévasté le château de Murat, les gardes nationaux de Boisset saccagent le château de Conquans, dans la commune de Boisset, et se dirigent sur le château de Fargues, commune de Vitrac.

(1) *Dict. hist. du Cantal*, art. Parlan.

Pendant ce temps d'autres bandes incendiaires se portaient sur la commune de Marcolès.

« La commune de Marcolès, dit M. de Miramon, apprenant que des étrangers pillaient la Rodde et voulaient ensuite faire une incursion sur son territoire, députa, vers ceux-ci, les sieurs Miquel, maire, Falissard et Devez, officiers municipaux, et Courbaisse, conseiller général, pour les détourner de leur dessein. Les envoyés trouvèrent la maison de la Rodde entièrement saccagée et eurent grand peine à empêcher qu'on y mit le feu.

Ils obtinrent cependant cet adoucissement, à la condition expresse qu'ils feraient démolir, par leur garde nationale, tous les logis nobles que leur paroisse renfermait. Comme ces injonctions étaient accompagnées de menaces, la municipalité crut devoir envoyer des couvreurs pour découronner avec précaution les châteaux de Poux et de Faulat ; mais, vers le soir, un groupe nombreux d'Arpajonnais survint pour constater si on obéissait à leurs ordres. Comme de coutume, ils voulurent mettre eux-mêmes la main à l'œuvre, et les dégats furent considérables. »

Le château de Poux, situé à trois cents mètres environ du bourg de Marcolès, district d'Aurillac, appartenait, en 1789, à la famille d'Humière.

Le comte Guillaume d'Humière était âgé de quatre-vingts ans. Il avait de sa femme Marie-Louise de

Leygonie, deux fils : Pierre-François-Joseph, capitaine au régiment d'Orléans-Dragon, et Louis-Joseph grand vicaire de Mgr Alexandre-Angélique de Talleyrand-Périgord, évêque de Reims (1).

Le vieux comte, malgré mille tribulations, résida au château de Poux, jusqu'au 18 février 1792, époque où il se rendit à Aurillac ; c'est pendant son absence que son château de Poux fut pillé. Quelque temps avant le pillage, le comte, voyant venir les bandes dévastatrices, avait fait cacher une partie de son mobilier ; plusieurs paquets avaient été déposés chez la femme Bouygue, veuve Vinial, quelques autres dans la grange de Lantuéjoul, un des fermiers de M. d'Humière. Celui-ci comptait pouvoir sauver au moins les objets cachés, mais la rapacité révolutionnaire déjoua ses espérances.

En octobre 1793, la municipalité de Marcolès, ayant ordonné des perquisitions dans toutes les maisons du bourg, le mobilier fut découvert, saisi et enlevé, et les recéleurs furent mis en prison. Voici à ce sujet ce qu'on lit dans le cahier des délibérations municipales de Marcolès.

« Ce jourd'hui, 21 octobre 1793, l'an II de la République Française, le Conseil général permanent de la commune de Marcolès, tenant, Guillaume Delaqui,

(1) *France ecclésiastique.*

membre dudit conseil est entré et a dit qu'assisté d'un détachement de la garde nationale de cette commune, en réitérant et continuant ce matin les visites domiciliaires et perquisitions commencées le jour d'hier, il a trouvé plusieurs paquets, et, en même temps, ladite garde nationale a porté dans la maison commune les effets en suivant trouvés chez Anne Bouygues, veuve de Pierre Vinial, tisserand, du faubourg du foiral de cette ville, laquelle ici appelée a comparu et a dit que quelque temps après qu'on eut découvert la maison de Poux appartenant à Guillaume d'Humière, le nommé Laparra, jardinier de Poux, vint la prier une nuit de recevoir et de garder chez elle deux gros paquets, enveloppés dans des draps de lit, en deux reprises, qu'elle eut la faiblesse de fermer lesdits paquets dans un de ses coffres et qu'elle soupçonna appartenir au maître dudit Laparra. Et, en sa présence, ayant déplié lesdits paquets, nous y avons trouvé cinq carreaux couverts de damas fond vert; plus un autre carreau couvert d'un chalet vert ; plus deux autres carreaux, d'une indienne fond jaune, le tout pour garniture de fauteuil; plus une partie de garniture d'un lit à baldaquin d'un satin piqué, tout ce dessus plié dans un drap de lit de toile commune, dans lequel nous avons remis lesdits effets.

Plus dans un autre paquet enveloppé d'un drap de lit, quatre garnitures d'oreiller de toile blanche..., plus deux autres garnitures de toile fine... plus une robe..., plus vingt-neuf chemises..., plus vingt-quatre paires de bas bleus, et enfin ledit drap de lit, qui contenait tous les susdits effets et dans lequel nous les avons tous remis pour être de même portés à Aurillac.

Plus s'est trouvé dans un des coffres de ladite Bouygues d'autres paquets lesquels elle nous a dit appartenir à Marguerite Lacoste, fille majeure de cette ville, et avoir été prié de les lui garder chez elle, et qu'elle les lui avait fait porter de nuit dans le temps des alertes, crainte qu'on ne les prit chez elle. Lesquels effets consistent en quarante-sept serviettes fines ou grosses ; plus en douze nappes de différentes grandeurs ; plus... (suit une longue nomenclature de divers objets de lingerie). Et, sur-le-champ, a comparu ladite Lacoste, laquelle nous a dit qu'elle ne croyait pas que nous dussions faire l'inventaire des effets ci-dessus, à elle appartenant ou à sa tante, attendu qu'elle n'est ni tante, ni parente d'émigrés, ni de prêtres réfractaires, ni de nobles, que n'ayant rien fait et ne se sentant pas coupable contre la Constitution, les susdits effets devaient lui être remis, à quoi, nous avons répliqué que nous ne pouvions de nous-mêmes les lui remettre tout de suite, et, sans y être autorisés par nos supérieurs, attendu que lesdits effets s'étaient trouvés dans la même maison que ceux ci-devant décrits, appartenant à un ex-noble, qu'au surplus nous ne nous opposerons pas à ce qu'elle se les fasse délivrer par les autorités constituées et a déclaré ladite Lacoste, n'être nécessaire qu'elle signât de ce requise, et ladite Bouygues a déclaré ne savoir signer de ce requise, et de suite nous avons constitué ladite Bouygues, prisonnière dans ladite maison commune, pour être conduite à Aurillac.

Et tout de suite, sans nous divertir à autres actes, nous nous sommes transportés au faubourg haut de Marcolès, dans une petite grange appartenant à Antoine Lantuéjoul, et Joseph Figeac son gendre, métayers au domaine appelé de Rigou, audit faubourg, appartenant à feu Guillaume d'Humière, dans laquelle la garde nationale a fait la découverte des effets ci-après, et ledit Figeac et Antoinette Lantuéjoul, son épouse, ici présents et appelés, nous ont dit que les effets ci-après appartenaient audit feu d'Humière, que ce dernier à son arrivée à Poux, c'est-à-dire environ Notre Dame de mars dernière (1793) pria lesdits Lantuéjoul et Figeac, beau-père et gendre, ses métayers, de lui laisser placer dans la grange lesdits effets qu'il avait ci-devant fermés dans son grenier, audit domaine de Rigou, en lui disant qu'il n'avait rien à risquer, ledit d'Humière, protestant qu'il ne leur arriverait rien... lesquels effets consistent en quinze matelas de laine plus sept coüettes de plumes; plus six oreillers ou traversins de plumes, plus une couverture de lit... plus un vieux galon en or, plus une partie de rideau d'étamine vert... (suit une nomenclature de deux grandes feuilles, d'objets de lingerie, literie, habits d'hommes, de femmes etc.), qui sont tous les effets que nous avons trouvés dans la grange et remis en l'état ci-dessus entre les mains dudit Figeac et sa femme qui se sont chargés de veiller à leur conservation jusqu'à leur départ pour Aurillac où ledit Figeac les voiturera, à la première réquisition que nous lui ferons... et a, ledit Figeac, déclaré ne savoir signer. Ladite Lantuéjoul a signé avec nous.

En foi de ce avons, les jours et an ci-dessus, dressé le présent procès-verbal dont copie collationnée par notre greffier sera envoyée avec tous les susdits effets au département, accompagnés d'un détachement de la garde nationale pour la conservation d'iceux. Signés : Lantuéjoul, Decomte, Contournet, Gauzente, Delaqui, Contournet, Pichot, Bouygues, Muratet, Artigues, Debès, Vidalinc, Felgines, Puech, Bouquier, maire. »

Dans la séance du 9 novembre 1793, le conseil de la commune arrête « que les effets ci-dessus inventoriés de feu Guillaume d'Humière seront voiturés à Aurillac par quantité suffisante de bouviers escortés par des gardes nationaux. » Ce n'est pas tout.

Le 8 décembre 1793, la municipalité de Marcolès « procéda, sur la *place de la Révolution*, au brûlement des titres de féodalité, tels que reconnaissances, terriers, ventes, quittances de droit de lods, obligations de cens et rentes ci-devant seigneuriales et autres titres ». Voilà un pillage complet.

Quand ces dernières opérations eurent lieu, Guillaume d'Humière ne vivait plus. En 1792, ce vénérable vieillard de quatre vingt ans, avait mené une vie de fugitif, se cachant en divers lieux ; comme le constate le cahier des délibérations de la municipalité de Marcolès.

« Séance du 18 novembre 1792... « A l'égard de Guillaume d'Humière père, nous déclarons qu'il n'a pas paru ici depuis le courant de février dernier (1792), qu'il a demeuré un certain temps à Aurillac, ensuite à Clermont-Ferrand et en dernier lieu qu'il était dans sa maison de Montfort, près Mauriac ; que nous n'avons pas vu demeurer en cette paroisse son fils aîné depuis le mois de septembre 1792, sans savoir positivement s'il est émigré ou non. »

Le comte d'Humière mourut en 1793. La comtesse était morte avant 1792.

Leur fils Pierre-François-Joseph émigra, du moins on le crut émigré et on le porta sur la liste des émigrés du Cantal ; ses propriétés furent déclarées propriétés de la nation. Le château de Poux et le domaine de Rigou à Marcolès, le domaine de Gaillard à Leynhac, celui de la Besserette à la Besserette, le château et le domaine de Montfort près Mauriac, sont signalés sur la liste des biens nationaux.

Pierre-François-Joseph était lieutenant-colonel, chevalier de Saint-Louis quand il mourut, laissant plusieurs enfants de sa femme Marie-Françoise de Saint-Martial de Conros.

Le second fils du vieux comte Guillaume d'Humière, Louis-Joseph, né à Aurillac en 1753, devenu prêtre après de fortes études à Saint-Sulpice et à la Sorbonne, était grand vicaire de Reims quand la Révolution arriva.

Il refusa le serment et émigra après s'être caché quelque temps à Montfort où il disait nuitamment la sainte messe. Après la Révolution il devint successivement grand vicaire de Rennes, de Limoges, de Valence, enfin, en 1831, archevêque d'Avignon où il mourut en 1834 (1).

(1) *Nobiliaire d'Auvergne.* Feller, supfl. Vol. 12.

CHAPITRE XI

MARC-ANTOINE CAPELLE, SEIGNEUR DE CLAVIÈRES. — SA FUITE. — PILLAGE DE SON HOTEL D'AURILLAC. — DÉVASTATION DES CHATEAUX DE BOUTONNET ET D'ANGOUSTE PAR LES GRANDS-GOSIERS. — CAPELLE DE CALMETTE, PRIEUR DE CRANDELLE. — L'ABBÉ ROCHET. — LA FAMILLE DE SALES DU DOUX.

Le château de Clavières, dans la commune d'Ayrens (Cantal), est fort remarquable par son élégance et sa position au milieu de vastes prairies qu'entourent de grands arbres.

Il appartenait, en 1789, à Marc-Antoine-François Capelle, baron de Clavières, seigneur de Saint-Constant, de Saint-Victor, de Badaillac, etc., conseiller du roi en tous ses conseils, successeur de son père dans la charge de conseiller au siège présidial d'Aurillac.

« Esprit supérieur et très éclairé, talent facile et très actif, jurisconsulte éminent, assez retors, M. Capelle, jouissant de 300,000 livres de rente, avait tout ce qu'il fallait pour jouer un grand rôle dans le monde. Disons encore que les idées libérales de l'époque l'avaient séduit, comme tant d'autres membres de la noblesse de robe, et l'entraînaient dans un courant dont il n'apercevait pas l'issue fatale. Ses étroites relations avec des philosophes et parlementaires célèbres, tels que Condorcet, Siéyès, Brissot, les deux Lameth, etc., lui donnaient les plus hautes espérances et lui faisaient illusion sur les menaces de l'orage révolutionnaire, qu'il croyait aussi facile de dissiper et de contenir que de déchaîner.

Il prit même une attitude patriotique, parla quelquefois des droits du peuple et des abus à réformer, se persuada enfin qu'il était populaire et pouvait compter sur la sympathie des meneurs de la Révolution. On lui prouva bientôt le contraire » (1).

Il avait vendu à son cousin Capelle, de Puech-Jean, celui qui fut membre du Directoire du Cantal, une maison qu'il possédait à Aurillac, rue d'Aurinques et avait acheté un fort bel hôtel, rue du Prince, sur les fossés de la ville, aujourd'hui le Square. Cette somptueuse habitation fut un objet d'envie pour certains personnages d'Aurillac, en même temps que ses domaines excitaient la convoitise des puissants patriotes du pays, entr'autres d'Hébrard et de Carrier.

(1) *Vie de M. l'abbé Noyrit*, natif d'Ayrens, par M. Reyt, chanoine honoraire de Saint-Flour.

Celui-ci porta M. Capelle sur sa *liste des suspects* où il lui donne des qualificatifs odieux, tels que *brigand, scandaleux, conspirateur, grand fabricateur et propagateur de fausses nouvelles*, etc.

En 1791, ses propriétés de Badaillac, que lui avait apportées en dot sa femme, une demoiselle Benech, furent le théâtre de graves désordres.

En mars 1792, il faillit être massacré en même temps que M. de Niocel.

Un jour son fermier de Badaillac vint le trouver de la part du trop fameux Hébrard et lui dit que s'il consentait à faire abandon d'une créance de dix mille francs qu'il avait sur ledit Hébrard et s'il faisait à celui-ci, cadeau, sous forme de vente, de sa maison de la rue du Prince, la sécurité lui serait garantie, sinon, il avait tout à craindre.

Le vieux magistrat (il avait alors 66 ans) repoussa avec indignation ces tentatives de chantage, mais mal lui en prit, car le lendemain au milieu d'un repas qu'il avait offert aux membres du conseil municipal et à d'autres personnages influents d'Aurillac, un de ses serviteurs vint en toute hâte le prévenir qu'un attroupement d'hommes mal intentionnés cernait l'hôtel et proférait des menaces de mort.

Se souvenant du massacre récent de M. de Niocel, et ne doutant pas qu'un pareil sort l'attendait, M. Capelle quitte à la hâte ses convives étonnés, court à son secrétaire, en tire quelque argent, s'échappe en sautant par une fenêtre dérobée et court à Yolet, chez sa fille, madame de Sales du Doux. Le péril est trop imminent pour qu'il s'attarde à se munir de fonds ; il ne s'arrête que pour prendre des habits de paysan, monte à cheval et gagne Clermont à franc-étrier.

A peine M. Capelle est-il sorti de son hôtel que les émeutiers entrent et malgré les efforts des convives qui cherchent à les calmer, ils se livrent à des scènes de désordre déplorables. Le pillage est complet ; les provisions de toute nature sont emportées, les meubles fracassés, la vaisselle brisée, dérobée ou jetée par les fenêtres, y compris un fort beau service de porcelaine des Indes, qui avait été donné à M. Capelle, par l'abbé de Salomon, qui fut plus tard évêque de Saint-Flour.

Le serviteur dévoué, qui avait prévenu le conseiller du danger qui allait fondre sur lui, parvient, au milieu du désordre, à soustraire aux mains des pillards une somme de trente mille francs, et va la cacher dans le bois de Lafage, près d'Aurillac. Puis, avec mille précautions et nuitamment, il prend cet argent et se met en route, marchant la nuit, dormant le jour dans quelque endroit écarté. Il rejoint son maître à Clermont.

Dès lors muni d'argent et grâce à des papiers fort en règle, acquis à beaux deniers, M. Capelle se dirige, déguisé, vers la ville de Lyon où il passe les années de la Terreur, sans être inquiété, affectant de s'occuper d'études de canalisation.

Madame Capelle de son côté, ne se croyant pas en sûreté à Aurillac, centre et foyer de la fureur révolutionnaire, se rend à son château de Clavières-Ayrens où elle sait se faire oublier et respecter à force de largesse et de bonté. « Madame la baronne, dit le chanoine Reyt, sut accomplir ce que n'aurait pas pu faire M. Capelle avec toute sa science et son habileté. Par sa conduite sage, ferme et charitable, elle mérita le respect et la sympathie de tous et put conserver intacte les propriétés de la famille. Elle était aux yeux du public une veuve auguste et désolée (on croyait à la mort de son mari), ne s'occupant jamais de politique mais toujours de bonnes œuvres et se soumettant aux lois et décrets du gouvernement.

Elle laissa apposer les scellés sur les papiers et les meubles de M. Capelle. Ce fut le plus sûr moyen de les conserver jusqu'à la fin des mauvais jours où il put venir lui-même pour les faire lever et recouvrer ses biens.

Madame Capelle de Clavières ouvrait sa porte à une foule de malheureux parmi lesquels des yeux clairvoyants auraient reconnu plusieurs prêtres proscrits. »

Parmi ces prêtres proscrits, se trouvait, outre M. Noyrit, le beau-frère de madame Capelle, Antoine-

Jacques Capelle, curé-prieur de Crandelles, plus connu sous le nom de Capelle de la Calmette, depuis qu'il avait hérité du fief de ce nom.

Remplacé par un intrus, le prieur de Crandelles, se cacha dans les villages, souvent à Clavières. Dénoncé, traqué, il quitta le pays et alla, en compagnie de M. Noyrit, demander un asile aux solitudes du Quercy. Il fut porté sur la liste des émigrés du Cantal et en conséquence, son domaine de la Calmette fut déclaré bien national.

A Ayrens, comme partout, l'effervescence à son comble produisait des éclats de foudre terrifiants. Là aussi, Carrier, Hébrard avaient des compères dans les intéressantes personnes de plusieurs ouvriers maçons qui reconnaissaient pour chef de bande une tête folle, un vrai type de sans-culottes burlesque, originaire de la Corrèze, connu sous le sobriquet de Grand-Gosier, surnom qu'il méritait sans conteste.

Ce Carrier de bas étage, a la tête de ses confrères en démagogie, aussi Grands-Gosiers que lui, parcourait le pays et y portait l'épouvante et la dévastation.

Assurément ces pillards d'instinct aimaient à visiter les châteaux, à s'approprier n'importe quelle parcelle des biens des émigrés, à boire *le vin de la nation*. Ils en avaient le droit puisque, d'après le dogme révolutionnaire qu'on leur enseignait, ils étaient souverains, par conséquent maîtres de tout. Ils jouaient ce rôle avec une visible satisfaction.

A l'exemple du grand Milhaud, d'Arpajon, les Grands-Gosiers d'Ayrens se jettent sur les châteaux du pays, meute ardente à la piste des nobles et des prêtres. Par eux les châteaux de Boutonnet et d'Angouste sont saccagés et leurs caves vidées. Les propriétaires s'estimaient heureux quand on leur laissait la liberté et la vie.

S'ils se plaignaient, on les appelait aristocrates et ils étaient arrêtés.

Tel fut le cas de M. de Montal, un des descendants des de Montal de Laroquebrou, qui était venu se fixer sur la paroisse d'Ayrens ; il eut l'audace de se plaindre, aussi fut-il arrêté et conduit dans les prisons d'Aurillac, où il demeura cinq mois, il ne put obtenir sa liberté qu'en versant six mille francs dans les mains crochues de ces hauts personnages d'Aurillac qui vivaient de rapines.

Le château de Clavières ne fut pas à l'abri du fléau. Le châtelain était en fuite, son fils en émigration, son frère, le prieur de Crandelles, cherchait dans les cachettes un abri contre la persécution : il y avait là plus de motifs qu'il n'en fallait pour exciter la convoitise des bandes avinées qui parcouraient le pays.

En effet, en dépit du respect dont ils entouraient la vieille châtelaine, les Grands-Gosiers complotèrent d'aller au moins faire ripaille au château, sous couleur de visite domiciliaire, comme délégués de l'administration du District.

Ils arrivent et montrent de la modération, se contentant de pêcher l'étang, sous les yeux même de madame Capelle qui crut bon de ne pas les troubler et de mettre à leur disposition le vin de sa cave. Ils se rassasient de poisson, et comme la pêche avait été vraiment miraculeuse c'est-à-dire extraordinairement abondante, il leur en resta assez pour rassasier tous les habitants d'Ayrens qu'ils voulurent faire participer à leur festin, ce qui laissa dans l'esprit des enfants de l'époque un souvenir légendaire de cette pêche merveilleuse. Ajoutons à l'honneur de Grand-Gosier, chef, qu'il offrit galamment à la châtelaine la plus belle pièce du poisson, sans trop insister pourtant pour la lui présenter lui-même, « de peur de la déranger. »

En février 1794, nouvelle visite des Grands-Gosiers au château de Clavières, sous prétexte de s'assurer qu'aucun prêtre réfractaire n'y avait cherché asile. Madame était gravement malade. Les domestiques de la maison se débarrassèrent des délégués en roulant une pièce de vin sur la terrasse. ceux-ci burent et se retirèrent, se déclarant satisfaits de leur inspection.

Mais comme il fallait terminer la fête, qu'un reste

de respect pour la malade avait empêché de rendre complète au château, les Grands-Gosiers se transportèrent chez l'abbé Rochet, au village d'Angouste, voisin d'Ayrens. « Ce prêtre, dit M. Reyt, avait été vicaire d'Ayrens pendant plus de vingt ans. Sa santé un peu délicate lui conseilla de quitter de bonne heure les labeurs du ministère paroissial ; c'est pourquoi il prit sa retraite en 1787. Avec son patrimoine et le fruit de sages économies, il acheta un petit enclos très bien situé au milieu du coteau d'Angouste. Il mit tous ses soins à embellir cet asile de ses vieux jours, où il espérait bien pouvoir jouir d'un repos honorable, sans trop s'inquiéter des disputes des savants ou des brouillons politiques, hélas ! il comptait sans la Révolution. Bientôt elle vint l'assaillir, malgré ses précautions et sans tenir nul compte de ses sacrifices. Elle l'atterra.

C'est pourquoi un jour de carnaval de l'an 1794, Grand-Gosier et ses amis, désirant faire largement ripaille, convoquent et réunissent tous les désœuvrés d'Ayrens, en leur disant qu'ils veulent aller fêter le bon abbé Rochet. Ils prennent en passant le grand chaudron à lessive d'un voisin, l'installent devant la maison de l'abbé pour y faire une soupe homérique. Ce prêtre infortuné venait d'égorger son porc. Il n'en resta pas la moindre parcelle. On dévora jusqu'au dernier boudin. Le vin et les autres provisions du ménage ne furent pas oubliés; toute la populace fit ainsi une orgie qu'elle couronna en infligeant, au chant du *Ça ira*, les plus ignominieux traitements à la vénérable domestique de l'abbé Rochet.

Celui-ci s'était enfui et caché. Il eût l'imprudence de se plaindre et de demander justice. Peu de jours après, la justice de ce temps le conduisait en prison, au château de Saint-Etienne à Aurillac, où il eût à souffrir de si grandes amertumes que, dit-on, ses cheveux blanchirent dans quarante-huit heures. Ses parents ayant compris qu'on pouvait le délivrer à prix d'argent, mirent tout en œuvre pour cela et vendirent ses propriétés. Il leur en coûta six mille francs. Hébrard avoue cinq mille dans sa justification.

L'abbé Rochet sortit de prison vers la mi-juin, sur un ordre du représentant Bô, adressé à la municipalité d'Aurillac et daté de Montauban. Mais, pour arriver tout à la fois à la pauvreté complète et au martyre, ce prêtre avait tellement souffert qu'il ne lui restait qu'un souffle de vie et qu'après sa délivrance il n'eut que le temps de rédiger un testament où il ne parle guère que de dettes à payer.

M. Noyrit dut préparer à la mort ce bon abbé Rochet, qui avait été son premier maitre de latin; ce fut avec le zèle le plus tendre qu'il lui prodigua les consolations et les espérances que la religion réserve aux confesseurs de la foi. Il reçut enfin son dernier soupir le 25 juin ; mais telle était la fureur de la persécution qu'il ne put accorder à sa dépouille mortelle aucun des honneurs funèbres ecclésiastiques, ni même l'accompagner au cimetière (1).

Mme Capelle de Clavières mourut en 1795, entre les bras de ses deux enfants, Mme de Sales du Doux et le jeune capitaine qui était accouru de Melun.

L'abbé Capelle de la Calmette, prieur de Crandelles, après avoir erré longtemps, rentra dans sa paroisse et y mourut en 1801 ou 1802, à l'âge de 72 ans.

Le père, M. Capelle, qui de Lyon s'était aventuré à Paris, rentra à Ayrens peu de temps après la mort de sa femme. Il fit constater sa résidence en France et eut ainsi le bonheur de faire lever les scellés et de rentrer en possession de ses biens. En 1800, il devint maire d'Ayrens. Il mourut à Aurillac en 1808, muni des sacrements de l'Eglise, à l'âge de 82 ans. Son fils était mort en 1806 d'une chute de cheval, laissant une veuve sans enfants. L'universalité des biens de l'ancien conseiller fut donc recueillie par sa fille, Mme de Sales du Doux.

Le château du Doux, situé dans la commune d'Yolet, près d'Aurillac, était habité depuis longtemps par la famille de Sales. En 1789, le chef de cette famille

(1) *Vie de M. Noyrit*, page 97.

était Etienne-François, marquis de Sales, seigneur du Doux, de Vezac, de l'Oradon, de Folholes, etc., garde du corps du roi, capitaine de cavalerie. Il vivait au Doux entouré de sa femme, Jeanne Capelle de Clavières dont nous venons de parler, de ses enfants François et Jeanne-Emilie, de sa mère née de Sarret de Fabrègues et de son frère, le chevalier de Doux.

Très populaire dans la vallée de la Cère, M. de Sales ne voulut pas émigrer, alors même que son beau-père, M. le conseiller Capelle de Clavières était réduit à la fuite. Les orages révolutionnaires grondèrent autour du Doux sans atteindre ses châtelains.

Une fois pourtant la troupe avinée, qui descendait de Pesteils, commune de Polminhac, après le pillage de ce château, émit l'idée d'abaisser au niveau des bâtiments, la haute tour du Doux dont l'élégante toiture en poivrière offusquait l'égalité républicaine. Les habitants d'Yolet, quelque fanatisés qu'ils fussent par leur compatriote Carrier, s'y opposèrent avec la dernière énergie.

Un autre jour Mme de Sales, traversant à pied les prairies du Doux pour se rendre à la messe que le légitime pasteur célébrait encore dans l'église d'Yolet, Carrier, le futur proconsul de Nantes, déjà puissant à Aurillac, vint lui offrir galamment le bras.

« Je n'eusse pas osé le faire, il y a cinq ans, lui dit-il, mais aujourd'hui nous sommes tous égaux. »

« Nous l'avons toujours été devant Dieu ! » lui répondit la prudente fille de M. Capelle de Clavières.

Et en montant la pente gazonnée qui s'étend de la rivière à l'église, elle lui parla d'un saint prêtre, messire Pierre Carrier, son grand oncle, vicaire d'Yolet, chapelain du Doux, qui avait appris le rudiment à Etienne de Sales.

Jean-Baptiste Carrier, le conventionnel féroce, était le fils d'honnêtes cultivateurs du village de Sémilhac, paroisse d'Yolet, près du château du Doux; et comme le marquis de Sales était seigneur de ce village, les Carrier étaient ses tenanciers.

Le vicaire d'Yolet, dont parlait la marquise au fameux Carrier, apprit à celui-ci les premiers éléments de la langue latine, dans l'intention d'en faire un prêtre; mais bientôt il s'aperçut que son cher neveu n'avait pas la vocation ecclésiastique. Il ne se trompait pas.

L'angoisse la plus terrible des châtelains du Doux leur fut causée par leurs enfants. Affectant une tranquillité d'esprit qu'ils n'avaient pas, M. et Mme de Sales continuaient de faire de temps à autre une apparition dans leur maison d'Aurillac, aujourd'hui le presbytère de Saint-Gérand. Un jour qu'ils s'y trouvaient, la pauvre mère s'aperçut que ses enfants avaient disparus. On fouille vainement la maison et les jardins; on parcourt la ville... les deux bambins étaient gravement occupés à admirer la guillotine d'où dégoûtait encore le sang de Mme de Laronade.

Quand vinrent enfin les temps plus paisibles, M. de Sales prit la direction de la municipalité d'Yolet, et, comme son beau-père à Ayrens, mit tous ses soins à effacer les stigmates qu'avait laissés, jusque dans les plus humbles bourgades, la sanglante tourmente (1).

(1) *Nobiliaire d'Auvergne*. — Archives de Clavières-Ayrens. — Récit de Mme de Pollalion de Glavenas, héritière du Doux, morte en 1872. — Notes du comte de la Salle de Rochemaure, aujourd'hui possesseur de Clavières et du Doux. — Réponse d'Hébrard.

CHAPITRE XII

DÉVASTATION DU CHATEAU DE PARLAN. — INCENDIE DU CHATEAU DE NAUCASE. — PILLAGE ET CONCUSSION DANS LES COMMUNES DE LA CAPELLE-VIESCAMP, DE SAINT-ETIENNE-CANTALÈS, DE SAINT-CLÉMENT, DE VIC.

Les illuminations arpajonnaises avaient produit l'effet d'une traînée de poudre dans les cantons de Saint-Mamet, de Maurs, de Laroquebron, etc.

L'amour du pillage était devenu contagieux; de tous côtés des révolutionnaires audacieux, à l'exemple de Milhaud, se mettaient à la tête de tous les malandrins du pays, parmi lesquels on voyait des gardes nationaux, même des maires, et tous, pris de la fièvre de la destruction, parcouraient les communes, rançonnaient les paysans et mettaient toute la noblesse en fuite.

Le château de Parlan, canton de Saint-Mamet, propriété du comte de la Garde de Saignes, eut son tour de terreur et de dévastation. Les pillards arrivent.

« La municipalité de Parlan, entendant sonner le tocsin et voyant le peuple accourir vers le château de M. le comte de Saignes, qui domine le bourg, s'y transporte en corps, après avoir eu soin de faire convoquer la garde nationale.

Sur la terrasse elle trouve une poignée d'étrangers qui veulent persuader à la population de démolir le château. Heureusement les villageois de Parlan sont d'un caractère paisible, et le maire, par ses exhortations, n'a pas grand peine à rétablir le calme. Par surcroît de précaution, la garde nationale est chargée de veiller autour des bâtiments menacés, et le groupe des agitateurs n'a plus qu'à s'en retourner, l'oreille basse. Mais ceux-ci n'étaient que les précurseurs d'une bande de pillards qui fit son apparition trois heures après, composée d'hommes de la paroisse de Boisset et d'un grand nombre de gens du district de Figeac (Lot) et de toutes les mauvaises têtes du pays.

Les gardes nationaux de Parlan, attaqués à coups de pierres, sont, après une longue résistance, contraints de battre en retraite. Les assaillants envahissent le château et font d'abord main-basse sur les archives, déposées dans la grande tour, auxquelles ils mettent le feu. Trois citoyens courageux, Pierre Mestries, Hilaire Martal, J.-B. Devillars, qui cherchent à opérer le sauvetage des documents les plus précieux, sont arrêtés sur la place, houspillés par la foule et l'un d'eux, Pierre Mestries, est bien près de périr sous les coups de bâton. Le pillage dura un jour et une nuit. Aussi lorsque, après le départ de la bande, la municipalité se transporta au château, pour faire les constatations d'usage, elle ne trouva plus ni portes ni fenêtres et jugea inutile d'y laisser une garde « attendu qu'il n'y avait plus rien à prendre » (1). La flèche de la grande tour, une des plus élevées de la province, fut brûlée, entièrement détruite.

Pendant qu'on saccageait le château de Parlan, on brûlait le château de Naucase, sur la commune de Saint-Julien de Toursac, canton de Maurs. Laissons encore ici M. de Miramon nous raconter cet exploit :

« Pendant que ces scènes se passaient à Parlan, la municipalité et la garde nationale de Saint-Julien-de Toursac, averties de l'approche des gens de Boisset, s'étaient transportées au château de Naucase pour essayer de le protéger. Dans la journée on en fut quitte pour des vitres brisées et l'encan d'une partie du mobilier auquel il fallut consentir ; car on n'eut affaire qu'à des détachements peu considérables, le gros de la troupe étant occupé soit à Parlan, soit au village de Lescure, près de Ventalon où demeuraït un ci-devant gentilhomme.

Mais voici qu'au milieu de l'obscurité de la nuit

(1) *La Jacquerie en 1792*, p. 42.

une bande d'hommes, la plupart masqués, se précipitent sur la garde endormie et sans défense, en font la moitié prisonnière et mettent le reste en fuite. En rapportant de telles scènes, on croit écrire une page d'un roman du moyen âge et l'on a besoin de relire les procès-verbaux des municipalités pour s'assurer qu'on ne se laisse pas emporter, malgré soi, par son imagination vagabonde; cette escalade mystérieuse, au milieu des ténèbres et de la solitude de la campagne; les fenêtres du manoir s'illuminant soudain à la lueur vacillante des brandons de paille enflammés; ces silhouettes d'hommes qui passent et repassent dans l'ardeur du pillage, et, tout à coup, ce cri sinistre : *Au feu!* retentissant parmi les spectateurs, tandis que la masse imposante de la vieille forteresse émerge tout entière de sa demi-obscurité, à la clarté des toits qui s'embrasent, tel est le tableau que les pièces authentiques nous laissent entrevoir, malgré leur sécheresse officielle et qui semble appartenir plutôt aux époques lointaines des guerres de religion. Aujourd'hui les ruines de Naucaze se dressent encore pour raconter aux générations futures l'incendie que les brigrands allumèrent dans ses murs la nuit du 24 mars 1792. »

La paroisse de la Capelle-Viescamp, canton de Laroquebrou, fut le théâtre de concussions terribles, organisées par le procureur même de la commune.

A la tête d'une bande de patriotes échauffés, il parcourt les hameaux, les villages, et lève, sur les habitants épouvantés, des contributions soi-disant patriotiques, cinq francs par personne, parfois dix, vingt, quarante francs.

Non loin du bourg s'élève le château de Viescamp qui, fièrement, domine les rochers et les tortueux défilés de la rivière d'Auze, et qui est la propriété de Jean-Charles de Lasserre, officier de cavalerie.

Ce château ne fut ni pillé, ni incendié, mais frappé d'une taxe. La bande, dont le procureur de la commune est le chef, envahit, dit M. de Miramon, les maisons de quelques filles dévotes, de villageois inoffensifs et même de pauvres journaliers auxquels on extorque des sommes importantes. Le maire ni l'adjoint ne sont exemptés de la contribution. Tel qui a dans sa maison sa vieille mère âgée de quatre vingt deux ans, vient offrir dix francs aux émeutiers pour qu'ils n'entrent pas chez lui ; tel autre ne réussit qu'à prix d'argent à éviter à sa femme, au moment d'accoucher, les émotions d'une invasion de son domicile. En route on arrête un cavalier que l'on force à payer une rançon et à renoncer en outre à un procès qu'il a contre un des hommes de la bande.

« A peu de distance de là, au village de Labro, commune de Saint-Etienne-Cantalès, le sieur Lorus, officier municipal d'Aurillac, est assailli par les réclamations des habitants. Il s'agit d'un commun que le tribunal lui a adjugé mais dont les villageois exigent la restitution. Cette fois, c'est le maire lui-même, armé d'un fusil à deux coups, qui conduit la bande. Sous prétexte d'aller conférer avec son notaire, Lorus, réussit à gagner Aurillac et de là il envoie au maire l'acte de renonciation. Mais cette soumission ne suffit pas aux émeutiers, qui, le lendemain, reviennent à la rescousse, pénètrent jusque dans la chambre de Mme Lorus, lui appuient sur la poitrine le bout de leurs fusils et de leurs fourches et la menacent de lui couper la tête. Tandis que la pauvre femme s'évanouit de frayeur, l'habitation est livrée au pillage. Enfin la nuit venue, Mme Lorus parvient à déjouer la surveillance qui l'entoure et rejoint son mari à Aurillac, laissant ses biens et ses papiers entre les mains des brigands. »

Même désordre dans le canton de Vic : M. de Ronnesque vit brûler ses greniers : M. des Huttes de Polminhac fut obligé de prendre la fuite pour échapper aux patriotes ; M. de Mentlogis, de Lascourtines, surpris seul chez lui, fut attaché sur un banc par un bandit qui, après avoir fermé les portes, allait l'égorger, lorsque son fermier, entendant du bruit, pénétra par une fenêtre et mit l'assassin en fuite.

A Vic, M. de Murat-Sistrière faillit être massacré par des brigands venus de Saint-Clément; il n'eut que le temps de se sauver en robe de chambre, en bonnet et sans culotte et, toujours courant, dit M. de Miramon, il parvint, dans cet équipage, jusqu'à Saint-Flour.

La municipalité de Vic opposa pourtant quelque résistance à ces pillards ; ayant reçu une lettre de M. de Lacarrière qui mettait sous sa protection son château de Comblat, touchée de cette confiance, elle envoya une garde au château, ce qui le préserva de la destruction, car peu d'heures après les pillards arrivèrent. Voyant la place militairement occupée, ils passèrent outre, se dirigèrent vers Vic où ils pillèrent l'église et firent brûler les archives de la mairie.

« Dans l'arrondissement tout entier, ajoute le vicomte de Miramon, le désarroi et la terreur étaient à leur comble. Pendant la nuit les routes étaient encombrées d'émigrants qui fuyaient à l'approche des paroisses soulevées. Les familles riches et jusqu'aux particuliers les plus pacifiques désertaient la ville et la campagne pour se réfugier dans les départements voisins. Les hôtels et les maisons de Clermont étaient bondés de monde et l'on ne trouvait plus de place pour loger les Aurillacois qui arrivaient sans cesse. »

PIÈCES JUSTIFICATIVES

N° I

ORDRE DE SURVEILLER LES NOBLES.

Lettre du district de Mauriac :

Mauriac, le 19 décembre 1790.

« Messieurs,

« Convaincus que le plus important de nos devoirs, comme le plus cher à nos cœurs, est de maintenir la Constitution qui fait le bonheur des Français, nous nous hâtons de vous instruire du départ précipité de plusieurs ci-devant nobles ; quoique nous n'ayons aucun détail précis sur les motifs qui l'ont déterminé, la clameur publique les ayant dénoncés, la plus légère indifférence serait répréhensible dès que la patrie serait menacée.

« Nous vous prions, en conséquence, de surveiller les ci-devant nobles et autres personnes suspectes qui résident dans votre municipalité ; que cette surveillance, Messieurs, soit protectrice comme la loi qui vous l'a donnée. Vous devez donc prévenir et réprimer avec le même zèle qui doit fixer votre attention sur leurs démarches, les excès auxquels on pourrait se livrer contre eux.

« Nous sommes intimement persuadés que les précautions les plus sages et les plus convenables pour remplir ces deux objets seront assurées par votre patriotisme, par la vigilance des gardes nationales et votre attention à refuser des passeports aux personnes qui vous paraîtraient suspectes, dans le cas où vous ne jugeriez pas à propos de nous les adresser.

« Nous vous prions de prendre les renseignements les plus exacts sur l'absence des personnes de votre municipalité que vous devez soupçonner ; soyez assurés que notre patriotisme veillera toujours pour vous avertir de tout ce qui nous parviendra. Que cette occasion augmente, s'il est possible, notre union fraternelle.

« Les administrateurs composant le directoire du district de Mauriac :

« FORESTIER. FUMEL. SALVAGE. SAUVAT.
GROS. P. S. » (1).

(1) Archives d'Aurillac.

Autre lettre du Directoire de Mauriac :

Mauriac, le 19 janvier 1791.

« Messieurs,

« Il ne suffit pas de faire avorter les projets des ennemis de la Constitution, il faut encore en connaître toutes les circonstances. Nous vous prions, en conséquence, de nous adresser incessamment un état de tous les ci-devant nobles de votre municipalité qui sont partis pour se rendre à Lyon, d'y ajouter leurs noms et surnoms, de nous indiquer le jour de leur départ, les circonstances qui l'ont précédé et suivi, et nous instruire en général de tous les faits et propos qui peuvent être relatifs au projet de contre-révolution.

« Tout est précieux dans une affaire de ce genre ; les moindres indices peuvent conduire à des découvertes essentielles ; votre patriotisme et votre attachement pour la Constitution, sont pour nous les garants assurés du zèle que vous mettrez à nous procurer les renseignements que nous vous demandons.

« Les administrateurs composant le Directoire du District de Mauriac :

« SAUVAT. FUMEL. SALVAGE. FORESTIER.
GROS. »

N° 2

DOCUMENTS SUR LE MEURTRE DE M. DE NIOCEL

I

François Colinet de Niocel, fils de M. de Niocel assassiné, se rendit à Paris pour dénoncer Milhaud, un des assassins de son père, à la Convention nationale. Dans sa dénonciation (qui n'eut aucun effet) il accusa Hébrard d'avoir été un des instigateurs du crime.

Dans sa fureur, Hébrard, qui était alors (1795) en prison à Riom fit imprimer la lettre suivante :

« Pierre Hébrard, ex-constituant, ex-président du tribunal criminel du Cantal, détenu à la maison d'arrêt de Riom depuis six mois, mais inaccusé et inaccusable.

« A François Colinet, dit Niocel,

« Dans la réponse au représentant Milhaud, tu dis, page 2, qu'Hébrard, couvert de crimes, a rendu hommage à la vertu de ton père. Dis plutôt que j'ai déploré sa fin parce qu'elle fut une violation des lois saintes de l'humanité et de l'ordre social, parce qu'alors un grand crime fut commis.

« Quant à sa vertu, cesse de prostituer ce mot ; si ce n'est pas une lâcheté de parler de ceux qui ne sont plus, je dirai, avec tout le Cantal, que cet homme fut un scélérat gorgé d'or et de sang, dont on ne prononce le nom qu'avec horreur. On l'a vu donner lui-même le plan du bûcher auquel le nommé Malepeyre avait été condamné ; on l'a vu se réserver pour épingles dans la vente de sa charge, le droit de présider à l'exécution d'un homme condamné à la roue ; on l'a vu demander à la Cour une récompense pour avoir fait exécuter deux ou trois cents personnes ; il lui fut répondu qu'il n'y avait pour ces hauts faits là que la *Croix de l'ordre de Saint-André.*

« Rappelle-toi que dans la trop scandaleuse affaire du Falgoux, associé avec un de ses huissiers en concussion, brigandages, faux, etc., ils ne manquèrent l'un et l'autre les galères que de quelques voix.

« La porte et les fenêtres de sa maison étaient fermées, et c'était vraiment un jour de deuil pour lui, celui où sa compagnie (le tribunal) avait acquitté quelque accusé. Cet homme a été immolé sur la place même où il fit périr tant de gens.

« Est-ce bien sa mémoire que tu as à venger ? Non. Un autre intérêt te presse : sa succession avait été séquestrée parce que l'émigration de tes deux frères en avait acquis la plus grande partie à la nation. Pour en avoir la mainlevée, tu as osé imprimer que ces deux coquins là n'avaient émigré qu'à la suite de la mort de leur père et dans la crainte du même sort. Mais démentiras-tu son interrogatoire ? Il y est dit qu'ils étaient partis sans son consentement, dès le mois de décembre précédent. Démentiras-tu le fait que tout Aurillac atteste, qu'il leur donna de l'or pour leur voyage, qu'il sollicita pour eux des lettres de créance d'une autre maison de notre District, qui avait fourni quatre fils et un gendre à l'armée des princes ?

« Démentiras tu cet autre fait, non moins devenu public, que depuis leur émigration, il leur avait envoyé, par l'entremise d'un habitant de Saint-Martin, près de 140.000 livres ?

« Impudent drôle, tu oses dire que le coup de feu et les pierres qui partirent de tes fenêtres sur des volontaires qui, dès l'aurore de la Révolution, allaient verser leur sang pour la patrie, ne devaient être attribués qu'à un espion de Milhaud, à un malveillant, furtivement introduit dans ta maison ! Mais encore démentiras-tu l'interrogatoire de ton père devant l'officier civil de la commune ? Démens encore, si telle est ton audace, le fait de notoriété que le nommé Najac, commensal de ta maison et son barbier, y fut aposté cette nuit, que ton père lui fournit des armes et de la munition.

« Tu me dis couvert de crimes ! je ne m'en connais qu'un et j'en demande pardon à la nation, c'est de t'avoir, très récemment encore, soustrait au glaive de la loi !

« Scélérat ! tu m'avais intéressé ; ta jeunesse, une mère infirme m'avaient inspiré de la pitié. Je sollicitai et j'obtins pour toi un élargissement provisoire et cependant j'ai su et en ce moment j'ai la preuve sous les yeux que tu as thésaurisé pour les émigrés, que tu as avec eux des correspondances et des projets contre-révolutionnaires.

« A mon tour je te dénonce, coquin, à la Convention nationale, à toutes les autorités, à la nation entière, je provoque contre toi la justice jusqu'ici trop lente contre les traîtres à la patrie. Je vais en faire autant de tous les scélérats qui t'ont envoyé à Paris et qui, à force d'intrigues et de calomnies, me tiennent enchaîné dans un moment où les bras des vrais républicains seraient si utiles à la patrie !

« HÉBRARD. »

François Colinet de Niocel fit imprimer la réponse suivante que nous reproduisons en entier, comme la pièce précédente :

Réponse de François Colinet :

« A Pierre Hébrard,

« J'ai dit que tu étais couvert de crimes, et tu réponds que tu *es inaccusé et inaccusable*. Toi, Hébrard, inaccusé ! tu as donc oublié qu'il existe trois mandats d'arrêt contre toi, motivés pour vols, concussions et brigandages ; le premier de la part de Musset, représentant en mission dans le Cantal, le second, de la part du Comité de sûreté générale, et le troisième, de la part de l'accusateur public du tribunal criminel du Cantal. *Inaccusé !* Mais tous les honnêtes gens t'ont prouvé tous tes forfaits. *Inaccusé !* Retourne-toi, et vois au-dessus de ta tête l'écriteau sur lequel déjà l'opinion publique et bientôt la justice tracent la longue nomenclature de tes crimes.

« J'ai imprimé que toi-même avais rendu justice à la vertu de mon père. Ce n'est pas assurément le témoignage d'un vil scélérat tel que toi que je descends à invoquer : j'ai voulu dire simplement que le crime est forcé quelquefois de rendre hommage à la vertu. Eh bien ! relis ton mémoire ; tu dis : *Ici des scélérats vont éteindre dans le sang d'un vieux magistrat* (*Colinet Niocel*) *les longs ressentiments d'une condamnation que le crime nécessita*. Tu as donc avoué l'innocence de mon père : tu as avoué que son assassinat fut l'effet de la vengeance pour une condamnation juste. En citant ton aveu, j'ai donc dit une vérité.

« Mais un hommage rendu à un lieutenant criminel devait surprendre dans la bouche d'un Hébrard. Mon père aussi t'avait décrété, car tu es un homme qui depuis longtemps a des démêlés avec la justice criminelle. Tu fis dans cette affaire, un *Mémoire* imprimé, dans lequel ton impuissante rage s'exhala vainement contre mon père ; le Parlement te condamna.

« Du fond de ton cachot, tu oses calommier la mémoire de mon père ; tu cites des faits, ils sont tous faux ; tu dis que Colinet Niocel s'était réservé pour épingles, dans la vente de sa charge, de présider à l'exécution d'un homme condamné à la roue ; impudent menteur! J'en appelle, sur ce fait, au témoignage de Labarthe, ton beau-frère, successeur de mon père. Avant la réception de Labarthe, mon père avait fait l'instruction de la procédure contre un assassin, qui fut condamné à la mort par le siège d'Aurillac et le Parlement : l'exécution devait être faite à Mauriac ; Labarthe pria mon père de s'y rendre avec lui pour recevoir le testament de mort, et obtenir l'aveu du condamné. Labarthe, jeune alors, n'avait pas encore d'expérience, mon père, dans cette occasion, ne lui refusa pas la sienne. Je m'en rapporte là-dessus à Labarthe lui-même.

« Tu dis encore que mon père demanda à la *Cour*

une récompense pour avoir condamné deux ou trois cents personnes. Un mensonge ne te coûte pas plus qu'un crime ; apprends que mon père n'a jamais demandé et obtenu que ce que l'on accordait à trente ans de magistrature, la *vétérance*.

« Tu prétends que dans une affaire mon père et un huissier n'échappèrent à une condamnation flétrissante que de quelques voix. Ni comme magistrat, ni comme particulier, mon père n'a été impliqué dans aucune affaire ; sa vie entière, sa probité, ses mœurs et sa conduite, sont un contraste avec ton exécrable existence.

« Comme chaque action de ta vie est un crime, chaque parole de ta bouche est un mensonge ; en voici un nouveau : selon toi, l'objet de mon voyage à Paris, était moins pour venger la mort de mon père que pour avoir la mainlevée de ses biens. Sur quel fondement établis-tu cette imposture ? oui, j'ai été à Paris, la piété filiale m'y a seule conduit, et certes mes démarches n'ont pas été ténébreuses ; j'ai dénoncé à la Convention le représentant Milhaud, comme l'*un* des auteurs de l'assassinat de mon père ; c'était l'unique objet de mon voyage. Tu mens encore en disant que le Comité de législation est passé à l'ordre du jour sur ma dénonciation ; le Comité m'a renvoyé à me pourvoir devant le tribunal criminel d'Aurillac. Hébrard !... ta joie sur ce prétendu ordre du jour ne sera pas de longue durée... Mais n'anticipons pas sur les révélations que la justice obtiendra.

« J'ai dit, et je répète, que le coup de feu qui partit des fenêtres de notre maison, devait être attribué à un espion des scélérats qui méditaient d'assassiner mon père, les informations le prouveront.

« Poursuivons : tu dis que mon père donna de l'argent à mes frères pour émigrer : cite un seul témoin ; je ne veux pas combattre des chimères ; nous ne sommes pas égaux, car tu n'a ni honneur, ni probité, ni réputation à perdre ; tu argumentes de l'interrogatoire de mon père ; scélérat ! rappelle-toi par qui, comment, et dans quelles circonstances il fut fait..... Mais, ce que je sais, c'est que mes frères étaient en France à l'époque où il fut assassiné, et qu'ils n'en sortirent qu'après ce fatal événement.

« On a vu des coquins condamnés au carcan, insulter les passants ; voilà le rôle impudent que tu prends avec moi. Tu dis, car que ne dis-tu pas, que tu as sous tes yeux la preuve que j'ai thésaurisé pour les émigrés, et que j'ai des correspondances avec eux ; quand ton audace criminelle a tracé ces lignes, tu étais dans le délire ou plutôt tu croyais être dans ton *Comité* ou dans ta *Commission*, faisant des listes de proscription. J'ai eu des correspondances ! montre-les, montre-les, car aujourd'hui les Dumas, les Fouquier-Thinville, les Hébrard ne jugent plus les Français : il faut des preuves et non des notes données au hasard par des buveurs de sang.

« J'ai thésaurisé pour les émigrés! Oh le plus vil et le plus maladroit des calomniateurs! quelle est ma fortune? quelles sont mes ressources? Pendant ma réclusion je n'avais que quarante sous par jour; tu penses donc, brigand du Cantal, que, comme toi, je détroussais les malheureux; que, comme toi, j'étais membre du *Comité* et de la *Commission*. J'ai mangé le pain du malheur, et toi, tu vivais dans le faste et l'opulence, fruit de tes rapines. Tu buvais dans des coupes d'argent, avec l'opprobre, le sang et les pleurs des citoyens. Mais l'épée de Damoclès était suspendue sur ta tête.

« D'où te vient donc tant d'audace? Tu t'imaginais que le règne de la Terreur reviendrait; que la Commission des onze t'aurait compris dans une liste de patriotes. Tu étais dans l'erreur, sa suppression ne te laisse que le désespoir affreux d'être jugé comme un vil scélérat chargé de crimes.

« Tu dis encore que je te dois mon élargissement provisoire. Oh le fait est d'autant plus assuré que tu étais à Paris quand il me fut accordé pour six mille livres. N'étais-je pas une des victimes que tu envoyais au tribunal révolutionnaire? Le sang de mon père ne suffisait pas, il te fallait le mien pour appaiser ta soif. Lorsque ma mère et moi eûmes obtenus notre liberté définitive du Comité de sûreté générale, ne fus-tu pas, à différentes reprises, provoquer au club notre réincarcération? Vas, monstre, une bonne action et un sentiment de justice n'entrèrent jamais dans ton cœur pervers; je ne suis pas plus ingrat à ton égard qu'envers le représentant Milhaud, ton ami. Ma reconnaissance vous est également dûe à tous les deux.

« Tu te jactes de ma visite à l'époque de ma mise en liberté; quelle petitesse! mais personne n'ignore que tu étais à Aurillac le dieu du mal, devant lequel tout le monde s'inclinait. J'ai pu céder à l'exemple.

« Enfin, tu me traites *de drôle, de coquin et de scélérat*. C'est à tes concitoyens et aux miens à juger qui mérite le mieux ces titres; au surplus l'habitude des forfaits s'allie assez bien avec ces sales expressions; et comme l'estime des scélérats déshonore l'homme vertueux, je serais fâché d'avoir la tienne et celle de tes semblables.

« Homme de sang et de proie, rentre dans ton cachot; vis-y de remords et des maux que tu as faits à tes concitoyens; médites-y des assassinats et des proscriptions; cherche à allumer le feu de la guerre civile dans ta patrie, c'est la pâture des bêtes féroces comme toi. Réponds, si tu le veux, à ma défense; distille à ton aise le fiel de la calomnie dans tes libelles :

quant à moi, je ne te réponds plus, et je déclare que je t'abandonne à l'exécration publique, et à la justice à laquelle seule désormais tu n'as qu'à répondre.

« François COLINET. »

Nº 3

EXTRAIT DES REGISTRES DU DIRECTOIRE DU CANTAL.

Séance du 12 mars 1792.

La municipalité ayant été prévenue que par suite de ce qui s'était passé la veille dans la ville, un grand rassemblement d'hommes armés devait venir des paroisses voisines, envoya une députation au Directoire du département pour l'en informer et aviser aux moyens à prendre.

Le Directoire, considérant qu'aucune garde nationale ne doit dépasser les limites de son territoire sans une réquisition expresse de l'autorité civile, qu'aucune réquisition n'ayant été faite, elles se rendraient coupables en s'y transportant malgré la prohibition de la loi... Arrête : d'envoyer sur-le-champ des commissaires aux commandants des gardes nationales qui se proposent de venir à Aurillac et aux municipalités dont elles dépendent pour le leur défendre au nom de la loi et sous leur responsabilité de mettre à exécution ce projet. MM. Marmontel et Lamouroux, nommés commissaires du Directoire, partirent à l'instant, porteurs de cet arrêté et de lettres écrites par le Directoire aux officiers municipaux d'Arpajon et au commandant de la garde nationale de cette paroisse où l'on avait appris que se formait un rassemblement.

« Le Directoire, continuant à siéger jusqu'à leur retour, prévient la municipalité de la mesure qu'il venait de prendre.

MM. Lamouroux et Marmontel, de retour, ont rendu compte de leur mission :

« Arrivés au bourg d'Arpajon, vers les deux heures et demie, ils ont trouvé sur la place un grand rassemblement d'hommes armés et s'étant aussitôt rendus à la mairie où était réunie la municipalité, ils ont remis au maire les dépêches dont ils étaient porteurs, ont fait appeler le commandant de la garde nationale (1) et lui ont remis l'arrêté du Directoire, le commandant est sorti pour aller en faire lecture au rassemblement et les inviter à se retirer; il est rentré quelques instants après en disant que les citoyens refusaient d'obéir à l'arrêté du département et à la réquisition et invite les commissaires et la municipalité à se transporter au lieu du rassemblement où leur présence serait peut-être plus efficace.

(1) Le commandant était Milhaud.

Ceux-ci s'y étant rendus ont requis les citoyens, au nom de la loi, de se retirer... disant que tout était tranquille à Aurillac, que leur présence ne pourrait qu'y occasionner des troubles, qu'en désobéissant aux corps constitués ils se rendraient souverainement coupables, que la Constitution dont ils se disaient les amis, n'avait armé les gardes nationales pour qu'elles ne fissent usage de leurs armes que dans le cas d'une réquisition... mais que toutes ces observations avaient été vaines; que les citoyens, exaltés, égarés, ont répondu que leurs frères d'Aurillac avaient été insultés, que des fenêtres de la maison du sieur Niocel on avait tiré sur eux des coups de feu, la nuit dernière, qu'ils étaient réunis et que rien n'était capable de les arrêter, qu'ils voulaient que leur commandant et la municipalité les accompagnassent, que les commissaires étaient libres de rester derrière ou de marcher avec eux, mais qu'ils ne voulaient pas qu'ils prissent le devant... et aussitôt ils sont partis pour Aurillac.

Les commissaires et la municipalité douloureusement affectés de cette désobéissance insigne, sont entrés dans la maison du maire, mais qu'un peloton de gardes nationaux les y a suivis, réclamant le commandant qui s'y était enfui et caché, qu'on le savait, qu'ils sauraient le forcer à marcher avec eux, qu'ils voulaient aussi que deux membres de la municipalité les accompagnassent et que toute résistance serait inutile... ce qu'ils ont fait...

Pendant ce rapport, un membre de la municipalité d'Aurillac est entré et a dit qu'une troupe très considérable de gens armés s'est portée sur la place publique et s'est rangée en face de la maison commune, que les membres du conseil ont tenté en vain de les faire retirer en les rappelant à l'obéissance de la loi ; que cette troupe s'est porté vers la prison, disant qu'elle voulait s'assurer de la personne du sieur Colinet qui y était détenu, que ce citoyen en ayant été extrait, quelques-uns ont réussi à l'introduire dans la maison commune dont ils ont fermé les portes aussitôt, mais que cette troupe armée et furieuse le demandait à grands cris, qu'elle avait enfoncé les portes de la maison commune, qu'un détachement s'y était introduit et recherchait le sieur Colinet pour lui trancher la tête.

Tous les membres du Directoire du département se sont aussitôt transportés à la maison commune dont les portes étaient gardées par des gens armés de fusils, de piques, de hâches, fourches à pointes de fer, serpes manchées avec de longs bâtons. Le procureur-général-syndic a réussi à pénétrer et tous les autres membres ont été répoussés avec menaces, mais plusieurs de ces furieux s'étaient déjà saisis de la personne du sieur Colinet et se l'arrachaient à l'envi ;

ils l'ont traîné hors de la maison commune, sur la place, où on lui a tranché la tête.

Les membres du Directoire reconnaissant que rien n'était capable d'arrêter la fougue de ces gens armés, se sont retirés dans la salle de leurs séances et, sur-le-champ, ils ont écrit au ministre de l'intérieur pour l'informer de ce qui venait de se passer (1).

(1) Archives d'Aurillac.

TABLE DES MATIÈRES

SAINT-AMAND (CHER). — IMPRIMERIE SAINT-JOSEPH

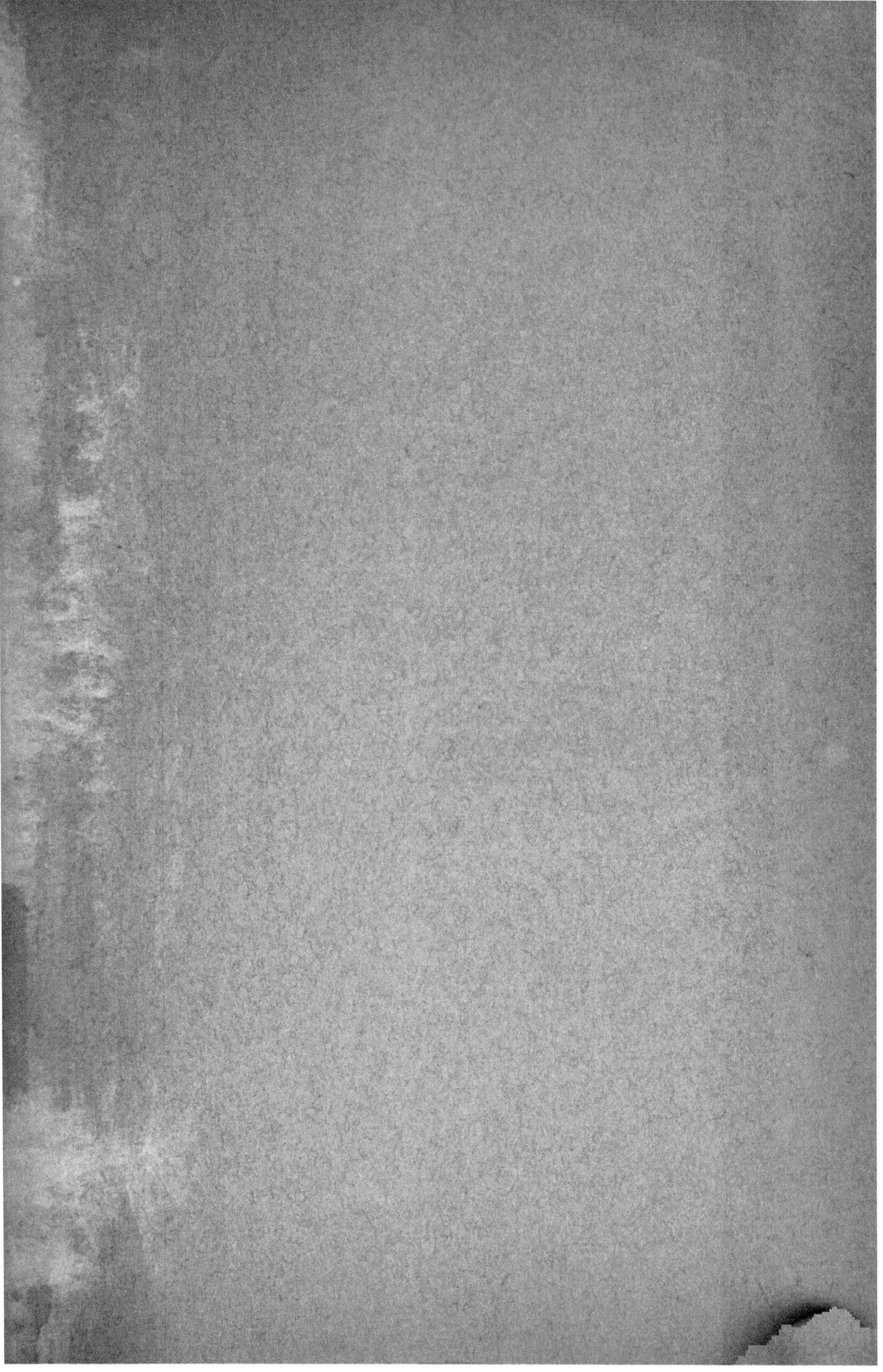

DU MÊME AUTEUR

Vie du Père Murat . . . . 1 fr.

Histoire de Notre-Dame des Miracles de Mauriac . . . . 1 fr. 25

Vie de Mgr Lavialle, évêque de Louisville . . . . 1 fr. 25

Mgr Chabrat, évêque en Amérique . . 0 fr. 75

Mgr Baldus, vicaire apostolique du Kiang-Si . . . . 1 fr. 25

Mgr d'Auzers, évêque de Nevers . . . 2 fr. 50

Histoire du monastère de Notre-Dame de Saint-Flour . . . . 0 fr. 75

Histoire du monastère de Notre-Dame d'Aurillac . . . . 0 fr. 75

Catinon-Menette . . . . 1 fr. 50

En vente chez M. KOSSMANN, libraire à Mauriac (Cantal).

www.ingramcontent.com/pod-product-compliance
Lightning Source LLC
LaVergne TN
LVHW061940220826
846091LV00011B/4062

* 9 7 8 1 2 8 8 1 4 3 1 4 6 *